KB141991

10 체질을 알면
성공이 보인다

10체질을 알면 성공이 보인다

2011년 12월 10일 초판 1쇄 발행
지은이 · 김대원

펴낸이 · 박시형
책임편집 · 최세현, 김범수 | 디자인 · 김애숙

경영총괄 · 이준혁
마케팅 · 권금숙, 장건태, 김석원, 김명래, 탁수정
경영지원 · 김상현, 이연정, 이윤하
펴낸곳 · (주)쌤앤파커스 | 출판신고 · 2006년 9월 25일 제313-2006-000210호
주소 · 서울시 마포구 동교동 203-2 신원빌딩 2층
전화 · 02-3140-4600 | 팩스 · 02-3140-4606 | 이메일 · info@smpk.co.kr

ⓒ 김대원 (저작권자와 맺은 특약에 따라 검인을 생략합니다)
ISBN 978-89-6570-038-8(04320)
세트 978-89-6570-040-1(04080)

이 책은 저작권법에 따라 보호받는 저작물이므로 무단전재와 무단복제를 금지하며, 이 책 내용의
전부 또는 일부를 이용하려면 반드시 저작권자와 (주)쌤앤파커스의 서면동의를 받아야 합니다.

• 잘못된 책은 바꿔드립니다.   • 책값은 뒤표지에 있습니다.

쌤앤파커스(Sam&Parkers)는 독자 여러분의 책에 관한 아이디어와 원고 투고를 설레는 마음으로 기다리
고 있습니다. 책으로 엮기를 원하는 아이디어가 있으신 분은 이메일 book@smpk.co.kr로 간단한 개요
와 취지, 연락처 등을 보내주세요. 머뭇거리지 말고 문을 두드리세요. 길이 열립니다.

10체질을 알면 성공이 보인다

· 김대원 지음 ·

쌤앤파커스

천지의 기운이 알려주는
성공과 행복의 비밀

행복한 삶이란 무엇일까? 20여 년의 연구 끝에 10체질론을 창안한 필자의 결론은 의외로 단순하다. 그저 '생긴 대로 사는' 것이 행복이다. 그렇다면 우리는 왜 이렇게 행복해지려고, 혹은 성공하려고 아등바등 애쓰며 괴롭게 사는 것일까? 풀리지 않는 인생의 난제는 또 왜 이렇게 많은 걸까? 간단하다. 자신이 어떻게 생겼는지 모르기 때문이다.

10체질은 저마다 타고난 본성이 무엇인지를 알려주고, 거기에 맞게 장점은 극대화시키고 단점은 최소화시키는 방법들을 나열한 것이다. 필자가 10체질을 창안한 후 십수 년 간 한의원을 찾아온 환자들에게 적용시켜본 결과 상당히 잘 맞아떨어졌다. 10체질로 분류한 체질적인 특징은 몸과 마음을 아우르며 건강과 성공, 진로, 자녀교육, 자기계발, 행복까지 한 번에 관통할 수 있었다.

체질을 안다는 것은 자신만의 성공원리를 안다는 것이고, 스스로도 몰랐던 본연의 장단점과 특징을 좀 더 정확하게 간파하는 것이다. 자신뿐만 아니라 가족이나 자녀, 타인에 대해서도 본성을 파악할 수 있으니 인간관계도 좀 더 수월해질 것이다.

또한 이제껏 품어왔던 수많은 인생의 비밀과 궁금증들도 어느 정도는 풀릴 것이다. '나는 왜 이 일이 잘 맞지 않는 것일까?', '그와 나는 서로 노력하는데도 왜 이렇게 상처만 주고받을까?', '우리 아이의 체질적 특성에 맞는 진로는 어느 쪽일까?', '나에게 넘치는 기운과 부족한 기운은 무엇일까?', '몸의 장부 중 어느 쪽의 건강을 특히 더 신경 써야 할까?' 등. 순리를 거스르지 않고 사는 법, 남의 장점을 억지로 내 것으로 탐하지 않고 살아가는 방법에 관한 힌트도 얻을 수 있을 것이다.

독자들이 이 책을 읽은 후에 '아, 그렇구나' 하고 그냥 덮어버리지 않았으면 좋겠다. 책의 내용들을 실생활에 적용해보고, 자신의 장점을 계발해 진정한 성공과 건강, 그리고 행복의 답을 찾기를 바란다.

한 가지 더, 자신의 성격이 곧 자신의 운명임을 기억하기 바란다. 성격에는 체질적 특성이 포함되어 있어서 몸과 마음의 건강이 좌우되고, 결국 운명까지도 바꿔놓을 수 있다. 마음을 다스리는 것이 곧 운명을 다스리는 것이다.

이 책이 독자들에게 건강한 삶의 해법을 찾는 지침서로서 도움이 되길 간절히 바라며 머리말을 마친다.

지은이 **김대원**

1 PART

木 火 土 金 水
陰 陽 陰 陽 陰

木 火 土 金 水
陽 陰 陽 陰 陽

10체질이란 무엇인가?

"사람은 몸으로 사는 것이 아니라 마음으로 살고, 사람은 살덩어리가 아니라 마음덩어리다."
이것이 10체질의 기본 정신이다.
10체질은 '마음'을 다스리는 데서 출발한다.
인간의 '마음'에는 우주의 질서가 담겨 있기 때문이다.
그렇다면 우주의 질서가 왜 인간의 '마음' 안에 담기게 된 것일까?
10체질에 대한 첫 번째 이야기는 이런 호기심에서 출발한다.

건강과 행복, 10체질에 답이 있다

많은 분들이 필자를 찾아와 '도대체 체질이 무엇이냐'며 묻곤 한다.
그럴 때마다 필자는 그들에게 이런 질문을 스스로에게 던져보라고 말한다.
"나의 장점과 단점은 무엇인가? 나의 장점은 어떻게 계발하고,
단점은 어떻게 보완할 것인가?"
물론 대부분의 사람들은 의아해하며 고개를 갸웃거린다.
그것은 '체질'을 몸에 관한 문제라고만 생각하기 때문이다.

체질,
마음으로 보라

十
體
質

흔히들 '체질'이라고 하면 육체적인 것만 떠올리며 건강이나 질병과 연관
지으려고만 한다. 이는 옳지 못한 접근이다. 동양의학에서는 몸과 마음이 서
로 분리돼 있는 것이 아니라 사실상 아주 긴밀하게 연결되어 있는 하나의 동
일한 개체로 본다. '감정'이라는 것도 인간의 오장육부五臟六腑를 통해 만들어
지기 때문이다.

'체질'을 좀 더 정확하게 이해하기 위해서는 개인의 선천적인 장점과 단점
의 측면에서 접근해야 한다. 그 앞의 수식어는 무엇을 넣어도 좋다. '몸'의
장점과 단점을 말하면 모두가 잘 아는 건강에 대한 체질 논의가 될 것이고,
'경제활동'이란 수식어를 넣으면 체질별 '재물운'이 된다. '성품'에 따른 장
점과 단점은 체질별 대인관계로 적용할 수도 있겠다. 이렇듯 체질은 나의 몸
과 마음, 모든 것에 관련되어 있는 것이다.

따라서 필자는 '체질'을 '몸의 생리적 성질' 정도로만 설명하는 기존의 체질론에서 한발 더 나아가, 다음과 같이 정의해보려고 한다.

"체질이란 개개인의 특성 중 유사한 부분을 모아서 조합을 이룬 것이다."

여기서 말하는 특성이 바로 몸과 마음의 장·단점이다. 조합이란 표현을 사용하는 이유는 체질이 어느 한 부분에만 적용되는 것은 아니기 때문이다.

체질에 음양오행을 담다

이렇듯 자신의 '체질'을 정확히 안다는 것은 스스로 자신의 몸과 마음을 조절할 수 있다는 뜻이다. 그리고 그 조절이 가능할 때, 자신의 운명을 올바른 방향으로 인도할 수 있을 것이다. 이렇게 말하면 많은 분들이 필자에게 다음과 같은 고민을 털어놓기 시작했다.

"여기 가면 소양인이라 하고, 저기 가면 소음인이라 하고, 심지어 태음인이라고까지 하던데, 어떻게 된 겁니까?"

비용과 시간을 투자해 다양한 곳에서 '체질검사'를 받았더니, 오히려 더 혼란스러워진 것이다. 답답한 상황이 이해가 되기는 한다. 하지만 이 역시 '체질'에 대한 올바르지 못한 접근 때문에 생겨난 현상이다. '체질'이란 애초부터 구분하는 기준과 접근하는 방법에 따라서 다양한 답이 나올 수 있다. 양

체질 분류의 역사

체질은 고래로부터 내려온 한의학의 인체관이다. 《황제내경黃帝内經》에서는 25형인이라고 그 내용이 나타나 있고, 동의보감에서도 비인肥人, 수인瘦人 등으로 체형 위주의 체질을 제시하고 있다. 그 후 이제마 선생의 《동의수세보원東醫壽世保元》에 이르러 비로소 사상체질이라는 체질 중심의 의학이 확립되어 지금의 태음인, 소음인, 태양인, 소양인이 나타나게 되었다. 요즘은 팔상체질도 각광을 받고 있으며 그 외에 64형인도 알려져 있다. 역사적인 흐름에서도 파악할 수 있듯이, 사람은 체질적인 특징이 있어서 이에 따라 분류가 가능하다고 볼 수 있다.

방에서 말하는 '체질'과 한의학에서 이야기하는 '체질'은 당연히 기준이 다르다. 그리고 그중 어느 것이 정답이라고 말할 수도 없다. 모두 학문적인 특성이 다르기 때문이다. 예컨대 이제마 선생의 사상체질은 장부臟腑의 대소大小를 기준으로 4가지 유형으로 체질을 분류한 것이다.

하지만 시간이 흐르면서 체질 분류의 어려움이 나타나고 환자들도 혼란스러워졌다. 진단하는 의사마다 다르게 분류하는 경우도 발생했다. 10체질은 이런 현실적인 문제에서부터 시작되었다. '언제나 같은 결과가 나오는 체질 분석법을 만들 수 없을까?' 하는 고민이었다.

사실 필자는 사상의학과 다른 방법으로 체질에 대한 접근을 시도했다. 일찍이 이제마 선생은 "태양인의 수가 너무 적어서 완성하지 못하고 나머지는 후학들에게 맡긴다."고 고백했었다. 그것이 지금까지 이어져, 태양인의 경우 대상자가 극히 적다는 이유로 한의사의 성향에 따라 분류 대상에서 제외시키는 경우가 종종 있어왔다.

그러다 사상체질에서 좀 더 발전된 개념으로 팔상론이 등장했다. 하지만 팔상론에서는 오행 중 화火의 체질이 제외되어 있다. 화는 심장을 뜻하고 심장은 군주를 의미한다. '임금의 자리는 함부로 논하지 않는다.'는 사상의학의 개념 때문인지는 모르겠으나, 결과론적으로는 장부의 대소에서 심장이 제외되어 있는 것은 사실이다. 생명의 근원이라 할 수 있는 심장을 논하지 않으니 쉽게 납득이 되지 않았다.

그런 과정에서 필자는 "사람의 본성은 자신이 태어난 일시에 천지의 음양오행陰陽五行 기운에 의해 만들어진다. 그리고 그 본성이 자신의 성품과 체질의 기초가 된다."는 진리를 터득하게 됐다. 그리고 천지를 구성하고 있는 오행, 즉 목木, 화火, 토土, 금金, 수水에 각각 음과 양을 결합시켜 목양, 목음,

화양, 화음, 토양, 토음, 금양, 금음, 수양, 수음으로 체질을 분류하게 됐다. 10이란 숫자는 음양오행(2×5=10)을 조합하는 최소한의 경우의 수다. 이는 음양오행의 특징을 가장 안정적으로 설명할 수 있는 수이기도 하다. 10가지 중 하나라도 빠진다면 음양오행을 설명할 수 없으며, 그래서 10체질은 10년 전에 검사했든 10년 후에 검사하든, 누가 언제 어디서 하든, 항상 똑같은 결과가 나오는 체질분석법이다.

시간에 따라 자연의 기운은 변화하는 법이다. 마찬가지로 태어난 생년월일시마다 기운의 흐름이 다르다. 인간이 지구에 태어나면서 천기와 지기를 호흡하는 순간, 그 음양오행의 기운에 의해 오장육부의 성쇠가 정해지기 때문이다. 그리고 그 오장육부의 특성은 성격과 체질과의 관계에서도 거의 동일하게 작용한다. 10체질은 태어난 기운의 변화에 따른 내용들을 포함하였고 각각의 체질로 분류한 것이다.

이후 이 10가지 분류를 통해 환자들을 치료해보니 "병이란 마음에서 얻고 마음에서 버리는 것"이라는 10체질의 기본이론에 더욱 강한 확신이 들었다. 이는 천지자연의 법칙을 음양오행으로 접근했기에 가능한 일이었다. 또한 생년월일을 통해 체질을 분류하니 일반인도 쉽게 접근할 수 있게 되었고, 각 체질들의 품성을 통해 장·단점을 파악한 후 이를 바탕으로 진단과 치료를 할 수 있었다. 또한 사회생활과 경제활동, 대인관계, 질병, 체질에 맞는 음식, 체질 간의 관계를 알아보는 것까지 다방면에 활용할 수 있었다.

인생에 꼭 필요한 지도, 10체질

10체질에 대한 이해를 가로막는 장벽은 주로 운명에 대한 단편적인 사고에서 나온다. 이것은 모든 운명이 단 한 가지 요소로 정해진다는 생각에서 비롯된다. 하지만 인간의 감정조차 단 하나의 느낌으로 설명할 수는 없지 않은가.

사람의 몸은 오장육부가 모여서 구성된다. 마찬가지로 마음을 구성하는 요소 역시 하나의 감정일 수 없다. 또한 몸과 마음은 서로에게도 영향을 미친다. 따라서 체질이 같다고 똑같은 감정과 증상을 갖는 것은 아니다.

예를 들어, 남편이 바람을 피웠을 때 아내들은 어떠한 감정을 갖겠는가? 가장 먼저 분노감이 들 것이다. 하지만 한편으로는 자기 자신을 책망하거나 슬픈 감정에 빠질 수도 있다. 또 한편으로는 앞으로 어떻게 살아야 하나 하는 불안감이 엄습하기도 한다. 즉, 하나의 상황에 대해 단 하나의 감정으로 인간의 기분을 정의할 수 없다는 것이다.

사람의 기분은 수많은 감정들의 조합으로 구성된다. 하지만 그중 그 기분을 좌우하는 가장 크고 대표적인 감정은 하나일 수 있다. 어떤 사람은 분노가 슬픔이나 불안보다 크게 나타날 것이고, 또 어떤 사람은 다른 감정들보다 슬픔을 더 크게 느낄 수도 있다. 체질도 마찬가지다. 어떤 유형이 어떤 상황에서 어떤 감정을 가장 대표적으로 드러내는지를 정리한 것이 체질이다. 따

시간을 이용한 치료법의 역사

아주 오래 전에도 이처럼 시간을 이용한 치료법이 상당히 많이 존재했다는 사실은 모든 한의사가 알고 있는 부분이다. 특히 《의학입문醫學入門》을 쓰신 이천 선생은 시간을 이용해 침을 놓는 '자오유주침법'이 제일이라고 하셨고, 허준 선생도 《동의보감東醫寶鑑》에서 "의사는 마땅히 천지의 운기를 알아야 한다.", "해마다 기운의 변화에 따른 기의 성쇠와 허실이 일어나는 것을 알지 못하면 의사가 될 수 없다."는 말을 하셨다. 예로부터 훌륭한 한의학자들은 천기에 통달한 사람들이었다.

이런 근거는 만세력에서도 찾아볼 수 있다. 만세력은 천문학과 마찬가지로 태양의 움직임이나 달의 변화와 같은 천문현상을 밝히고 정리한 책으로 절기의 날짜와 시간을 기입하고 음력과 양력을 '육십갑자'로 표기해서 만들어진 것이다. 이 만세력을 통해서 우리는 과거와 현재와 미래라는 시간을 읽을 수 있고, 그 절기와 음양의 이치를 알 수 있다.

라서 우리가 각자의 내면에 발달한 대표적인 감정을 미리 알고 있다면, 수련을 통해 누구나 쉽게 감정을 조절할 수 있을 것이다. 이때 자기조절을 잘한다는 것은 극기의 사례이자 운명을 극복한 것이라 할 수 있다.

그렇다면 체질과 운명의 연관성에 대한 단편적인 사고는 왜 생겨난 걸까?

태어날 아기의 유전자는 이미 부모의 유전자 조합에 의해 결정된다. 복잡하고 많은 경우의 수 속에서 인간이 만들어지는 것이다.

그런데 같은 유전자를 가진 아버지와 아들이라도 한 사람은 술주정뱅이에 망나니인데, 다른 한 사람은 사회적으로 저명한 인사가 되는 경우도 있지 않은가? 이런 점은 어떻게 설명하겠는가? 또한 아버지는 남자답고 활동적인 반면, 자식은 소극적이고 내성적이라면 그것은 또 어떻게 설명하겠는가? 모든 유전자가 비슷한 구조를 가진다는 것이지, 100% 완벽하게 일치하는 경우는 없을 것이다.

한의사인 필자 역시 그런 관점을 가지고 환자에게 접근한다. 치료할 때 환자의 체질과 체형으로 접근하지만 더욱 중요한 것은 그 사람의 '현실'이라고 본다. 모든 체질이 고유한 특성을 갖고 있지만, 아무리 비슷한 성향의 구성원들을 모아놓았다 하더라도 1% 이상의 차이는 가질 수밖에 없다. 다시 말해, 같은 체질이라 하더라도 팔자는 바뀔 수 있다는 것이다. 이를 적용한 게 10체질이다.

아울러 '음양'에 대한 선입견도 벗어던지길 바란다. '양'이 붙은 체질은 '양'적인 행동을 할 것이라는 생각과 '음'이 붙은 체질은 모두 '음'적인 모습을 취할 것이라는 고정된 사고관이 그것이다. '양' 체질에서도 '음'의 외형과 성향을 보이는 것이 이상한 것이 아니며, '음'이 붙은 체질이 '양'의 모습을 보이는 것 역시 이상하게 여길 필요 없다.

'음양'은 항상성과 절대성을 가지는 것이 아니며, 상황에 따른 변화를 고려해야 한다는 관점이 매우 중요하다. 즉, 속성상 무엇이든 100%는 없다는 것이다. 100%의 '양'도 없고, 100%의 '음'도 존재하지 않는다. '양'이 '음'보다 상대적으로 조금 더 많은 경우와, 반대로 '음'이 확률적으로 '양'보다 조금 더 많이 나타나는 경우만 있을 뿐이다.

체질에 대한 단편적 사고와 선입견은 주로 운명 결정론적인 사고에서 출발한다. 아마도 많은 사람들이 점占에 열광하는 이유도 이런 심리와 연관이 있을 것이다. 하지만 어떻게 운명이 정해진 것이라고 단언할 수 있겠는가? 운명이란, 장점을 계발하려는 인간의 노력과 의지에 의해 얼마든지 극복할 수도, 순응할 수도 있는 것이다. 또한 인간의 운명을 결정하는 요소는 단 하나의 요인으로 정해질 수 없는 법이다.

10체질은 장점으로 계발되어야 할 부분을 찾아내고, 이런 자신의 장점이 잘 나타나도록 교육을 받거나 스스로 노력하도록 도와준다. 우리에게 일어날 미래의 일은 현재의 우리가 하루하루 만들어가는 것이고, 하루를 충실히 보내는 것이 미래의 삶의 수준을 높여줄 것이다. 그래서 필자는 10체질이란

절기를 이용한 역법은 가장 정확한 태양력

모든 자연현상의 변화는 태양과 달의 움직임에 따른 것으로, 계절이 바뀌고 밤과 낮의 구분이 생기는 것은 태양과 달이 지구에 비추는 빛의 양이 달라지기 때문이다. 태양력과 태음력은 인간이 그 속에서 적응하며 살아가기 위해 찾아낸 것으로서, 이것은 10체질에서도 중요하게 작용한다.

음력에서 달을 결정하는 것이 24가지 절기이며 달력의 날짜와 실제 계절이 다른 순태음력의 문제점을 해결하기 위해 이용한 것이 '윤달'이다. 우리가 양력이라고 부르고 있는 그레고리오력은 실제의 태양력이 아니라 우리가 사용하는 음력과 양력을 적당히 섞어 놓은 것이다. 이런 면에서 절기를 이용한 역법은 천문 현상을 과학적으로 반영한 가장 정확한 태양력이라 할 수 있다.

우리가 인생을 살아가는 데 필요한 '지도'라고 생각한다. 자신의 장점과 단점, 성향과 기질이 담겨진 지도 말이다. 자신의 장점을 미리 알면 더 바람직한 길로 전진할 수 있고, 단점의 행로를 봤다면 이를 수정하고 보완할 수 있을 것이다. 그렇다고 꼭 지도에 나온 길을 따라 갈 필요도 없다. 지도는 참고서지 교과서가 아니다.

10체질은 결국 우리의 본성을 찾아가는 과정

사람의 얼굴은 마음이 만들어내는 형상이다. 알다시피 마음이 편해야 얼굴에서도 윤기가 흐르는 것 아닌가? 마음이 편안하려면 몸의 기氣가 제대로 통해야 한다. 기라는 것은 마치 공기와 같아서, 기의 흐름이 막히면 우리 몸에 이상이 생기게 된다. 흔히 "기가 막힌다."는 표현은 어떤 충격으로 인해 마음이 답답하고 맥이 빠진 상태를 뜻하는 것으로, 고인 물이 썩는 것과 마찬가지로 그 답답한 마음을 오래 방치하면 만병의 근원이 된다.

결국 병을 만드는 뿌리와 성품을 만드는 뿌리는 같은 경우가 많다. 화, 불안, 초조함같이 안 좋은 감정상태가 질병으로 연결되는 것이다. 예를 들어, 평소에 화를 자주 내는 사람은 간이나 담낭과 관련된 질환이 오기 쉽고, 또한 간이나 담낭의 질환을 가지고 있는 사람은 신경질적인 경향을 가진 이들이 많다. 별것 아닌 것에 쉽게 불안해하거나 초조해하는 성격도 마찬가지다. 대개 이런 사람은 심장이나 소장과 관련된 질환이 오기 쉽고, 심장이나 소장 쪽의 질환을 가진 사람은 대체로 불안정한 성품을 가졌음을 알 수 있다.

늘 고민에 빠져 있고 생각이 많은 사람은 어떨까? 이런 사람들은 비장이나 위장과 관련된 질환이 오기 쉽고, 마찬가지로 비장이나 위장의 질환을 가지고 있는 사람은 고민과 잡생각으로 항상 어두운 얼굴을 하고 다니게 마련이다. 또한 항상 우울하고 슬픈 생각에 젖어 사는 사람은 폐나 대장과 관련된 질환이 오기가 쉽고, 폐나 대장의 질환을 가지고 있는 사람 또한 성격적으로 우울한 경향을 보이는 경우가 많다.

그런데 이런 증상들은 하나씩 따로 오는 것이 아니라 서로 겹쳐서 오는 경우도 많다. 그렇기에 우울증과 불안이 겹친다면 폐, 대장, 심장, 소장 등의 장부와 관련하여 생각해보고, 짜증을 잘 내고 평소 고민이 많다면 간, 담낭, 비장, 위장 등을 동시에 살펴보아야 할 것이다.

2002년 폐암으로 작고하신 고故 이주일 선생의 경우, 폐암의 가장 큰 이유는 흡연이었을 거라고 많은 사람들이 이야기했다. 물론 맞는 말이다. 하지만 세상의 모든 흡연자들이 폐암으로 사망하는 것은 아니지 않은가? 담배를 피우는 것이 폐암 발생률을 높인다는 것은 분명한 사실이지만, 나는 이주일 선생 작고의 직접적인 원인은 따로 있다고 본다.

당시 안타깝게 교통사고로 하나뿐인 아들을 잃은 것에 대한 슬픔이 폐암에 더 결정적인 영향을 미친 원인은 아니었을까? 본인은 늘 다른 사람을 즐겁게 하는 인생을 사셨지만 정작 가슴 깊은 곳에는 슬픔과 우울함이 가득했을 거란 생각이 든다.

"더 좋은 승용차를 사주었으면 죽지는 않았을 텐데…."

사고 후 어느 신문에 실린 그분의 탄식이 좀처럼 잊히지 않는 걸 보면 필자의 생각이 결코 허무맹랑한 얘기는 아닐 것이다. 지속적으로 자신을 억누르는 심리는 반드시 병으로 연결되는데, 이주일 선생은 평소 담배 못지않게 술도 굉장히 많이 드셨던 것으로 알려져 있다. 그런데도 간이 아니라 폐에 먼저 병이 생긴 것을 보면 짜증과 분노의 마음은 없으셨나 보다.

체질을 알고 자신의 심리상태를 잘 분석해본다면 자신에게 찾아올 수 있는 병이 어떤 것인지 예견할 수도 있다. 적을 알고 나를 아는데 세상에 풀지 못할 문제가 무엇이 있겠는가.

실제로 필자는 10체질을 창안한 후 수많은 환자들과 주변 지인들을 대상으로 체질을 판별해보았고, 그 결과는 놀라울 정도로 잘 들어맞았다. 이후 십수 년 동안 환자 진료와 처방에 체질분석을 결합시켰고, 10체질 분류에 따라 몸과 마음을 포함한 전반적인 성정까지 고려한 치료를 시작하게 되었다. 환자들에게 본인의 체질을 분석해주고, 체질에 따라 몸과 마음을 건강하게 다스리는 법을 알려주었더니 치료의 효과 역시 굉장히 높아졌다. 또한 2006년에 오픈한 '10체질닷컴'을 통해 수백만 명이 자신의 체질을 알게 되었고, 그 덕분에 인생의 많은 고민들이 해결되었다는 사람들의 반응도 수없이 많이 접했다. 10체질이 인생의 모든 문제를 단번에 해결해주는 만능키는 아니지만, 자신의 성향을 제대로 파악하면 무겁기만 했던 많은 고민들이 의외로 쉽게 풀릴 수 있다.

더운 여름에 문을 열어놓으면 시원하고, 닫으면 갑갑해서 숨이 막힐 것 같다. 사람의 마음도 마찬가지다. 울화가 쌓여 기가 막히는 것은 더운 여름에 문을 꼭꼭 닫고 있는 것처럼 힘들다. 또한 욕심과 집착으로 엉킨 마음이 기의 흐름을 답답하게 만들면 모든 운세가 막혀버린다. 그 마음을 싹 비우고 문을 활짝 열어놓았을 때 막혔던 기도 시원하게 뚫리는 것이다.

사업이든 공부든 건강이든 다 마음먹기 나름이다. 스스로를 이해한다는 것은 자신도 모르게 짊어지고 살았던 무거운 집착의 짐을 덜어내는 방법이기도 하다. 10체질은 바로 이러한 자신의 본성을 찾는 일에서부터 시작된다.

내 몸의 질서,
음양오행의 원리

十
體
質

천지를 구성하고 있는 오행, 즉 목, 화, 토, 금, 수에 각각 음과 양을 결합시켜 목양, 목음, 화양, 화음, 토양, 토음, 금양, 금음, 수양, 수음으로 분류한 것이 10체질이다. 이는 사람이 태어날 당시에 오행 중 어떤 것이 운행했는지, 음과 양의 기운 중 어느 것이 더 승升했는지에 따라 그 사람의 본성과 체질이 형성된다고 보는 관점이다. 이는 "사람의 본성은 자신이 태어난 일시

《황제내경》에서 말하는 음양의 정의

《황제내경》은 중국 전통의학의 고전으로 통하는 책이다. 이 책에서는 음양에 대해서 이렇게 몇 가지로 정의하고 있다. "음양은 천지의 도리, 법칙, 규율이고 모든 사물의 강령이며 변화의 모태요. 죽고 사는 것의 근본이다.", "양기는 하늘에 쌓이고 음기는 땅에 쌓인다.", "음은 정적이고 양은 동적이며, 양은 만물의 발생을 주관하고 음은 만물의 성장과 결실을 이루게 하므로 '양생음장陽生陰長'이라 하고, 양의 기운이 너무 강하면 사물이 메마르고 음이 엉겨 막히게 되므로 '양살음장陽殺陰藏'이라 한다.", "양은 만물의 기화작용을 주도하고 음은 만물의 형성을 주도한다."

에 해당하는 천지의 음양오행 기운에 의해 만들어진다. 그리고 그 본성이 자신의 성품과 체질의 기초가 된다."는 진리를 터득하면서 알게 된 지혜다. 10체질은 원리를 이해하면 다가가기가 더 쉽다. 간단하게나마 음양오행에 대해 알아보자. 큰 그림을 이해하는 데 도움이 될 것이다.

양과 음은 '더'와 '덜'의 차이다

음과 양은 절대적인 개념이 아니라 항상 상대적인 개념으로 존재한다. 음이 있어 양이 있는 것이며, 양이 있어 음이 존재한다. 빛은 양이라 하고 어둠은 음이라 하지만, 그렇다고 해서 모든 빛을 양이라고 하는 것은 아니다. 빛 중에서도 더 밝은 것은 양이 되고, 덜 밝은 것은 음이 된다. 음양이란 기氣의 세계, 물질적 세계를 풀어가는 우주 변화의 법칙으로서 큰 의미가 있다. 이를 대략적으로 구분하자면 다음과 같다.

양 - 하늘, 태양, 낮, 밝음, 남자, 큰 것, 화려한 것, 높은 것, 강한 것, 딱딱한 것

음 - 땅, 달, 밤, 어둠, 여자, 작은 것, 소박한 것, 낮은 것, 약한 것, 부드러운 것

하지만 획일화된 음양관은 절대 금물이다. 사람에 따라선 남자같이 생긴 여자도 있을 수 있고 여자같이 생긴 남자도 있을 수 있다. 이런 경우 '음중지양陰中之陽', '양중지음陽中之陰'이라고 표현한다. 여기서도 남자는 꼭 양이라고 하지 않고 음양을 섞어서 표현하기도 한다. 성격이 내성적인 남자를 음이라고 표현할 수도 있다. 기준이 변하면 음양의 개념도 바뀔 수 있으며, 고정관

념만으로는 변화를 읽을 수 없다. 이제부터는 좀 더 구체적으로 기의 관점, 그리고 심리적인 관점에서 음과 양을 관찰해보도록 하자.

양이란, 빛과 열로서 공급되어지는 모든 것이라고 할 수 있다. 눈에 보이지는 않지만 끊임없이 변화하며 모든 에너지의 원천이 되는 것이 양이다. 양은 천지자연뿐만 아니라 만물의 내면에도 존재한다. 양의 심리적인 성향들은 대개 적극적이거나 저돌적인 성격, 긍정적이고 미래 지향적인 성격, 의지가 강하고 대담한 성격, 대인관계에서 비교적 활발한 성격 등을 들 수 있다.

음이란, 형체가 있어 육안으로 볼 수 있으며, 정적이고 수동적인 성질을 띠고 있다. 심리적인 측면의 성향들을 보면 소극적이고 내성적인 성격, 과거에 집착하는 성격, 연약하고 소심한 성격, 계산적이고 부정적인 사고방식, 육체보다는 정신적인 면에 치중하는 성격, 자기중심적이고 냉정한 성격, 여성적인 성격 등을 들 수 있다.

고대 의학서에서 구분한 음과 양

태양과 달의 작용은 음양의 성질과 특징을 구별하는 중요한 기준이 된다. 하늘(태양)과 관련되어 나타나는 모든 것은 양에 속하고, 지구(달)와 관련된 모든 것은 음에 속한다. 또한 태양이 활동하는 낮의 특징인 '나아가고 움직이고 올라가고 흩어지는 것'은 양에 속하고, 밤의 성질을 나타내는 '후퇴하고 휴식하고 내려오고 모이는 것'은 음에 속한다. 《황제내경》에 "양화기 陽化氣 하고 음성형 陰成形 이라."는 말이 있다. 양은 하늘처럼 기氣로 나타나는 기운이 강하고, 음은 땅처럼 물질로 나타나는 기운이 강하다는 뜻이다. 모든 물질은 그 자체로 음이지만, 운동상태는 양이라고 할 수 있다. 또한 인체의 모든 장기臟 腑는 음이고, 그것의 활발한 기능들은 모두 양이 된다. 그러니까 물이 흘러들어올 때 물은 음이지만 움직이는 상태는 양이며, 바람이 불 때 공기는 음이지만 공기의 움직임은 양인 것이다.

중국 송나라 유학자였던 정이程頤 가 주석을 단 《주역周易》인 《정전程傳》에서는 양이 먼저 움직이고 음이 그 뒤를 따른다는 설명이 있다. 이는 물질이 생기기 전에 기화氣化 형태의 움직임이 먼저 생겨난다는 뜻이다. 좀 더 쉽게 설명하자면, 이슬이 맺히기 전에 더운 기운과 찬 기운이 만나는 모습을 연상해보면 될 것이다.

음과 양의 조화란 에너지와 물질의 결합 과정에서 삼라만상의 변화가 생기고 그 결과 목화토금수, 오행이 존재하게 됨을 뜻한다. 가령, 남자와 여자 사이에서, 즉 음과 양의 조합에 의해서 자식이 태어나면 이 자식들은 각각 다른 성향과 모습을 갖게 된다. 이렇듯 한 핏줄을 타고난 자식들이라 해도 각기 다른 삶을 살아가게 되는 것은 오행의 복잡한 움직임에 의한 것이다.

우주의 법칙은 오행의 분산과 순환을 통해 형성된다

'오五'는 다섯 가지 우주의 법칙을 의미하고, '행行'은 기운이 합쳐지고 분산하면서 순환하는 것을 말한다. 오행의 기운이 합쳐지면 형체를 이루어 만물이 되고, 흩어지면 또 다시 순수한 오행의 기로 변화하게 된다. 오행 중에서도 양에 가까운 오행이 있고 음에 가까운 오행이 있다. 목과 화는 양에 가까워 동적이고, 금과 수는 음에 가깝기에 정적이다.

목 : 어린 싹이 트는 소년기

나무의 싹이 자라면서 땅의 표면을 뚫고 올라오는 것을 '승발지기升發之氣'라고 한다. 이는 계절의 시작인 봄을 의미하며, 하루 중에는 새벽에 해당된다. 목은 오행 중에서 유일한 생명체다. 그러므로 오행의 다른 구성 요소들에 비해 환경의 영향을 많이 받고, 주위 환경 역시 목에게 아주 중요하다.

목은 물질세계에서 두 가지의 의미를 갖는다. 첫째 싹을 틔워서 열매를 맺고 그 열매를 저장해두었다가 다시 씨를 뿌리는 '생명의 순환'이라는 의미, 둘째 금의 도움을 받아서 활용 가치가 높은 재목이 되는 의미를 가진다.

목은 굽거나 곧은 성질을 가지고 있다. 이를 곡직성曲直性이라 한다. 즉, 외부의 환경에 따라서 구부러진 모습으로 자랄 수도 있고 올곧게 자랄 수도 있다. 목의 기운이 부족하면 의지가 약하고 추진력도 신통치가 않다. 반대로 지나치게 강하면 자존심과 고집이 세고 주위를 돌볼 겨를도 없이 오로지 앞만 보고 달려가다가 후회하는 일이 생긴다.

화 : 수목이 무성하게 우거지는 청년기

불은 따뜻함, 온화함, 정열을 상징한다. 나무가 자라서 무성한 수풀을 이루기 위해선 따뜻한 빛이 필요하다. 화는 목의 기운을 발전시키는 에너지의 원천이며, 여름을 지배하는 기운이기도 하다.

화는 훨훨 타는 성질을 가지고 있어서 강한 분산력으로 우주 공간에 흩어지려는 경향이 강하다. 화의 물질적 의미는 지구상에 존재하는 모든 동식물에게 따뜻한 기운을 제공하고 어둠을 밝혀서 만물이 생존할 수 있는 환경을 조성해주는 것이다. 또 원석을 깎아 보석을 만들고, 쇳덩이를 녹여 농기구나 생필품을 만들어낼 때도 화는 절대적인 영향을 미친다. 모든 변화는 목에서 시작되지만 목은 화의 도움으로 싹을 틔우고 꽃을 피우게 된다.

토 : 성장과 결실을 조절하는 장년기

토는 만물이 성장할 수 있는 터전이라고 생각하면 된다. 만물이 씨앗을 틔워 싹을 키우는 곳도 흙이요, 결국 마지막에 돌아가는 곳도 흙이다. 그런데 흙이라고 해서 다 좋은 것만은 아니다. 만물이 잘 자랄 수 있는 기름진 흙도 있지만 척박하고 쓸모없는 흙도 있다. 오행의 성분이 어떻게 섞여서 나타나느냐가 그 차이를 만들어내는 것이다. 토에 해당하는 계절은 환절기나 장마철이고, 토의 기운이 강한 색은 황색이다. 오상五常으로 보면 '강한 믿음'인데, 이러한 성격 때문에 신용과 의리를 지키려는 의지가 강하고, 믿음이 무너지면 크게 분노한다. 안정과 평화의 마음이 토의 마음이다.

금 : 열매를 맺는 중년기

금은 돌, 쇠를 말하며 딱딱한 것을 의미한다. 또 무언가를 잘라내는 살벌한 칼의 의미를 연상해볼 수 있지만, 지나치게 많이 퍼져나간 것을 적당히 모으고 거둬들이는 수렴의 기운을 나타내기도 한다. 즉 나무가 무성한 시기를 지나 성장은 멈추고 열매를 맺는 기운이라 할 수 있다. 내실을 다지기 위해 불필요한 잎과 가지들을 하나둘 떨어뜨리고, 칼로 쳐내야 할 것은 쳐내는 살벌한 결정의 시간, 이것을 '숙살지기肅殺之氣'라고 한다. 바로 가을의 기운이다. 하루 중에는 초저녁에 해당하며, 금의 기운이 강한 색은 흰색이다.

수 : 수확한 열매를 종자로 만드는 노년기

수는 물이다. 물에는 여러 종류가 있다. 다른 오행의 성질이 결합된 것도 있고 얼음의 형태로 된 것도 있다. 물은 응집력이 있다. 모여서 흐르고, 모여서 가두어지고, 쉬지 않고 움직이는 것이 물이다. 잔잔한 호수에도 자세히 보면 조용한 움직임이 있다. 움직임이 없는 물은 곧 썩어버리고 쓸모가 없어진다. 하루 중에는 한밤중을 말하며 수의 기운이 강한 색은 검은 색이다.

오행의 흐름

흔히들 오행의 흐름을 초목과 인생의 행로에 비유한다.
· 목木 : 어린 싹이 트는 기운으로 소년기에 해당된다.
· 화火 : 수목이 무성하게 우거지는 기운을 갖고 있으므로 청년기에 해당된다.
· 토土 : 성장과 결실의 기운이 너무 빠르거나 늦지 않도록 조절하는 장년기에 해당된다.
· 금金 : 초목이 열매를 맺도록 모든 기운을 수렴하는 인생의 중년기에 비유할 수 있다.
· 수水 : 수확한 열매를 저장하여 종자로 쓸 수 있도록 단련시키는 겨울의 기운을 나타내며 인생의 노년기에 비유된다.

오행이 만물의 조화를 이루어나가는 원리, 상생과 상극

이제까지 오행의 기본을 실제적인 측면에서 요약해보았다. 목, 화, 토, 금, 수 각각의 오행들은 항상 서로 융화되면서 변화를 보이는데, 그 변화에는 일정함이 없다. 각각의 오행들은 서로 돕기도 하고 싸우기도 하면서 만물의 조화를 이루어나간다. 싸움도 결국은 서로 돕고자 하는 변화인 것이지 싸움을 위한 싸움은 없다. 이 이론이 바로 상생상극의 이론이다.

상생이란 하나의 오행이 다른 오행에 대하여 생장을 촉진시키거나 발전을 도와주는 작용을 말한다. 그 순서는 목생화木生火, 화생토火生土, 토생금土生金, 금생수金生水, 수생목水生木이다. 오행은 이러한 순서로 이루어진 라이프 사이클을 계속 반복하면서 순환해나가게 된다. 오행의 상생은 끊임없는 변화를 말하는 것이고, 오행의 정지란 모든 것의 종말을 뜻한다.

생生이라는 것도 두 가지로 나눌 수 있는데, 나를 중심으로 내가 생하는 것이 하나이고, 다른 누군가가 나를 생하게 하는 것이 하나다. 이때 나를 도와주는 것은 어머니와 같으므로 모母라 하고 내가 누군가를 도와주는 관계는 자식을 돌보는 것과 같으므로 자子라 한다. 그런 이유로 오행상생의 관계를

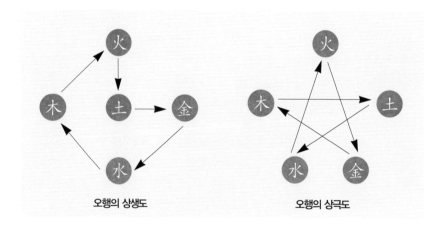

오행의 상생도　　　　　　오행의 상극도

모자母子관계라 한다. 예를 들어, '목생화'는 목이 화를 살린다는 뜻이고, '화생토'는 화가 토를 살린다는 뜻이다. 즉, 본인이 화라면 목은 어머니가 되고 토는 자식이 되는 것이다.

상극이란 하나의 오행이 다른 오행에 대해 기능을 억제하거나 제약하는 작용을 말한다. 그 순서는 수극화水克火, 화극금火克金, 금극목金克木, 목극토木克土, 토극수土克水다. 극克에도 나를 극하는 것과 내가 다른 무언가를 극하는 것이 있다.

상생과 상극은 완전히 다른 모습처럼 보이지만 목적은 같다. 이 두 가지가 모두 오행의 변화 속에서 서로를 조절해가면서 각자의 역할을 수행하는 것이다. 돕는다는 것이 늘 좋은 것이고, 억제하는 것이 늘 해로운 것만은 아니다. 배가 불러서 더 이상 먹을 수 없는데도 자꾸 먹으라고 채근하는 생의 작용이 오히려 질병을 초래할 수도 있다. 이때는 음식을 빼앗아가는 극의 작용이 필요하다.

상생과 상극의 작용은 하나가 역할을 하면 다른 하나는 쉬는 것이 아니라, 그 속의 조화에 따라 항상 함께 일하는 것을 뜻한다. 여기서 생하는 것은 생의 역할이 좀 더 크다는 것이고, 극이라는 것은 극의 역할이 좀 더 크게 나타난다는 것을 말한다.

동물의 먹이사슬을 예로 들어보자. 동물의 세계에서 천적관계가 성립되지 않으면 특정한 동물의 개체 수가 지나치게 많아진다. 이렇게 되면 먹이가 부족해지고, 종 전체가 모두 소멸될 위기에 직면한다. 바로 이런 상황을 방지하기 위해 천적이 존재하는 것이다. 생은 생만을 위한 생이 아니며, 극은 극만을 위한 작용이 아니다. 생 중에 극이 있고, 극 중에 생이 있다는 사실을 기억해두자.

그러니까 목생화木生火라 해도 불이 너무 강하면 나무가 타서 재가 되고, 화생토火生土라 해도 흙이 너무 강하면 불이 꺼진다. 또한 토생금土生金 역시 쇠가 너무 강하면 흙이 파헤쳐지고, 금생수金生水라 해도 물이 너무 강하면 쇠가 물속에 잠긴다. 수생목水生木이라 해도 나무가 너무 많으면 물이 막히거나 물이 모두 없어지니, 상생이라 해서 모두 자신을 도와주는 것은 아니다.

극의 작용도 마찬가지다. 수극화水克火로 물은 불을 꺼버리지만 적당히 조절해주면 금방 타서 없어져버리는 것을 막아준다. 화극금火克金 역시 불이 금을 녹여버리지만 잘 녹여 다듬으면 금의 부가가치를 더욱 높여준다. 마찬가지로 금극목金克木의 경우 쇠가 나무를 베지만, 도끼로 찍어 넘어뜨리기만 하는 것이 아니라 훌륭한 재목으로 만들어주니 극이 곧 생이라 할 수 있다. 이를 '극중유생克中有生'이라 한다.

목이 금의 극을 받음으로써 자신의 형形을 만들고 화의 생명을 조성하며, 화는 수의 극을 받음으로써 자신의 형과 토의 생명을 만든다. 토는 목의 극을 받음으로써 자신의 형과 금의 생명을, 금은 화의 극을 받아서 자신의 형과 수의 생명을, 수는 토의 극을 받아서 자신의 형과 목의 생명력을 형성한다고 하였으니, 극은 천지변화의 근본원리이자 생명의 부모라고 할 수 있다.

음양오행이 결합되는 원리, 수화론

자연은 계절에 따라서 큰 변화를 겪는다. 또한 계절 중 여름과 겨울의 가장 큰 차이는 '춥다', '덥다'다. 이 차이의 기원은 수와 화이고, 결국 계절이란 수와 화의 세력이 변화하는 과정에서 나타나는 것이다. 하지만 이 변화가 영구적으로 지속되기 위해서는 다른 오행의 도움들이 필요하다.

실제 오행의 측면에서 관찰해보면 화는 목이 있어 지속적인 생명을 유지할 수 있는 것이고 수는 금이 근원이 되어 계속 존재하게 된다. 즉, 만물의 근원이 되는 불과 물이라는 물질의 연속성을 유지하기 위해서는 계속해서 자신을 유지시켜주는 공급원이 필요하다는 것이다.

불이 계속해서 제 역할을 하려면 땔 나무가 필요하고, 찬 쇠의 표면에 물방울로 맺혀 존재하려면 물은 공기 중의 수분을 계속 모아주는 금의 협조를 얻어야 끊임없이 존재할 수 있는 것이다.

또한 물과 불의 기운 중에서 불의 기운이 지나치게 강할 경우에는 가뭄과 더위로 고통을 받게 될 것이고, 반대의 경우에는 홍수나 추위로 고통받게 될 것이다. 물론 그 치우친 정도에 따라서 고통을 받는 강도와 수준은 크게 달라진다.

그런데 물과 불은 흙이 없이는 존재할 수 없다. 그릇이나 제방의 역할을 담당하는 흙이 있어야 바닷물도 담길 수 있듯이 불 또한 화로 역할을 하는 흙이 있어야만 존재할 수 있다. 그러므로 토는 만물이 제 역할을 수행할 수 있게 해주는 받침대와 같다.

불을 계속 받치고 있으면 흙은 딱딱하고 건조해진다. 또한 젖은 흙이라도 불을 만나면 점차 건조한 흙으로 변한다. 이는 물을 만나도 마찬가지다. 물은 젖은 땅으로 스며들지만, 마른 흙이라도 물을 계속 받치고 있자면 젖은 흙으로 변한다.

이렇게 흙은 상황에 따라서 변하지만, 그것이 완전한 다른 것으로 변화한다는 의미는 아니다. 마른 흙이 젖은 흙이 되고 젖은 흙이 마른 흙이 되듯이 상태만 바뀔 뿐이다. 즉, 흙은 완전히 이쪽도 아니고 그렇다고 또 저쪽도 아니면서, 물과 불의 존재를 유지하게 하는 중재자의 역할을 수행한다. 뜨거운 물이 필요하다고 해서 불 위에 물을 직접 올려놓을 수 없는 것처럼, 수와 화는 직접 닿으면 서로 존재할 수가 없게 되므로 토의 기운이 필요한 것이다. 이처럼 서로 돌고 섞이면서 만물의 조화가 창출되는 것, 또 그렇게 돌고 돌면서 순환의 고리를 이어가는 것을 '수화론'이라 한다.

음양오행을 통한 치료의 원리

인체는 음의 측면과 양의 측면이 상대적인 평형을 유지함으로써 정상적인 생리기능을 수행할 수 있다. 또한 인체의 활동이 원활하게 이루어지려면 영양공급에 이상이 없어야 하는데, 물질은 음에 속하기 때문에 음식물의 소화는 장부의 기능 활동(움직임)인 양의 도움을 받아야만 한다.

이렇게 해서 음기는 내부에 저장되고 양기는 외부로 순행한다. 양기는 음기의 보호자가 되고 음기는 양기가 활동할 수 있도록 돕는 영양공급자가 되어 관계를 유지해나가는 것이다. 그러므로 음기가 강해지면 양기가 손상되고, 양기가 강해지면 음기가 손상을 입게 된다. 대표적인 예로서 한열寒熱의 증상을 들 수 있다. 양기가 성하면 열이 올라 염증炎症이 나타나고, 반대로 음기가 성하면 한증寒症이 나타난다.

음양성쇠의 균형이란, 부족한 것은 채워주고 남은 것은 적당히 소진시켜줌으로써 새로운 조건 하에서 상대적인 평형을 회복하는 데 있다. 이것이 곧 질병치료의 원칙이다.

음양의 양면성

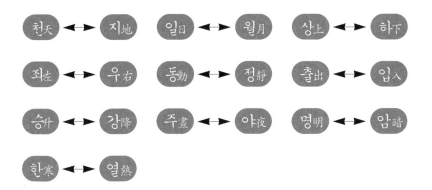

음양은 대립적이면서 통일적인 균형관계를 유지하고 있으며, 통일은 대립의 결과에서 나온다. 대립이란 음과 양의 상반된 일면이고, 통일은 둘 사이의 상성적相成的인 일면이다. 대립이 없다면 통일도 있을 수 없고, 상반된 면이 없다면 상성의 관계 역시 이룰 수 없다.

봄과 여름의 기후가 온열한 이유는 양기가 상승해서 가을과 겨울의 한랭지기를 억제한 결과로 볼 수 있고, 마찬가지로 가을과 겨울의 기후가 한랭한 이유는 음기가 상승해서 봄과 여름의 온열지기를 억제한 결과로 볼 수 있다. 또 이런 현상은 자연계의 음양이 '상호제약相互制約'하고 '상호소장相互消長(기운이 쇠하거나 커지는 짓)'하는 결과로 나타난 것이다.

음양이 서로 제약하고 합쳐지는 과정이 없다면 음양의 대립운동은 곧 정지되므로 사물은 이로 인해 곧 소실될 것이다.

어떠한 사물이든 그것이 가진 '상호대립'이라는 일면은 언제나 '상호소장'을 통해서 다른 면에 제약을 가한다. 서로 간의 제약과 소장을 통해서 인체도 평형상태를 유지하는 것이다. 이런 움직임 속에서 균형이 깨지면 질병이 생기게 된다. 음과 양의 다양한 만남, 즉 상호의존과 상호소장, 상호전화에 대해서 알아보자.

상호의존相互依存 : 음과 양은 서로의 필요성에 의해 존재한다

음양은 서로의 필요에 의해 존재한다. 어느 쪽이든 음이 없는 양이 없고, 양이 없는 음이 없다. 위가 있어야 아래가 있고, 좌가 있어야 우가 있다. 상上과 좌左를 양이라 하고, 하下와 우右를 음이라고 할 때도 서로의 필요성에 의해 존재하는 것이다. 상대방의 존재가 자기 존재의 전제 조건이 되기 때문이다.

인체의 생명활동을 유지하는 가장 기본적인 물질인 기氣와 혈血의 관계를 살펴보면, 기는 양에 속하고 혈은 음에 속한다. 양에 해당하는 기는 물질인 혈을 통하고, 혈은 기가 머무는 장소가 된다. 심성적인 측면에서 '흥분'은 양에 속하고 '억제'는 음에 속하지만, 흥분이 없으면 억제가 있을 수 없고 억제가 없으면 흥분도 있을 수 없다. 서로 필요한 관계를 형성하지 못하면 생명체의 변화는 정지되어 사망에 이르게 된다.

상호소장相互消長 : 음과 양은 끊임없이 움직이고 변화한다

음양이 서로 대립하고 의존한다는 것은 정지된 상태에서 대치하는 것이 아니라 끊임없이 운동과 변화를 거듭하는 가운데 일어나고 있음을 알아야 한다. 봄에서 여름까지는 한寒에서 열熱로 변해가는 음소양장陰消陽長의 과정이고, 가을에서 겨울까지는 열에서 한으로 변해가는 양소음장陽消陰長의 과정을 이어간다. 인체에서도 기능을 위주로 보면 양장음소陽長陰消의 과정이라 할 수 있고 음식물을 소비하는 관점에서 보자면 음장양소陰長陽消의 과정이라고 할 수 있다. 정상상태에서는 음양의 상호소장이 상대적인 평형상태를 유지하고, 이것이 파괴될 경우 질병이 발생하게 된다.

상호전화相互轉化 : 음과 양은 극점에서 반대로 전화한다

음과 양은 극점에 이르면 상반되는 방향으로 전화한다. 음과 양은 발전하는 과정에서 일정한 단계에 이르면 각자 그와 상반되는 방향으로 전화하여 음은 양이 되고 양은 음이 되기도 한다. 사계절을 예로 들면 봄의 온기가 여름의 열기로 변하면서 여름 열기의 극점에 도달해서야 한랭으로 변화할 수 있는 기점이 되고, 가을의 서늘함이 발전하여 겨울 한랭의 극점에 이르러야 온열로 전화할 수 있는 기점이 된다.

토를 통해 살펴보는 음양오행의 이치

거듭 강조하는 바지만, 자연의 질서와 음양오행의 본질, 체질의 이치는 놀랍기 그지없다. 그 근거 중 하나만 더 예를 들어보려 한다. 오행의 속성 중 대표적으로 토를 들어 설명하겠다. 앞서 '수화론'에서도 밝혔다시피 토는 만물의 받침대 역할을 한다. 하지만 자연이 토에게 또 다른 역할을 부여하는 경우도 있다.

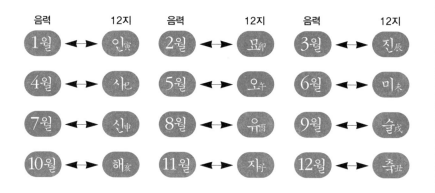

토는 흔히 중재자, 교통정리 등으로 설명하면서 조절과 중화中和라는 의미로 많이 쓰이지만, 때로는 창고(倉)의 역할을 하는 면도 있다. '창고'란, 필요할 때 요긴하게 쓰기 위해 물건을 저장해두는 곳이자, 때로는 남에게 빼앗기지 않으려 숨기는 곳이기도 하다. 무언가 강력한 세력으로부터 피해를 입기 전에 미리 대피하는 형상으로 생각해볼 수도 있다.

1년 열두 달 중, 3월(진辰), 6월(미未), 9월(술戌), 12월(축丑)은 계절이 바뀌는 환절기換節期에 해당된다. 환절기는 다음 계절을 대비하는 시기다. 그래서 이 달(月)의 토는 순수한 성분만이 아닌 혼합된 성질들로 나타난다. 갑작스럽게 계절에 적응하는 데 힘들지 않도록 하는 자연의 배려라 할 수 있다.

봄에서 여름으로 갈 때인 음력 3월은 수의 창고가 된다. 마당에 뿌려놓은 물도 돌아서면 없어지는 때가 여름이 아닌가. 여름엔 갈수기가 오고 물이 금방 없어지는 계절이다. 무더위엔 물이 최고이고, 시원한 물 한 컵이 정말로 간절한 경우가 아주 많다. 그래서 음력 3월의 토는 수의 성격까지 함께 갖고 있다.

여름에서 가을로 갈 때인 음력 6월은 목의 창고가 된다. 기운을 저장하고 숨겨둠으로써 가을의 매서운 숙살지기에 대비한다. 또한 어느 정도 금의 피해를 방어할 수 있는 화기火氣를 가지고도 있다. 즉, 음력 6월은 목과 혼합된 토로 볼 수 있다.

가을에서 겨울로 갈 때인 음력 9월은 화의 기운을 저장하고 숨겨둘 수 있는 창고이자 피난처의 역할을 수행한다. 추운 겨울엔 아무리 열기가 강해도 한기를 이겨낼 수가 없으므로 겨울의 태양은 해가 중천에 떠 있어도 춥기는 마찬가지다. 또한 이때의 토는 언 땅을 따뜻하게 덮어주는 이불과도 같은 역할을 하는 것이다. 그래서 음력 9월의 토는 화의 성격까지 함께 갖고 있는 것이다.

겨울에서 봄으로 갈 때인 음력 12월에는 금의 기운을 저장해야 한다. 봄은 만물이 생성하는 계절이다. 봄이 오면 한겨울의 찬 기운을 이겨낸 수많은 싹이 돋아난다. 역시 목의 기운이 강하다. 아무리 강한 금의 기운이라도 이 시기엔 금의 기운이 도리어 목의 강한 기운에 상하기 쉬워 음력 12월은 금의 기운을 보호하는 창고의 역할을 하는 것이다.

10체질을 어떻게
활용해야 하는가?

10체질은 인간과 자연, 인간과 인간의 관계를 '있는 그대로' 배열한 것이다.
따라서 자신의 체질만 쏙 뽑아서 알면 끝이라고 생각하는 조급한 행동은
10체질을 제대로 이해하지 못하는 것이다.
이는 오히려 자신의 체질적 특성에 대한 이해의 폭을 좁게 만들 수 있는 행동이다.
예를 들어, 내가 '갑'의 입장에서 '토음인'일 때와 '을'의 입장에서 토음인일 때는
그 적용이 완전히 달라지는 법이니까 말이다. 따라서 10가지 체질에 대한
전체적인 이해를 한 후에 본인과 주변 사람들에게 적용해보기 바란다.

10가지 기본체질에 대한
이해가 우선이다

체질판별은 자신이 태어난 생년월일시를 기준으로 한다. 그 정확한 판별은 필자가 운영하는 인터넷 사이트 www.10chejil.com을 통해서 무료로 확인해볼 수 있다. 하지만 사이트에서 체질을 확인하기 전에 먼저 이 책을 꼼꼼히 읽고 자신의 체질이 어디에 해당할 것 같은지를 스스로 생각해보기 바란다. 자신의 본성은 스스로가 가장 잘 알고 있는 법이다.

앞으로 살펴볼 2부는 기본 10체질에 대해 집중적으로 조명할 것이다. 각 체질별로 성품, 성공원리, 대인관계, 그리고 건강법까지 살펴볼 예정이다. 다양한 각도에서 접근할 것이므로 2부를 제대로 정독한 독자라면 각 체질의 기본원리를 머릿속에 그릴 수 있게 될 것이다.

필자는 애초부터 이 책을 구상하면서 각 체질에 대한 지식을 사전식으로 나열할 의도가 없었다. 그것은 체질에 대한 이해에 아무런 도움이 되지 못한다. 단순히 한두 가지 체질의 특성을 아는 것보다는 체질 간의 관계까지도 이해하는 것이 중요하다. 부디 많은 독자들이 그러한 이해의 관점으로 접근해주기 바란다.

성품이 체질의 기본요소다

체질을 가장 잘 표현해주는 기본요소는 바로 성품이다. 성품은 음양오행의 기운을 통해 형성되며, 건강과 성공, 운명과도 직결된다. 사람은 자연의 일부이고 하늘과 땅의 기운을 받으면서 존재하기 때문이다. 하지만 자기수양을 게을리한다면 성품의 장점보다 단점이 더 도드라져 보이게 된다. 반대로 자기수양을 통해 성품의 단점을 장점으로 극복하는 경우도 있다. 10체질을 바르게 이해한다면, 자신을 변화시켜 단점보다는 장점을 더 많이 드러낼 수 있을 것이다.

체질적 장단점을 알면 성공원리가 보인다

체질을 이해하면 자신에게 어울리는 경제적, 금전적 패턴을 알게 되어 사업을 하더라도 좀 더 안전하게 할 수 있고, 일의 효율성을 높일 수도 있다. '경제활동'이란 돈을 버는 모든 수단이나 단계를 말한다. 직장이 될 수도 있고 사업이 될 수도 있다. 또한 재물은 단지 '돈'만 의미하는 것이 아니다. 경제활동의 모든 '결과물'을 의미한다. 또한 여기서 '결과물'이라는 것은 자신이 최종적으로 가지려고 했던 유무형의 모든 것이라 할 수 있는데, 단지 '돈'이 그것을 대표하고 있을 뿐이다.

음양陰陽에 따라 재물에 접근하는 방법이 다르다. 또한 자신이 '생生을 하는 오행'과 '극㤪을 하는 오행'의 특성에 따라서도 각각 재물을 관리하는 방법이 다르다고 할 수 있다. 재물을 축적하기 위해서는 각각의 특성에 맞게 활용해야 한다.

가령, 흙은 물을 가두기도 하고 길을 내주기도 하면서 그 흐름을 조정한다. 하지만 물의 양이 많아져서 흙이 둑의 역할을 하지 못하는 경우도 있다. 그러면 흙이 더 이상 제 역할을 할 수 없게 되어, 모두 물에 쓸려가고 만다.

재물도 마찬가지다. 물의 흐름처럼 흘러가면서, 모이고 흩어지기를 반복한다. 또한 물이 모이듯 돈도 모이는 길목이 존재하는 법이다. 그래서 흔히들 '돈의 길목'을 찾는 것이 중요하다고 말한다. 하지만 돈이 흘러드는 길목을 찾는 것은 쉬운 일이 아니다. 길목은커녕 꽁무니만 좇다가 종국에는 돈에 짓눌려 허덕이게 되는 경우도 많다. 그에 반해 돈의 흐름을 천성적으로 잘 찾아내는 사람도 있다. 그런 사람들은 재물에 대해 체질마다 가지는 장단점을 잘 활용하고, 조정할 줄 아는 사람이라 할 수 있겠다. 결국 성공의 비결은 자신이 가진 체질적 장단점을 잘 간파하여 자신에게 맞는 스타일을 꾸준히 지켜가는 것이다.

예를 들어, 목양체질이라면 '흙'이 절대적으로 필요하다는 체질적 특성을 가졌으므로, 땅에 투자를 하는 것이 좋다. 그리고 본성적으로 공격적인 투자를 할 공산이 크다. 하지만 목양체질인 사람들은 성급하게 결정하기 쉬운 체

바이오리듬도 태어난 생년월일을 기준으로 삼는다

서양에서 나온 '바이오리듬' 역시 태어난 날짜를 기준으로 삼는다. 1906년 독일의 의사 W. 프리즈는 환자의 임상연구를 토대로 모든 인간이 출생일을 기점으로 신체는 23일, 감성은 28일, 지성은 33일의 주기로 상승 또는 하강하는 변화를 보인다는 이론을 주창했다. 이는 신체(physical), 감성(emotional), 지성(intellectual)의 약자를 따서 PSI 학설이라고도 한다. 오늘날 바이오리듬은 단순히 재미로 보는 수준을 넘어서 산업현장에서 산업재해 발생을 예방하는 차원으로도 활용되고 있다. 활용이나 해석은 다르지만, 생년월일을 기준으로 분류하는 10체질과 비슷한 맥락을 가졌다고 볼 수 있다.

질이므로, 결정을 내린 후에 쉽게 후회를 하기도 한다. 때문에 성공적인 투자를 위해서 '두드려본 돌다리도 다시 한 번 더 두드려보는' 신중함이 필요하다. 한편, 수음체질과 수양체질은 재물이 금방 모이기도 하지만 그만큼 쉽게 흩어지는 체질이기에 재물을 묶어둘 수 있는 확실한 안전장치가 필요하다.

상대방의 체질을 알면 상생의 기회를 찾을 수 있다

"나는 어느 체질의 사람과 어떤 관계를 형성하고 살아갈 것인가?", "내가 이 체질의 사람과 관계를 맺는다면 어떠한 결과가 나올 것인가?" 사회생활을 할 때 상대방이 어떤 체질을 가졌는지를 알고, 자신과 어떻게 융화를 이루어낼 수 있는가를 예측할 수만 있다면, 어떤 관계든 적절한 대응을 할 수 있을 것이다. 이를 통해 유리한 인간관계를 끌어낼 수도 있으리라.

경제활동에서도 상대의 장단점과 기호를 잘 안다면 친분을 쌓고 계약을 맺을 때, 성공의 키를 가지는 것과 같다. 다시 말해 상대방의 체질적 성향이 자신의 어떤 면과 잘 맞고 안 맞는지, 주의해야 할 점은 무엇인지를 체크해두면 좀 더 빠른 시일 내에 긍정적인 관계를 형성할 수 있을 것이므로, 일도 수월해진다.

전쟁에서 승리하기 위해서는 우선 적을 속속들이 알아야 할 터, '지피지기면 백전백승'이라 했다. 현대사회에서 성공의 조건은 8할이 인맥이라 해도

계절을 구분하는 절기의 기준 ───

봄 - 입춘이 시작되는 날부터 입하가 시작되는 전날까지(대략, 음력 1, 2, 3월)
여름 - 입하가 시작되는 날부터 입추가 시작되는 전날까지(대략, 음력 4, 5, 6월)
가을 - 입추가 시작되는 날부터 입동이 시작되기 전날까지(대략, 음력 7, 8, 9월)
겨울 - 입동이 시작되는 날부터 입춘이 시작되는 전날까지(대략, 음력 10, 11, 12월)

과언이 아니다. 자신의 네트워크 안에 들어올 수 있는 사람들의 기호와 성향을 미리 파악한다면 좀 더 유연한 인간관계를 만들 수 있을 것이다. 비즈니스는 물론이고 이성관계에도 참고하면 도움이 되는 얘기다.

하지만 여기서도 주의할 점이 있다. 이론상으로는 아무리 좋은 관계라 하더라도 체질적인 단점이 많은 사람과의 관계는 막상 자신에게 별 도움이 안 되는 경우가 있다. 결과적으로 좋은 관계란 체질적인 장점을 많이 가진 사람과 서로 좋은 기운을 주고받는 관계라는 점을 기억해두자.

또한 체질에 따른 대인관계는 자신과 맞지 않는 체질의 사람을 배척하라는 것이 아니다. 서로 친밀하게 지낼 수 있는 체질별 장점을 찾아서, 교류의 폭을 넓히는 데 목적이 있다. 유난히 사람들 앞에서 머뭇거린다면 이 부분의

현재 나의 모습이 책 속 체질 설명과 다르다면?

각 체질의 대한 내용을 이해하고 아는 것도 중요하지만 자신의 현재 상태를 판단해보는 과정도 필요하다. 실제로 자신의 장점이 책의 내용과 다르거나, 거기에 못 미칠 때가 있다. 이는 자신이 가진 장점을 제대로 발현시키지 못한 경우다. 다음의 세 가지 분류를 통해 자신의 현재 상태를 확인해보기 바란다. 물론 앞으로는 가능한 한 좋은 경우에 해당될 수 있도록 노력하는 것이 중요하다.

· 좋은 경우 : 자기 체질이 가진 성품이 일상생활에 그대로 나타나면서 장점이 단점보다 많이 보이는 경우를 말하며 건강과 운도 길하게 나타난다.
· 보통의 경우 : 자기 체질이 가진 성품이 거의 유사하게 나타나지만 장점보다 단점이 훨씬 많이 보일 경우를 말한다. 건강과 운은 보통수준이며, 약간의 노력이 필요하다.
· 개선이 요구되는 경우 : 진단받은 체질과 본인의 성품이 판이하게 다른 경우, 자신의 본성이 변형되어 나타난 것이다. 건강과 운세가 좀 처지는 경향이 있으므로 일상생활의 모든 부분에서 타고난 본성이 좀 더 잘 나타나도록 많은 노력을 해야 한다. 예를 들어 목양체질은 보스기질이 있어서 항상 앞장서려 하고, 남의 명령이나 지시를 받길 싫어하는 경향이 강한데, 이 체질을 가진 사람이 너무 소극적인 태도를 보인다거나 경쟁심을 발휘하지 못한다면 심리적으로 상당히 위축된 상태임을 뜻한다. 이런 경우에 자신의 본성이 변형되었다고 표현할 수 있다.

설명을 좀 더 유의해서 읽어주기 바란다. 체질을 알면 누구든 관계의 달인으로 거듭날 수 있다.

자연이나 인간이나 우주 만물 중 한 가지이므로, 자연의 사계절은 사람이 타고난 체질과도 무관하지 않다. 사람이 태어난 계절에 따라 각 체질의 특성이 세분화되는 면을 가지고 있다. 이런 이유를 감안해서 2부의 대인관계 편에서는 태어난 계절에 따른 세부적인 부분까지 모두 설명할 예정이다.

건강하게 사는 법 역시 체질마다 다르다

각 체질별로 건강하게 살기 위한 방법들을 설명할 때는, 각 체질을 다시 세 부류로 구분하여 설명할 것이다. 세 부류는 다음과 같다.

· 성격이 조급하고 일에 서두르는 경향을 보이며 감정이 밖으로 너무 드러나는 경우
· 냉정한 성향이 강하며 감정이 밖으로 잘 드러나지 않는 경우
· 위의 두 가지 성향이 골고루 섞이거나 중간 정도의 성향을 보이는 경우

같은 체질이라도 사람마다 약간씩 성향의 차이가 있으므로, 자신이 세 가지 부류 중 어디에 속하는지 생각해보고 건강하게 생활하는 데 도움받기 바란다.

더 세분화된 체질 분류,
60가지 응용체질

十體質

10체질은 기본체질 10가지와 응용체질 60가지로 구성되는데, 응용체질은 다시 과체질 10가지, 불급체질 10가지, 복합체질 40가지로 나눌 수 있다. 응용체질에 대해서는 3부에서 자세히 설명할 예정이다.

반드시 명심해야 할 사항이 있다. 자신이 속하는 기본체질을 먼저 숙지한 후에 응용체질을 살펴보는 것이 순리이다. 이 책의 2부에 담긴 기본체질의 장단점을 반드시 먼저 살펴본 후, 3부로 넘어가기 바란다.

기본체질의 성향이 지나치면 과체질

과체질은 기본 체질의 성향이 좀 더 강하게 나타나는 체질이다. 독불장군처럼 고집이 세고 자기주장을 잘 굽히지 않는 성향이 추가되는 경우도 있고, 오히려 정반대로 지나칠 정도로 나약한 모습이 나타나는 상황도 가끔 있다.

중요한 것은 과체질이라고 해서 기본체질까지 완전히 다른 체질로 변한 것은 아니라는 사실이다.

체질을 판별했을 때, 가령 '금양과체질'이 나왔다면 2부의 금양체질 편을 먼저 읽은 후 3부의 금양과체질로 넘어가야 한다.

기본체질의 성향이 부족하면 불급체질

기본 성품이 약하게 나타나다 보니, 오히려 자신의 체질적 성향이 적게 나타나는 경우가 있다. 나약한 모습을 보이거나 끈기와 결단력, 용기가 부족해서 심약한 성향을 가지는 경우도 있다. 때로는 자신의 나약한 마음을 숨기기 위해, 도리어 쓸데없이 고집을 피우는 경우도 보인다.

불급체질을 갖는 사람들의 70% 이상은 본인의 부족함에 대해 앞서 걱정을 한다. 이는 '예기불안'의 한 경향이다. 예를 들어, 수학에 자신이 없는 학생들은 그 불안감 때문에 오히려 시험 당일에 아는 문제도 실수로 틀리고 마는 법이다.

그러므로 불급체질이라면 "자신감을 잃으면 아무것도 얻을 수 없다."는 생각을 갖고, 나약한 모습은 자신의 기운을 빠져나가게 한다는 사실을 명심해야 한다. 또한 미리 걱정하는 성향이 적어질수록, 좋은 점을 더 많이 가지게 된다고 생각하면 된다.

불급체질은 다른 체질의 성향과 섞여서 나타나는 경우가 대부분이다. 따라서 불급체질인 사람들은 기본체질이 가진 장점을 더 크게 살리도록 노력하는 것이 중요하고, 실제로 주위에서 도와준다면 더 좋은 결과를 가질 수 있다.

이들에게는 특히 어머니의 역할이 결정적인 도움을 많이 줄 것이다. 그리고 다행히 이런 사람들은 대체로 어머니를 좋아하는 경우가 많다.

마찬가지로 체질을 판별했을 때, '수양불급체질'이 나왔다면 2부의 수양체질 편을 먼저 읽은 후 3부의 수양불급체질로 넘어가야 한다.

다른 오행의 체질이 더 강하게 나타나면 복합체질

복합체질은 두 가지 경우다. 단적으로 말해, 원래 가진 기본체질의 성향이 약하고 다른 오행의 성향이 강하게 작용하는 것이다. 또한 기본체질과 다른 오행의 성향이 혼합되어 나타나는 체질을 말하기도 한다. 따라서 자신의 기본적인 성향을 다른 오행이 가리고 있는 경우가 많다. 또한 복합체질은 대체로 좋은 경우와 안 좋은 경우의 편차가 기본체질보다는 큰 편이다.

복합체질인 사람이 건강하고 성공적인 삶을 누리려면, 자신이 가진 기본체질의 장점을 최대한 드러내도록 노력해야 한다. 또한 기본체질 외에 추가적으로 작용하는 강한 오행의 특성에 대해서도 이해할 필요가 있다. 운의 흐름도 중요하게 작용하지만, 운이란 자신이 바꾸는 데는 한계가 있다. 따라서 자신이 타고난 체질적인 장점으로 극복해나가는 것이 제일 좋은 방법이다.

복합체질은 10가지 체질마다 각각 4가지씩 존재하므로 총 40가지가 된다. 필자가 만난 수많은 사람들을 돌이켜보면, 복합체질은 전체 중에 약 20% 정도 존재한다고 보여진다.

예를 들어 자신이 금양복합화체질에 속한다면 먼저 2부에서 금양체질 편을 숙지해야 한다. 그 후 3부 앞 부분의 복합화체질을 읽어보고, 최종적으로 금양복합화체질을 이해하면 된다. 이 세 가지 모두가 자신의 체질을 이야기하고 있기 때문이다.

www.10chejil.com에서 자신의 체질을 진단해보기 전에, 부디 2부의 10가지 기본체질을 먼저 정독한 후 자신이 10가지 체질 중 어느 쪽일지 스스로 예상해보길 바란다. 자신의 본성은 자신이 가장 잘 알고 있으므로 어느 정도 비슷하게 맞힐 수 있을 것이다. 이는 체질을 좀 더 바르게 이해하기 위한 최선의 방법이다. 또한 자신의 체질만 골라서 읽는 것은 지양하길 바란다. 나를 알려면 남도 알아야 한다는 지혜를 절대로 잊어선 안 된다.

2 PART

木 火 土 金 水
陰 陽 陰 陽 陰

木 火 土 金 水
陽 陰 陽 陰 陽

10가지
기본체질의
이해

체질을 안다는 것은 본성을 회복하고 그에 맞게 '바로 세운다'는 뜻이다.
몸 안에 있는 인체의 기능들을 바로 세우면 건강이 찾아올 것이고, 자신이 가진 장점을 바로 세우면
성공에 가까워질 것이다. 또한 타인의 장점을 바로 세우면 조화로운 인간관계까지 형성할 수 있게 된다.
바로 세우기 위해서는 바르게 알아야 한다. 또한 바르게 알기 위해서는 바르게 생각해야 한다.
바른 생각이 많이 아는 것보다 우선이다.

목양체질
큰 나무는 무한경쟁
속에서 치열하게 성장한다

목양체질은 큰 나무의 기운을 받고 태어난 체질이다.
계절의 시작을 알리는 따스한 봄 기운처럼 인정이 많고, 어떤 일이든 시작을 잘하는 편이다. 그
리고 계획도 잘 세우는 장점을 가지고 있지만, 간혹 욕심이 앞서서 감당할 수 없는 것까지
무리하게 일을 벌이거나 세부 계획도 없이 일을 추진하다가 실패하기도 한다.
주위를 돌아보지 않고 전진하는 데만 급급해서 예상치 못한 일이 발생하기도 한다.
그런 상황이 자주 반복되면 의욕도 사라져버리고 에너지도 고갈되어
용두사미로 끝나기도 한다.

성품 :

경쟁이 치열할수록
더 단단하고 강하게 자란다

우리가 이 사회에서 치열하게 경쟁하며 살아가는 모습을 보면, 좁은 땅에 여러 종류의 나무들이 자라는 것과 다를 게 없다. 이런 상황에서 큰 나무의 입장이 된다면 세상을 어떻게 바라보아야 하겠는가?

목양체질은 매사를 넓고 크게 볼 필요가 있다. 또한 지나치게 무성한 나뭇가지는 성장에 별 도움이 되지 않으니 더 큰 나무로 자라기 위해선 '절제'가 필요하다. 무조건 저지르고 보자는 식의 조급한 성미를 조금만 누그러뜨린다면 내실을 기할 수 있을 것이다.

또한 목양체질은 단단하고 곧게 자라는 나무의 기질을 닮아서 강직하고 올곧은 성품을 지녔다. 그러나 곧은 나무는 바람에 휘어지지 않으니, 자칫 부러질 위험이 있다. 쉽게 말해 강직한 기질 탓에 조직생활에서 독불장군이라는 평가를 받기 쉽다는 것이다. 목양체질이 생존해나가면서 발휘되는 특징적 요소들은 다음과 같다.

첫째, 땅에 대한 욕심이 크다. 나무는 땅을 많이 차지하고 있어야 뿌리를 튼튼히 내릴 수 있고 영양분을 충분히 흡수하며, 거친 풍파에도 오래도록 생명을 유지할 수 있기 때문이다. 목양체질에게 흙은 재물과 이성에 해당된다. 그러므로 목양체질의 남자는 재물과 여자에 관심이 많은 편이다. 돈을 쓰더라도 같은 남자에게는 인색하게 굴지만 여자에게는 인심이 후한 타입이라 할 수 있다.

둘째, 햇빛을 더 많이 받기 위해 주위의 나무들과 생존경쟁을 해야만 한다. 키가 작으면 주변에 있는 키 큰 나무의 그늘에 가려 태양빛을 덜 받게 될 것이고, 광합성을 원활히 하지 못하면 건강하게 성장할 수 없다. 최고의 나무라면 자잘한 땔감이 아니라 천 년 만 년 폼 나게 건재할 수 있는 대들보가 되고 싶을 것이다. 그래서 목양체질은 경쟁에서 지지 않으려는 성향이 강하다. 이는 다른 나무들과의 경쟁에서 더 빨리, 더 크게 자라는 나무가 그 가치를 인정받는 것과 같은 이치다.

셋째, 높은 곳에서 아래를 내려다보는 습성이 있다. 큰 나무는 높은 곳에서 세상을 내려다보기 때문에 자신이 최고라고 믿는다. 그리고 자기보다 연륜이 오래되거나 더 큰 나무가 나타나지 않는 한 여간해선 굽히려 들지 않는다. 이런 특성 때문에 약자에겐 강하고 강자에겐 약한 일면을 보이는 경우도 있다.

넷째, 우두머리 기질이 강해서 항상 남들 앞에 나서는 것을 좋아한다. 긍정적으로 보면 밝고 희망찬 성격, 미래 지향적인 성품을 지녔다고 할 수 있다. 한 가지 일에 심취하면 깊게 빠져들기 때문에 기운을 잘 풀어쓸 경우는 훌륭한 리더가 될 수 있지만, 그렇지 못한 경우는 사회와 타협하지 못한 채 외골수가 되어 방황하기 일쑤다.

다섯째, 큰 나무는 주로 하늘을 향해서 자란다. 이는 앞만 보고 전진하는 습성이 있다는 것을 의미하는 것으로 '앞으로 전진'만을 외치다 실패하는 경우도 종종 생긴다.

세상이 원하는 팔방미인

오직 하늘만을 향할 줄 아는 나무의 성정性情은 올곧고 이상적이다. 특히 위로 비상하려는 굳은 의지와 불굴의 기상을 품은 이들의 진취적인 기질은, 하늘의 높이를 가늠해보려는 듯 높이 뻗어 있는 나무와 같다. '목'은 오행에서 '어질 인仁'을 의미한다. 따라서 목양체질은 인정이 많다는 평을 많이 듣고, 공정하고 단정한 품성을 지녔기에 타인과 다투는 것을 싫어하며 양심적인 편이다.

'목'은 신체의 장부 중에서 간과 쓸개에 해당되는데, 목양체질인 사람들은 담력이 세고 배짱이 두둑하여 대인관계에서 리더의 역할을 주로 맡고, 동료들의 스포트라이트를 한 몸에 받을 수도 있다. 따르는 이가 많으니 사교적이고 예의가 바르다. 또한 일을 풀어가는 논리적인 사고방식은 상황을 깔끔하게 정리하는 데 큰 몫을 한다. 게다가 나무의 생명력을 그대로 닮아, 무서운 추진력과 생활력을 지녔으니 팔방미인이 따로 없다.

낮은 자세로 넓게 바라보라

하지만 하늘 높은 줄 모르고 치솟은 나무는 땅 위의 꽃이 얼마나 예쁜지 알지 못하는 법이다. 한 길만 보고 가다 보면, 다른 길 앞에선 눈뜬장님이 되기도 하는 법이다.

목양체질은 어지간해서는 절대로 꺾이거나 굽히지 않는 기질을 가졌기 때문에 융통성이 부족하다는 평을 받는다. 인생을 살다 보면, 때로는 타협이 필요한데 자기주장만 너무 강하게 내세우다가 낭패를 겪기도 한다. 또 스스로 이해가 되지 않으면 절대로 마음을 바꾸지 않기 때문에 이기적이고 독선적인 면을 지니고 있다.

일에 관해서는 시작을 두려워하지 않고 거침없이 밀고나가지만, 결국 끝맺음을 제대로 하지 못하는 경우가 많다. 위로 뻗는 나무의 속성상 앞만 보고 돌진할 뿐, 찬찬히 주위를 살피는 차분함이 부족하기 때문이다.

모든 일이 내 마음만 같다면 얼마나 좋겠는가. 하지만 세상은 수많은 변수들이 난무하고, 피해갈 수 없는 암초들이 출몰하기도 한다. 이러한 물결 속에서 자신감은 훌륭한 무기가 될 수도 있으나, 오만으로 변질되어 '독'으로 작용할 수도 있다. 따라서 자기우월주의의 기질을 갖고 있는 목양체질은 타인에게 많이 베푸는 미덕은 그대로 유지하되, 상대를 내려다본다거나 폄하하는 경향은 지양해야 할 것이다.

자기가 최고라고 생각하기 때문에 남을 돌보는 기질이 강한 반면, 그만큼 상대를 낮춰 보는 경향이 있다. 또한 올곧은 성품 때문에 대인관계에서 본의 아니게 오해를 사기도 쉽다. 매사가 자기 생각대로 되리라고 믿는 건 오산이다.

넘쳐나는 호기심도 목양체질에게는 장점인 동시에 단점이다. 호기심은 성취욕을 불러일으키는 동기로 작용하지만 남의 일에까지 지나치게 끼어들거나, 자신의 이익에 반하면 물불 안 가리고 덤비는 성정도 나타나 비난을 살 수 있다. 게다가 나무는 항상 흙이 필요하기 때문에 집착이 강한 성격이며, 오행의 구조에서 보면 지나치게 신경이 예민한 성격이다.

목양체질의 상징

목양체질의 행운의 동물은 12지지 중 뱀이다. 시험을 볼 때는 쥐가 좋다. 문구를 포함한 의류, 소품 등에 이 동물 캐릭터를 잘 활용하면 도움이 될 것이다.

목양체질의 단점을 보완하려면, 우선 상대방의 입장에서 생각해보고 자신을 낮추는 겸손의 미덕을 발휘하는 것이 필요하다. 다소 이해가 되지 않는 면이 있다 하더라도 큰 나무답게 너그러이 포용한다면 사람이든 재물이든 자연스럽게 자신의 그늘 안으로 모여들 것이다.

성공원리 :
치열함은 남기고
욕심은 버려라

달콤한 휴식을 위해 울창한 숲으로 가보자. 비슷비슷하게 자란 나무들이 마치 녹색 물감을 쏟아 붓기라도 한 것처럼 빽빽하다. 그 속에서 나무 한 그루를 한 아름 안아보라. 피톤치드가 온몸을 휘감는 기분을 느낄 수 있을 것이다. 또 나무에 살짝 귀를 대어보라. 새소리, 바람소리가 아닌, 나무 그 자체에서 나는 소리를 느껴보라. 흙으로부터 양질의 영양분을 공급받기 위한 나무의 기운이 들려올 것이다. 더 높이 자라기 위해 태양의 빛을 받아 광합성을 하는 숨소리도 느껴질 것이다.

하지만 어느새 그 기운과 숨소리는 성장을 위한 투쟁의 함성이 되고, 청량한 향을 뿜어내는 그 짧은 순간마저도, 나무는 성장하기 위해 끊임없이 싸우고 있다.

눈치 챘겠지만, 그 나무는 바로 목양체질의 사람이다.

하나에 집중할 줄 아는 장점을 더욱 키워라

목양체질은 넓은 대지에 오랜 세월을 두고, 뿌리내린 거목의 기운을 품고 있다. 거목이 살아가는 환경과 습성을 통해 목양체질에 주어진 음양오행의 이치를 알아낼 수 있다. 이는 경제활동과 재물에 관해서도 마찬가지다. 목양체질에게 있어 재물과 경제활동은 각각 흙과 태양에 빗대어 생각해볼 수 있다.

거목은 태양이 있어야 생기가 돈다. 너무 추운 곳에 있는 나무들은 대부분 생존 자체가 어렵거나, 성장속도가 더디다. 북극의 식물과 적도의 울창한 밀림을 비교해보면, 태양이 나무에 미치는 영향력이 얼마나 중요한지 이해가 될 것이다.

또한 흙에 안착하는 것은 나무의 본능이다. 흙이 있어야만 나무는 온전히 뿌리를 내릴 수 있다. 충분한 흙 위에서 뿌리를 깊이 내린 나무만이 거센 비바람 속에서도 굳건히 오랜 세월을 지탱한다. 목양체질에게 있어 흙은 경제활동의 결과물로, 돈과 같은 것이다. 그러나 돈의 영원한 주인은 없는 법이다. 자연의 모든 것이 흙에서 나와 흙으로 돌아가듯이, 돈은 모양과 소유자만 바뀌면서 순환할 뿐이다. 목양체질은 이 점을 반드시 명심해야 한다.

거목이 살아가는 환경에서 태양(경제활동)과 흙(재물)은 절대적인 요소라 할 수 있다. 그런 이유로 목양체질은 사업에 대한 감각이 뛰어나고 재물에 대한 집착이 다른 체질에 비해 상당히 강하다. 따라서 목양체질의 사람들이 금전적 이득을 바란다면, 문어발 식 사업행태보다는 한 우물을 파라고 권하고 싶다. 큰 나무는 옮겨 심기가 쉽지 않은 법이다. 옮겨 심은 후 아무리 정성을 다해 보살핀다 한들 쉽게 죽어버린다. 이렇듯 내 한 몸 둘 곳을 찾지 못하는 불안감에 이것저것 손을 대다 보면 뿌리를 깊이 내리지 못하고, 종국에는 약한 바람에도 쉬이 쓰러져 버릴 것이 자명하다.

물론, 그러다가 자신에게 안성맞춤인 곳을 찾아 정착한다면 고매한 거목으로서의 본질을 유감없이 발휘할 수도 있다. 하지만 경제활동을 하면서 양보와 나눔의 미덕 없이, 오로지 앞에 놓인 것만 향해 가다가는 사회에서 인정을 받기 어려울 것이다. 가끔은 한 번씩 '남들은 어떻게 하고 있나?' 하고 주위를 살펴보는 것도 필수다.

지나친 완벽주의는 견제와 질투를 부른다

목양체질의 사람들은 직장에서 한 치의 흐트러짐 없이 철저하고 빈틈없는 기획력을 자랑한다. 성정을 어떻게 갈고닦느냐에 따라 훌륭한 재목이 되어 리더십까지 뽐낼 수 있다. 하지만 이들의 우두머리 기질도 한계가 있어서 능력이 닿는 한에서만 발휘된다. 리더 역할을 할 수 없는 자리에는 나서길 꺼려하거나 애초에 피하고, 자신 없는 일에 대해서는 '못하는 것이 아니라 흥미가 없어서 안 하는 것'이라고 치부해버리는 경향이 있다.

반면 이들이 리더의 자리에 있더라도, 독불장군 스타일로 이끌면 아랫사람들끼리 파벌이 형성되는 경우가 많다. 목양체질의 리더는 '강경노선'에 동참하는 사람을 신임하는 경향이 높기 때문에, 기득권층과 소장파 간의 파벌싸움이 일어날 가능성도 높다. 이런 분란은 리더인 목양체질 자신이 원인이라는 점을 알아야 한다. 한 순간의 편협한 결정이 소외되는 부류를 만들어낼 수도 있다.

나무는 때가 되면 가지치기를 해주어야 한다. 가지마다 주렁주렁 열매가 매달려 있는 경우 감당하지 못하고 부러지는 나무도 있다. 이 모든 것을 조절할 수 있는 능력은 본인에게 달려 있다. 이 조절능력을 키워야만 의미 있는 성과를 맛볼 수 있을 것이다.

과욕을 이겨내면 더 큰 부자가 되리라

얕은 흙 위에 뿌리내린 나무는 잔바람에도 쉽게 휘청거린다. 재물이 부족하여 경제적으로 곤란에 처한 사람 역시 불안감으로 인해 작은 유혹에도 흔들릴 수 있다. 목양체질은 재물에 얽매이는 성향도 강하고, 불안을 느끼는 정도 역시 다른 체질보다 더 심하다. 하지만 이런 성향은 오히려 이들을 더 큰 부자로 만들어주는 요인이 되기도 한다.

특히 흙과 관련된 사업이나 투자에서 성공할 확률이 크다. 부동산에 관계된 분야 가운데서도 역시 '토지'에 투자하는 것이 가장 유리하다고 할 수 있다. 반면 주식투자는 특히 신중해야 한다. 공격적인 성향 때문에 성급하게 결정하기 쉬운 체질이므로, 투자할 때는 최대한 신중히 생각해보고 결정해야 후회하지 않을 수 있다. 또한 들어온 것을 헛되이 흘려보내지 않으려면, 재물은 땅에 묻듯이 보이지 않게 관리하는 것이 바람직하며, 현금을 많이 소유하는 것은 지양해야 한다.

같은 맥락에서, 두둑한 지갑도 금물이다. 현금이나 귀금속은 '쇠'에 해당하는데, 목양체질의 사람이 쇠를 가까이할 경우 자신의 몸이 다치거나 금전적인 손해를 볼 우려가 있다. 도끼에 찍히면 쉽게 흠집이 생기는 나무의 성질과 일맥상통한다고 보면 된다. 이들에게 현금이나 귀금속은 치장의 도구가 아닌 '소비' 그 자체를 의미하기 때문에, 될 수 있으면 그런 것은 멀리하는 것이 튼튼한 성목으로 키우는 최선의 방법이다.

목양체질의 사람은 항상 비바람이 부는 대지 한가운데 서게 될 경우를 대비해야 한다. 맥없이 쓰러지거나 온몸이 부서지지 않으려면 튼튼한 안전장치를 마련해두어야 한다는 소리다. 또한 한도 끝도 없이 욕심을 부리다 '투자'가 '투기'로 변모한다면, 스스로 비바람을 자처하는 꼴이 되고, 그때는 안전장치조차 무용지물이 되어버릴 수 있다. 이 경우에는 재기하는 것 또한 쉽지 않다.

자기 목소리를 내는 직업을 찾아라

목양체질은 적극적이고 진취적인 성향으로 맡은 일을 전투적으로 추진한다. 또한 승부근성과 경쟁심리가 강해서 무슨 일이든지 이기고 싶어 한다. 우두머리 기질도 타고났다. 따라서 직장생활보다는 자율성이 보장된 자영업 쪽이 더 권할 만하다. 반면 난관에 봉착하면 원점으로 돌아가지 못하고 헤매는 경향도 보인다. 따라서 여러 가지 일을 겸하거나 잦은 변화를 겪어야 하는 직업은 체질상 맞지 않다고 볼 수 있다.

한번 몰두하면 누구도 말리기 힘들 정도로 고집이 세지만, 내면은 나무의 여린 새순과도 같기 때문에 아이들의 미래를 밝혀주는 교육사업도 잘 맞는다. 간혹 뒤늦게 명예를 얻게 되는 경우도 있다. 그 외에도 귀금속이나 금속 액세서리 등을 가까이 접해야 하는 직업은 피하는 것이 좋다.

쉽게 자라는 나무는 없다. 목양체질은 치열한 경쟁 속에서 무한히 성장할 수 있는 장점을 가지고 있다. 척박한 환경에서 살아남기 위해 온 생애를 바치는 대지의 나무가 바로 목양체질의 원형인 것이다.

대인관계 :
태양을 만나면
창의력이 상승한다

　개인의 능력뿐만이 아니라 대인관계가 일의 성패를 좌우할 수도 있다. 목양체질이 같은 목양체질을 만나면 경쟁력이 배가되고 추진력도 강해진다. 또한 화양체질을 만나면 창의력이 상승하고 문제를 풀어내는 지혜가 생긴다. 이를 이른바 '목화통명木火通明'이라고 한다. 이들이 손을 맞잡으면 서로에게 훌륭한 조력자가 되는 셈이다.

　반면 화음체질을 만날 경우에는 유념해야 할 부분이 있다. 목양체질에게 화음체질은 불길을 일으키고 세상을 밝히는 화로의 역할을 하여 큰 성공을 가져다줄 수도 있지만, 자칫 배울 점이 없고 단점이 많은 사람과 교류한다면 나무를 태울 만한 불의 위력을 가지고 있지 않아 그다지 도움이 되지 않을 수도 있다.

　나무는 흙에 절대적으로 의지하는 만큼 목양체질이 토음체질을 만나면 안정된 환경과 양분을 얻게 되는 격이므로 여러 모로 많은 도움이 된다. 토음체질은 목양체질의 뿌리를 튼튼히 하여 좋은 기운을 북돋워주고, 특히 금전적으로 유익한 운을 불러들인다.

무조건 앞만 보고 내달리는 성향이 짙은 목양체질과 금양체질이 만난다면 다양한 경우의 수가 생긴다. 둘의 만남이 성공을 한다면 조각가의 손길을 거친 통나무가 훌륭한 예술작품으로 변모하듯 상상을 초월하는 좋은 조합이 될 수도 있다. 금양체질이 목양체질의 역량을 증진시키는 데 크게 일조할 수도 있기 때문이다. 하지만 단점이 많은 금양체질이라면 오히려 나무의 흠집만 키우는 격이 될 수 있으므로 조심해야 한다.

수양체질은 나무에게 필요한 햇빛, 물, 영양분 중에서 물을 공급해주는 역할을 하므로 위기에 직면했을 때 사막의 오아시스같이 구원자가 되어준다. 하지만 목양체질이 그런 상대를 얻기 위해서는 어느 정도 수고를 감수해야 한다.

수음체질은 수양체질과 마찬가지로 물을 공급해주는 역할을 하는데, 다른 점이 있다면 큰 노력을 들이지 않고서도 필요한 것을 얻을 수 있다는 점이다. 비가 오면 자연스럽게 나무에 물이 공급되는 것과 같은 이치다. 그러나 단점이 많은 수음체질이라면 오히려 태양을 가려 나무의 뿌리를 썩게 할 수도 있다. 생활 속에서는 학업과 관련이 많은 관계다.

봄에 태어난 목양 : 당찬 기운을 품고 있다

봄에 태어난 목양체질은 추위에 떨던 나무가 기다리던 봄을 만난 격이라 할 수 있다. 만물이 소생하는 계절의 기운을 받아 자기 스스로가 강해지는 계절에 태어난 체질이며, 하늘을 들이받을 정도로 크게 성장할 수도 있다. 목양체질 중에서도 가장 당찬 기운을 타고났다. 생동하는 봄의 힘찬 기상을 타고나 경쟁의식이 강하며 목양 고유의 특성을 가장 많이 나타내는 타입이다. 역경에 굴하지 않는 의지도 대단하며, 화양체질이나 화음체질과 만나면 그들에게 훌륭한 조력자가 되어줄 수도 있다.

부드러운 말씨를 쓰는 것은 스스로 태양의 기운을 만들어내는 데 큰 도움이 될 것이다. 나무의 위세가 강하다 보니 흙을 많이 차지해야만 서로 싸우지 않고 커나갈 수 있다. 그러나 흙이 없다면 경쟁이 불가피해지고 그 과정에서 지치게 된다. 토음이나 토양체질의 협조를 얻으면 경제적으로나 업무적으로 이로운 일이 많다.

여름에 태어난 목양 : 가장 왕성한 기운을 가졌다

여름의 나무는 잎이 무성해지고 활발히 꽃을 피운다. 나무가 태양빛을 충분히 받아 쑥쑥 자라는 것처럼, 여름에 태어난 목양체질은 왕성한 기운이 있고 매우 영리하다. 수음체질의 도움을 받는다면 그야말로 가뭄에 물을 만난 격이다.

한여름의 물은 생명과도 직결된다. 그래서 물과 관련된 것은 모두 좋다. 만약 수음체질이나 수양체질과 인연이 없다면 토음체질이나 금양체질의 도움을 필요하다. 토음체질은 젖은 흙의 기운을 지녀 경제적으로 보탬이 될 것이고, 금양체질은 구름이나 안개와 같은 역할을 해 명예를 얻게 해준다.

가을에 태어난 목양 : 농부의 마음으로 살아가자

결실의 계절에 태어난 목양체질의 사람들은 수확을 앞둔 농부의 마음을 갖고 남보다 더 많은 노력을 기울여야 그 동안의 노고를 보상받을 수 있다. 수확기에 비가 오면 농작물에 피해가 갈 수 있기 때문에 물보다는 태양의 기운이 절실하다.

가을의 나무는 임산부가 아기를 낳기 위해 사력을 다하는 것처럼 열매를 맺는 데 온 힘을 쏟는다. 그래서 힘이 다 소진되었을 수 있다. 이때는 목양, 화양, 화음체질의 협조를 받아야 한다. 그리고 이들의 협조 여부에 따라서 금양체질의 도움이 필요한지 아닌지가 결정된다. 이들의 도움 없이 금양체질과 어울릴 경우는 도끼로 나무를 잘게 조각만 내는 것처럼 일을 망쳐버릴 수가 있다. 화양체질과의 협력은 태양의 도움으로 열매를 맺는 격이라 경제적인 이익을 의미하고, 금양체질과의 도모는 훌륭한 조각품을 만드는 것처럼 직장 내에서 명예를 높이는 것을 의미한다.

겨울에 태어난 목양 : 양지바른 곳이 필요하다

겨울은 인고의 계절이다. 천하가 얼어붙었는데 나무라고 마냥 독야청청할 수 있을까. 다음해 봄날의 푸르름을 약속한 나무에게 가장 필요한 것은 바로 온기다. 때문에 태양과 불의 기운을 가진 화양, 화음체질의 도움이 절실하게 필요하다. 토양체질로부터 건네받은 에너지는 마른 흙을 덮어서 추위를 이겨낼 수 있는 든든한 솜이불이 되니 가까이 하도록 하자. 뿐만 아니라 토양체질의 도움으로 금전적인 문제도 해결할 수 있다. 또한 좀 더 성장하길 원한다면 화양체질의 도움도 절대적이다.

온기를 충전했다면 이제부터 양지바른 곳에 선 겨울나무가 되어보자. 당신이 품은 온기가 온정이 되어 점차 당신을 찾는 사람들이 늘어날 것이고, 그로 인해 경제적인 성취를 이루는 것 또한 한결 수월해질 테니 말이다.

목양체질의 건강생활법

전체적으로 목양체질은 주말농장을 가꾸는 것이 이롭다. 하지만 보석이나 금속 액세서리는 결코 이롭지 않다. 자신이 정확히 어떤 목양체질인지 구분하기 어렵다면 마지막에 나온 '중간 성향'을 따르면 된다.

성격이 조급하고 감정이 밖으로 많이 드러나는 경우
· 주거환경 : 호수나 논밭 등 전원 풍경이나 물을 볼 수 있는 환경이 좋고 전원주택이 좋다. 집 안에 물이 그려진 그림을 걸어두는 것도 이롭다. 되도록 시원한 분위기로 꾸미는 게 어울린다.
· 취미 : 물이나 금속(크기가 좀 큰 것)을 이용한 취미생활이 좋다. 수족관이나 어항을 가꾸는 것도 좋다.
· 운동 : 물에서 하는 운동은 모두 좋다. 금속기구를 이용한 웨이트 트레이닝도 어울린다. 가능한 저녁에 운동을 하는 것이 바람직하다.

냉정한 성향이 강하며 감정이 밖으로 잘 드러나지 않는 경우
· 주거환경 : 나무를 많이 볼 수 있고, 햇볕이 아주 잘 드는 곳이 좋다. 실내에 나무와 태양이 적당히 조화를 이룬 그림을 걸어두면 도움이 된다.
· 취미 : 나무와 불을 이용하여 하는 취미활동이 좋다.
· 운동 : 야외운동은 다 좋다. 특히 등산이나 나무에 등을 부딪는 운동이 효과적이다. 오전에 운동하는 것이 좋다.

두 가지 성향이 골고루 섞이거나 중간 정도의 성향을 보이는 경우

· 주거환경 : 큰 제약은 없다. 흙이 잘 맞는 체질이므로 전원생활이 더 나은 편이다.

· 취미생활 : 대체로 본인이 원하는 것이라면 다 이롭지만, 젖은 흙을 이용한 도자기 공예가 잘 어울린다. 단, 보석류, 금속 액세서리와 관련된 것은 별로 이롭지 않다.

· 운동 : 모든 운동이 좋다. 운동 시간대의 제약을 받지 않는다. 실내보다는 야외에서 하는 운동이 더 낫다.

목음체질

초목은 역경을 뚫고
가장 높이 올라간다

목음체질은 목양체질처럼 거목이 되는 종류는 아니다.
작은 나무나, 넝쿨 식물 같은 초목의 기운으로 태어났다.
즉, 하늘을 향해서 곧게 뻗어 올라가기보다는 담을 타고 자라는 덩굴 식물,
화분의 화초, 야산의 작고 여린 풀과 같은 성향을 가지고 있다고 보면 된다.
외유내강의 대표적인 체질 중 하나다.

木陰體質

성품 :
은근과 끈기,
생활력이 강하다

목음체질의 특성은 다음과 같다.

첫째, 목음체질은 목질이 연약하여 혼자 힘으로는 높이 올라갈 수 없는 나무와 같다. 목양체질처럼 우두머리 기질이 강하다거나 대가 센 편이 아니라서, 추진력은 다소 떨어질 수밖에 없다. 앞뒤 안 가리고 달려드는 습성도 목양체질보다는 덜한 편이다.

물론 작은 나무도 나무는 나무인지라, 속성상 위로 올라가긴 하지만 그 방법이 다르다. 예를 들어 넝쿨 식물은 잠시도 쉬지 않고 땅 위로 가지를 뻗치다가 큰 나무나 담벼락 같은 의지처가 생기면 아무것이나 바로 타고 오른다. 옆에 큰 나무만 있으면 높이 오를 수 있고 안전하게 자랄 수 있으므로 위험에 닥칠 가능성도 적다. 비가 오면 나무를 타고 올라가면 되고, 높이 올라가면 햇볕을 충분히 받을 수 있으니 더없이 좋은 혜택을 누리는 셈이다.

물론 모든 목음체질이 넝쿨 식물과 같은 속성이라고 말할 순 없지만 대체로 이러한 성정을 닮았다. 따라서 평소에 돌아다니는 것을 좋아하며, 혼자서 일을 처리하는 것보다 주위에 동료나 도와주는 사람이 있을 때 가진 능력과 재능을 더 잘 발휘하게 된다.

또한 순수 창작보다는 기존의 모델을 개량하거나 변형시키는 일을 선호한다. 배경이 든든하지 않으면 일을 시작하기 어렵기 때문이다. 일을 할 때도 주위 사람들에게 자주 물어보는 편이 좋고, 또 물어보아야만 스스로 더 좋은 아이디어를 떠올릴 수 있다. 그러나 이런 성향이 지나치면 의타심이 커지고 우유부단해져서 무슨 일이든 쉽게 결정을 내리지 못한다.

둘째, 목음체질은 유연하다. 넝쿨이 어떤 장애물을 만나도 유연하게 타고 넘어가듯이, 어떤 상황이든 그 환경을 잘 활용하는 편이다. 따라서 융통성이라든가 환경 적응력은 그 어떤 체질보다도 뛰어나다. 어느 쪽으로 먼저 가지를 뻗어야 할지 계산을 잘하는 편이므로 실생활에서 눈치가 빠르고 행동이 민첩하다. 생각이 많은 만큼 세밀하고 분석적이며, 남들의 시선에 민감하다는 것도 특징이다.

셋째, 생활력이 강하고 끈기가 있다. 들에 핀 작은 풀을 연상해보자. 늘 밟히거나 짓눌려 있는 것 같아도 비만 한 번 오고 나면 금방 생생하게 되살아난다. 마찬가지로 목음체질은 매사에 연약한 듯하면서도 악착같이 매달리는 근성이 있다.

하지만 칡넝쿨처럼 쉽게 끊어지지 않는 특징은 대체로 장점으로 작용하는 경우가 많지만, 어떤 경우에는 단점이 되기도 한다. 거절해야 할 때 단호하게 끊지 못하고, 입장을 똑바로 표명하지 못하는 경우도 있기 때문이다.

넷째, 여성적이며 예민하다. 화초는 보는 사람의 마음을 차분하게 만들어준다. 목음체질의 여성은 애교가 있고 우아하며 인정이 많다. 그리고 어질고 온순한 편이다. 특히 영화나 음악을 좋아하고, 분위기를 많이 탄다.

화초는 줄기보다 꽃이 주인공이다. 사람들이 꽃이 활짝 핀 화초를 볼 때는 감탄하지만 줄기만 있는 화초를 볼 때는 무덤덤하듯이, 이러한 성향이 너무 강하게 나타나면 신경쇠약이 올 수 있다.

낭만적이고 사교적인 기질 때문에 '바람기가 있다'는 오해를 받기도 쉽고, 실제로 사랑에 빠지면 쉽게 거부하지 못해 스캔들의 주인공이 되는 경우도 있다. 그런 염문에 휘말리지 않도록 주의해야 한다.

여기저기 돌아다니길 좋아하는 습성 때문에 활발한 생명력을 지니며, 습기가 많아 스스로 불을 일으킬 수는 없지만 막힌 토의 성질을 푸는 데는 궁합이 잘 맞는다. 노년에는 중풍을 주의해야 한다.

고요하면서 가장 찬란하다

목음체질은 항상 다른 사람들과 더불어 살아가기를 좋아하고 인화와 융화에 힘쓴다. 어렵고 불쌍한 사람을 돕는 일에 결코 인색하지 않으며, 자비롭고 원만한 성격을 가졌다. 사교성도 좋아 사람들에게 인기도 많은 편이다. 어떤 문제가 발생했을 때는 자기주장을 무리하게 내세우기보다는 조용히 사태를 관망하면서 타개책을 찾는 타입이기 때문이다. 고요한 가운데 가장 찬란하게 빛을 발하는 전형이라 하겠다.

목음 체질의 상징

목음체질의 행운의 동물은 12지지 중 말이다. 시험에는 돼지가 좋다. 문구를 포함한 의류, 소품 등에 이 동물 캐릭터를 잘 활용하면 도움이 될 것이다.

또한 이들은 겉으로 보기에는 부드럽고 유약해 보이지만 내면 깊숙한 곳에는 강직한 심지를 간직한 '외유내강형'이라 할 수 있다. 따라서 아무리 척박한 토양에서도 씨앗을 내리는 잡초처럼 환경 적응력이 뛰어나고, 어떠한 난관에도 굴하지 않는 강한 끈기를 갖고 있다. 더욱이 지적이고 분석적이며 정교하다는 장점까지 가졌다. 학문과 지식을 필요로 하는 직종이라면 이름을 날릴 수 있을 것이다.

평정심이 없다면 나이 들어 고생한다

목음체질은 인화를 지나치게 중시한 나머지 우유부단하거나 주관이 없는 행동을 보이기도 한다. 이로 인해 기회주의자라는 오명을 살 수도 있다. 또 남에게 의지하려는 성향이 강하면서 경쟁에서 지는 것도 싫어하는 상반된 성향을 품고 있다.

스스로 연약한 존재라고 생각하는 경우, 신체적으로나 정서적으로 불안정해져 노이로제나 정신분열 증세가 나타날 수도 있다. 목음체질에 '낮'의 성질인 '금'의 성격을 함께 가진 사람이라면 긴장을 많이 하고 스트레스도 많이 받는다. 그리고 '화'가 너무 많으면 신경쇠약이 올 수도 있다. 늘 평정심을 유지하고 마음을 다스리는 데 노력해야 한다. 목음체질인 사람들은 육체적인 피로보다 정신적 피로를 더 먼저 느끼는 편이다.

목음체질은 의외로 말이 많고 변덕스러워 보이기도 한다. 주위에서 '비위 맞추기 힘들다'고 평하는 경우도 있다. 이는 혼자서 쉽게 결정하는 타입이 아니라서, 여기저기 다른 사람들의 의견을 물어보다 보니 그렇게 비춰지는 것이다.

하나에 만족하지 못해 사치와 허영을 부리는 경우는 드물다. 연애를 하는 중에도 마음의 안정을 찾지 못하거나 상대방에 대한 확고한 믿음을 가지지 못하는 경우가 많은데, 그러다 보면 한 사람에게 만족하지 못하는 것으로 오해 받을 수 있으니 주의해야 한다. 만약 이를 잘 관리하지 못할 경우 노년에 고독해지거나 가난해질 수 있다.

성공원리 :

결국 하늘에 오르는 것은
나무를 휘감은 넝쿨이다

목음체질이 상징하는 넝쿨 나무들은 혼자서 하늘 높이 커갈 수 있는 큰 나무가 아니다. 하지만 거목이 아니라고 자신감을 잃을 필요도 없다. 물론 자신보다 큰 나무에 의지해야만 하늘 가까이로 올라갈 수 있는 한낱 넝쿨 나무처럼 보일 수도 있지만 큰 나무보다 더 높은 곳에서 하늘과 마주하게 되는 주인공은 결국 넝쿨 나무다. 목음체질이 배움과 깨달음으로 내면의 초석을 다진다면 누군가에게 항상 베푸는 위치까지 성장할 수 있을 것이다. 즉, 모방을 통한 창조로 더 크게 성공할 수 있다는 의미다.

끈기와 기동력이 성공을 좌우한다

화초들은 자기 힘으로 땅 위를 벗어날 수 없으므로 부지런히 바닥을 헤매고 다니면서 좋은 의지처가 될 만한 터를 찾는다. 좋은 터란 땅과 태양의 기운을 온전히 받아 삶 자체를 윤택하게 가꿀 수 있는 곳이어야 한다. 목음체질은 이런 좋은 터를 찾아 끈기 있게 돌아다니는데, 이런 정신은 경제활동에서도 빛을 발한다. 일찍 일어나는 새가 먹이도 많이 잡듯이 부지런히 발품을 파는 모습은 목음체질의 기동력을 높여준다. 그 기동력으로 인해 재물 또한 자연스럽게 따라오는 법이다. 발걸음을 바쁘게 재촉한다면 경제적으로 윤택해지는 기회를 얻을 수 있다.

하지만 목음체질 중에서도 일부는 남에게 의지하려는 나쁜 습성에 젖어 스스로 능동적으로 움직이는 것이 아니라 행운이 제 발로 찾아오기만을 기다리는 경우도 있다. 도가 지나치면 타인에게 무조건 의지하여 목적을 달성하려고 하는 '의존형 인간'이 되기도 한다. 감나무 밑에서 입 벌리고 드러누운 의존형 인간이 되면, 목음체질이 가진 단점이 강화되어 불안과 초조, 짜증과 갑갑함 등의 신경성 질환이 나타날 수 있다. 문제는, 건강이 안 좋아지면 의존하려는 경향이 더욱 심해진다는 사실이다. 목음체질은 게으름과 타성을 경계하기 위해 본연의 성품대로 부지런히 움직이고, 많이 보고 배워야 할 것이다.

아무리 세찬 바람에도 꺾이는 법이 없다

갈대는 강한 바람에도 좀처럼 꺾이지 않는다. 또한 잡초는 강인하지는 않지만 혀를 내두르는 끈기와 도전정신이 있다. 갈대와 잡초는 실패를 해도 오뚝이처럼 다시 일어선다. 채이고 밟혀도 끈질기게 살아남아 거친 비바람에서 생명력을 얻는 것이 갈대와 잡초다.

목음체질도 마찬가지다. 바람에 자신을 내맡기되 꺾이는 법이 없으며, '끈기' 하면 목음체질을 따라올 사람이 없다. 환경에 잘 순응하고, 사람들 앞에서도 침착함을 잃지 않는다. 목음체질이라면 이런 장점이 잘 드러나도록 해야 한다. 항상 주위의 협조와 조언을 구해야 한다는 소리다. 사람들과 조화롭게 어울리고, 협조를 이끌어낼 수 있다면 성공에 가까워질 것이다. 따라서 이들은 자신이 스스로 회사를 세워 운영하는 것보다는 단계적으로 일을 배워나가는 것이 현명하다. 직장에서 자신의 능력을 꾸준히 키워나간다면 최고경영자의 자리도 노려볼 수 있다. 현재보다는 미래가 촉망되는 체질이다.

다만 목음체질은 마음에 품은 것들을 밖으로 잘 내비치지 않는 특징이 있다. 따라서 평소에는 순진하고 유순한 모습으로 행동하다가도, 간혹 변절을 꾀하는 경우가 있다. 이들은 '오늘의 동지가 내일의 적이 된다'는 비정한 현실도 어쩔 수 없는 상황으로 이해한다.

목음체질은 처음부터 혼자 하는 일을 어려워한다. 단독으로 창업을 하거나 사업을 운영하는 일에도 곤란해하는 경우가 많다. 따라서 조언을 구할 수 있는 친구나 동료들을 늘 곁에 두면 더 현명한 선택을 할 수 있을 것이다.

작은 것부터 재물을 불려나가라

목양체질과 마찬가지로 목음체질에게도 흙은 재물이라 할 수 있다. 하지만 목양체질과 달리 재물에 대해 큰 욕심을 부리지는 않는다. 소박하게 꽃을 피우는 화초는 딱 필요한 만큼의 흙만 있으면 된다. 따라서 자신이 지닌 본성대로 끈기와 근성을 흐트러뜨리지 않는다면 무슨 일을 하든 번성할 것이다. 물론 그렇게 되기까지 고난과 인내가 요구된다.

작은 나무답게 작은 것부터 재물을 불려가는 게 이들과 어울린다. 성급하게 '커다란 한 방'을 꿈꾸기보다는 차근차근 모으고 준비하는 게 중요하다. '대기만성大器晚成'을 가슴에 새긴다면 삶이 풍요로워질 것이다.

목음체질이라면, 주위 사람들이 하고 있는 일들을 늘 눈여겨볼 필요가 있다. 그러다 보면 혼자서는 생각하지 못했던 기회를 얻을 수도 있다. 큰 귀와 넓은 시야는 살아가는 데 귀중한 자산이 될 것이다.

독립은 완전히 자리를 잡은 후에 해도 늦지 않다

목음체질은 하나를 가르치면 열을 깨우치는 명민함이 있어, 한 번 보거나 배운 일은 모방을 뛰어넘어 더 나은 것으로 재창조해낸다. 또한 탐색하고 연구하는 것을 두려워하지 않아서 개발이나 연구 직종과도 잘 어울린다. 만약 사업을 한다면 동업의 형태로 시작해서 기반을 다지는 것이 가장 좋다. 독립은 완전히 자리를 잡은 후에 생각하는 것이 현명하다. 물론 동업자와 뜻이 잘 맞는다면 인연을 계속 이어나가는 것도 나쁘지 않다. 사업을 할 때는 자신의 기질을 감안하여 투기적 성향의 투자는 지양해야 한다.

그렇다고 이들에게 사업가적 기질이 전혀 없다고 볼 수는 없다. 목음체질은 나무에 오른 상태에서도 옆에 더 큰 나무가 없을까 고민한다. 그러다 확실히 가장 큰 나무 위에 오르면 여기저기 문어발 식으로 자신의 영역을 확장하는 사업가적 기질을 보이기도 한다. 다만 한 가지에 몰입하지 못하고 변덕을 부리는 것은 주의해야 한다.

귀금속, 액세서리 등의 작은 금속류나 돌을 이용하는 직업은 목음체질에게 맞지 않다. 쇠의 성분은 초목에 상처를 내기 쉬워 힘을 불어넣어주기보다는 사업이나 건강의 측면에 항상 위험요소가 될 수 있다. 반면 빛을 이용한 화려한 직업은 잘 어울린다. 나무의 기운이 본디 순하고 천진난만하기 때문에 유아나 청소년을 위한 교육사업도 바람직하다고 볼 수 있다.

대인관계 :

큰 나무를 만나면
더 높은 곳으로 올라선다

목음체질은 목양체질을 만났을 때 모든 것이 이롭다. 목양체질은 넝쿨 식물이 타고 올라갈 수 있는 기둥이 되어주기 때문이다. 세상을 보는 새로운 시각을 열어주는 상대도 목양체질이다.

화양체질을 만나면 자신을 더욱 빛나게 할 수 있고, 새로운 아이디어를 개발하는 데 도움을 주며 생활에 활력을 가져다준다. 꽃이 태양빛을 받아 더욱 선명해 보이는 이치와 같다.

토양체질을 만나면 화초가 화분을 얻은 격이다. 화분 속에서 자라는 화초처럼 안전하게 보호받으며 성장할 수 있다. 경제적인 측면에서도 노력의 결실을 볼 수 있다.

토음체질을 만나면 화초가 비옥한 땅 위에 피어나는 격이다. 토양체질보다 더 큰 규모의 사업적 성취를 도모할 수 있다.

수양체질과의 관계는 물속에서 자라는 수초를 연상하면 된다. 물속에 수초가 없다면 수중 생물이 자라는 터전이 사라질 것이다. 큰 물을 상징하는 수양체질은 항상 든든한 후원자가 될 수 있다.

수음체질은 여름에 태어난 목음체질에게는 큰 도움이 되겠지만, 다른 한편으로는 해를 끼칠 수도 있다. 화초에 내리는 단비처럼 촉촉함을 유지해주었을 때는 이롭지만 장맛비처럼 큰비가 된다면 뿌리가 썩을 수도 있어 해로운 경우도 있다.

봄에 태어난 목음 : 왕성한 활동력으로 두려울 것이 없다

봄에 태어난 목음체질은 힘찬 기운으로 새싹을 틔우는 격이다. 봄은 나무의 힘이 가장 강해지는 계절이므로 두려울 것이 없다. 이들은 밝고 진취적인 기상으로 맘껏 돌아다니기를 좋아한다. 이때 가장 큰 도움을 줄 수 있는 체질이 바로 화양이다. 식물이 잘 자라려면 봄날의 햇볕을 받아야 하듯이 화양체질의 기운을 받으면 금상첨화라 할 수 있다. 화음체질도 경제적으로 이득을 주거나 사회적 활동에 도움을 주지만 화양체질에 비해서는 정도가 미미하다. 그 밖에 토양체질, 토음체질과는 금전적으로, 사업적으로 좋은 성과를 형성할 수 있다. 수양, 수음체질과는 원만한 협력관계를 형성하는 정도다.

여름에 태어난 목음 : 어딜 가나 인기가 높다

여름에 꽃을 피우는 아름다운 화초들은 더위에 지친 심신을 달래준다. 그래서 여름에 태어난 목음체질은 주위 사람들에게 인기가 높다. 하지만 스스로 빛을 발휘하지는 못하므로 주위의 도움을 받아야 한다. 게다가 한여름의 찌는 듯한 더위는 작은 풀들을 말라 죽게 할 수도 있다. 초목에게는 그늘과 시원한 물이 간절하다. 따라서 여름 태생의 목음체질은 물의 기운을 지닌 수양, 수음체질, 혹은 젖은 흙의 기질을 가진 토음체질과 함께하면 이롭다. 수양, 수음체질은 문서운, 공부운, 건강운에 도움이 되고, 토음체질은 금전적인 측면에서 지원을 받을 수 있다. 목양체질을 가까이하면 위기 때마다 도움을 받을 수도 있다.

가을에 태어난 목음 : 큰 나무의 기운을 받아 풍성해진다

큰 나무든 작은 나무든 사계절 중 나무에게 가장 힘든 기간이 가을과 겨울이다. 더욱이 여린 풀들에게 가을 서릿발은 가장 무서운 적이다. 따라서 가을에 태어난 목음체질은 활동성이 적을 수밖에 없다. 이때는 화양체질의 도움이 간절하다. 화음체질에게도 약간의 도움을 얻을 수 있으나, 오히려 귀찮은 일에 말려들 수도 있으니 주의해야 한다. 그에 반해 목양체질은 언제나 큰 힘이 되어주는 든든한 후원자다.

겨울에 태어난 목음 : 끈질긴 성품과 생명력으로 승리한다

꽁꽁 얼어붙은 땅 속에서 죽은 듯이 있지만 겨울이라고 해서 아예 활동을 하지 않는 것은 아니다. 비록 여름날의 싱그러움은 기대할 수는 없지만 이듬해 봄날을 기약하는 씨앗을 마련하기 위해 자연은 보이지 않는 곳에서도 부단히 노력하고 있다. 목음체질은 원래 질긴 생명력을 타고났기 때문에 이 시기를 잘 버텨낸다. 하지만 이때도 혼자서는 역부족이다.

겨울에는 뭐니 뭐니 해도 따뜻한 게 최고이듯, 움츠린 기운을 펴고 생기를 불어넣어주기 위해서는 화양체질의 도움이 필요하다. 아니, 그냥 도움을 주는 정도가 아니라 가장 유익한 것이 화양체질과의 협력이라고 할 수 있다. 또한 따뜻한 이불이 되어주는 토양체질도 힘이 되어준다. 물론 목양체질은 계절에 관계없이 거의 모든 목음체질들과 잘 맞는다.

목음체질의 건강생활법

주말농장을 가꾸는 것이 목음체질에게 이롭다. 성향의 구별이 어렵다면 마지막 항목을 따르면 된다.

성격이 조급하고 감정이 밖으로 너무 드러나는 경우
- 주거환경 : 나무, 물, 흙 등 자연을 볼 수 있는 곳이 좋고, 베란다를 통해 경치를 내다볼 수 있다면 더욱 좋다. 볕이 많이 드는 곳은 피한다.
- 취미생활 : 나무나 천, 물을 이용한 취미생활이 좋다.
- 운동 : 계곡을 끼고 있는 곳에서 등산을 하거나 산책을 하는 게 가장 좋으며 수영도 잘 맞는 편이다. 저녁에 하는 실외, 실내 운동은 모두 좋다.

냉정한 성향이 강하며 감정이 밖으로 잘 드러나지 않는 경우
- 주거환경 : 베란다에서 나무를 바라볼 수 있는 곳이 좋고 햇볕이 아주 잘 드는 곳일수록 좋다.
- 취미생활 : 나무와 천, 불을 이용한 취미생활이 좋다.
- 운동 : 등산이 가장 좋고 실외에서 밝을 때 하는 운동이 좋다. 수영처럼 물에서 하는 운동은 별로 좋지 않다. 오전운동이 더 좋다.

위의 두 가지 성향이 골고루 섞이거나 중간 정도의 성향을 보이는 경우
- 주거환경 : 큰 제약은 없지만, 전원생활이라면 더 좋겠다.
- 취미생활 : 물, 불, 나무 등을 이용한 활동이라면 구애받지 않는다.
- 운동 : 등산이 가장 좋지만, 다른 운동도 나쁘지 않다. 실내든 실외든, 오전이든 오후든 제약이 없다.

화양체질
태양은 가장 높은 곳에서
세상을 비춘다

'지능의 신'인 태양의 속성을 그대로 간직한 체질이 바로 화양체질이다.
이들은 몸을 움직여서 일을 하기보다는 머리를 써서 남을 깨우쳐주는 일에 재능이 있다.
태양은 곡식이 무르익기까지 어떤 대가도 조건도 없이
모든 농작물에 골고루 공평하게 햇빛을 뿌려준다.
이런 태양의 기질을 받은 화양체질은 모든 일을 공평하고 공정하게 처리하는
심성을 지니고 있으며 마음만 내키면 앞뒤 계산 없이 가진 것을 다 내주는 면이 있다.

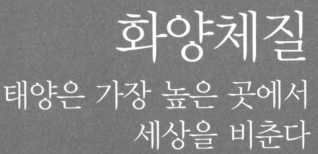

성품 :

열정과 공정함으로
햇빛을 나누어준다

화양체질의 대표적인 특성은 다음과 같다.

첫째, 무슨 일이든 시작하기를 좋아한다. 즉 매일 아침 떠오르는 새로운 태양처럼 새롭게 시작하는 일이라면 늘 흥미를 갖는다.

둘째, 매사에 궁금한 것을 참지 못한다. 어떤 일이든 대충 넘어가기보다는 분명히 짚고 넘어가야 직성이 풀리는 성격이다. 따라서 복잡한 것을 싫어하고 호불호가 확실하며 비밀이 없고 거짓말을 잘 못하는 경향이 있다. 말할 때도 애매하게 표현하기보다는 하고 싶은 말을 직설적으로 꼭 하고야 마는 스타일이다.

셋째, 화양체질은 위에서 군림하기를 좋아한다. 자신의 판단에 대한 신념이 확고하기 때문에 다른 사람 일에 간섭하는 것을 좋아하는데, 정작 본인은 간섭받길 싫어한다. 남에게 고개를 숙이지 않는 편이며 마음이 동하지 않으면 어떤 일도 하지 않는다. 이처럼 모든 것을 자신의 아래에 두고 있기 때문에 거만하고 자존심이 강한 편이다.

또한 제일 높은 곳에 있는 태양처럼 주위에서 벌어지는 일을 두루두루 먼저 볼 수 있다. 일종의 레이더 장치를 가지고 있다는 말이다. 대부분 중요한 것을 포착해내는 섬세하고 예리한 직관력을 가졌다. 어디서나 돌아가는 분위기를 단번에 파악할 수 있을 정도로 눈치 하나는 타의 추종을 불허한다. 이는 화양체질이 가진 장점 중 하나이지만, 성급함은 실수를 만든다는 사실을 명심해야 한다. 분위기의 이상이 감지되더라도 먼저 정확한 사실관계를 확인한 후에 처신해야 할 것이다.

넷째, 성격이 불같고, 조급한 면이 있다. 불은 밝고 화려하며 명랑한 기운을 나타낸다. 따라서 싫증을 빨리 느끼며 희로애락의 감정을 숨기지 못한다. 남성의 경우 배우자를 정할 때 외모를 먼저 보는 경향이 있다.

'화'는 예절과 관련이 있기 때문에 유독 화양체질은 버릇없는 아랫사람을 보면 속에서 천불이 올라오는 것처럼 격분하며 잘 참지 못한다. 그런데 이렇게 예절을 중요하게 여기면서도 정작 본인은 남들에게 살갑게 인사하는 편이 아니다. 다른 사람을 아래로 내려다보는 성향이 있기 때문에 대체로 고개만 까딱 하는 경우도 많다.

다섯째, 태양으로 인해 밤과 낮의 구별이 명확해지고 해가 뜨면 모든 사물이 분명하게 보이듯이, 화양체질은 모든 일을 이분법적으로 구분하려는 습성을 가지고 있는 경우가 많다. 즉, 옳고 그름을 집요하게 따져서 주위 사람을 피곤하게 만들기도 한다.

여섯째, 태양은 농부에게 공평하게 골고루 조건 없이 태양빛을 나누어준다. 농부가 수확의 기쁨 속에서 삶의 보람을 찾듯이, 화양체질은 상대방이 좋아하는

화양체질의 상징

화양체질의 행운의 동물은 12지지 중 용과 개다. 시험을 볼 때는 토끼가 좋다. 문구를 포함한 의류, 소품 등에 이 동물 캐릭터를 잘 활용하면 도움이 될 것이다.

모습에 만족해한다. 그리고 이치에 맞는 일이라면 자신의 희생을 감수하더라도 모든 것을 조건 없이 베푸는 기질을 가지고 있다.

탁월한 지력을 이용해 옳은 일에 앞장선다

밝고 환한 태양처럼 매사에 정열적이고 적극적이다. 평소에 느낀 그대로를 직설적으로 말하는 편이라서 남들이 '속이 다 후련하다'고 할 만큼 입바른 소리를 잘한다. 또한 온 세상 만물을 골고루 비춰주는 태양처럼 매사에 공평하며 모든 사람에게 골고루 잘해주는 성격이다. 양 중의 양이라 용기와 결단력이 탁월하고 활동력이 왕성할 뿐만 아니라 아무리 어려운 상황에서도 의리를 지키는 보스 기질이 있다.

또한 태양은 높은 곳에 있기 때문에 이상과 포부가 원대하고 계획이 크며 안목 또한 정확하고 빠른 편이다. 인정미가 넘치며 거짓이 없고 인간적인 성찰도 깊다. 옳은 일에 대해서는 자신의 것을 아낌없이 베푸는 기질도 보인다. 궁금한 것은 꼭 알아야 하는 성향을 가지고 있으므로 늘 배우려는 자세를 가지고 있다.

중요한 순간에는 입조심이 관건이다

불같은 급한 성격을 가진 데다 인내심마저 부족하기 때문에 실수를 많이 하는 편이다. 매사에 싫증을 빨리 느끼는 것도 단점이다. 겉보기와 달리 감정이 예민하고 몸이 약한 경우가 많아 내면적으로 열등감에 시달리거나, 신경쇠약이 올 수 있다.

화양의 성질이 너무 강하면 남의 비밀을 잘 지켜주지 못하고, 속마음을 그대로 노출시켜버려 구설수에 오를 수 있다. 직설적으로 말하기 때문에 공연히 미움을 살 수도 있다. 따라서 되도록 말수를 줄이고, 중요한 일일수록 말실수를 조심해야 한다.

사람들을 이끌어가는 스타일이지만 성급한 기질 탓에 주변에서 불평불만이나 원성을 듣게 되는 일도 생기니 조심해야 한다. 때로는 저돌적이거나 폭발적인 성격 때문에 히스테릭한 기질을 보이기도 하며 무모한 모험이나 투기를 즐기는 경향도 있다.

항상 남들을 내려다보는 위치에 자신을 올려두기 때문에 이상과 현실 사이에서 괴리를 느끼곤 한다. 마음은 하늘에 있는데 몸은 땅바닥에 있는 형상과 같다. 사치스러운 걸 좋아해서 현실적으로 욕구를 충족시킬 수 없으면 기가 꺾이는 면도 있다. 또한 기혼여성의 경우 외부 활동이 지나치게 활발해 집안 살림이 엉망이 되거나 남편을 우습게 아는 경향도 보인다.

태양이 구름에 가려지면 세상이 어두워지는 것처럼 순간순간 기분에 따라 변덕스럽게 행동할 수 있다. 간혹 명분만을 앞세운 주장을 하며 흥분하고 분위기에 휩쓸리기도 쉽다.

강한 소유욕과 집착을 가졌고, 무슨 일이든 그 자리에서 끝장을 보려고만 하지 나중에 좀 더 지혜로운 방법으로 해결해보겠다는 생각은 잘 못하는 편이다. 주변에서는 과단성 있는 성격이라고 칭찬할 수 있지만, 뒷수습을 못해서 곤욕을 치를 때가 많다. 조급하고 쉽게 흥분하는 성격 때문에 혈관계통에 무리가 생기기 쉽다,

성공원리 :
모든 것의 안내자가
되어야 한다

고대부터 인간은 태양을 숭배의 대상으로 삼았다. 고대의 벽화들에 빠짐없이 태양신이 등장한다는 사실을 보면 알 수 있다. 그러한 태양의 기운을 가진 체질이 바로 화양체질이다.

자신의 행복이 전부가 아니다

태양의 기운을 받고 태어난 사람은 지적인 능력이 우수한 편이고, 화양체질의 경제활동은 '지식'에서부터 출발한다. 이들은 지식으로 모든 사람의 안내자가 되어야 하는 의무를 갖고 태어났다. 그래서 끊임없이 지식을 갈고 닦으며, 이를 통해 타인에게 도움을 줄 때 화양체질은 삶의 행복을 느낀다. 더욱이 요즘 같은 시대에는 사람들에게 지식을 전달하는 것이 그리 어렵지 않다. 출판이나 인터넷, 방송매체를 통해 더 많은 지식을 쉽게 전달하는 일도 가능해졌기 때문이다.

화양체질은 현실에서 태양의 역할을 대신해야 한다. 태양은 자신의 행복을 위해 하늘에 떠 있는 것이 아니다. 꽃 한 송이, 나무 한 그루에도 햇빛을 골고루 비춰주듯이 화양체질은 자신의 지식이 모두에게 골고루 혜택을 줄 때 행복하다. 그러기 위해서는 어느 방면, 어떤 종류의 사안이든 소홀히 여기지 않으며 항시 탐구하는 자세를 갖추어야 한다. 그것이 자신이 태어난 소명임을 잊지 말아야 한다.

태양은 가장 높은 곳에 떠 있기 때문에 주위에서 벌어지는 모든 일을 제일 먼저 볼 수 있고, 그래서 화양체질은 분위기를 감지하고 일을 포착하는 능력이 우수하다. 하지만 이런 장점은 급한 성격이라는 단점으로 보일 수도 있으니, 유념해야 할 것이다.

직접 몸으로 부딪치는 습관을 길러라

한 치 앞을 볼 수 없는 칠흑 같은 어둠 속에 발이 묶인 행인이라면 오로지 날이 밝기만을 기다릴 것이다. 여명은 행인에게 동지가 되고, 대지가 밝은 빛으로 물들면 어둠에 대한 두려움에서 해방될 수 있다.

화양체질은 태양처럼 모든 사람의 안내자가 될 수 있는 능력을 가졌다. 자신이 알고 있는 지식을 남에게 전달하는 요령이 뛰어나고, 다른 사람들의 고통이나 아픔을 해결하는 일에도 관심이 높다. 또한 정의를 구현하는 일과 관련된 성공을 꿈꾼다.

다만 화양체질은 늘 높이 떠 있기 때문에 몸을 움직이기 싫어한다. 행동보다 말이 앞서는 경우가 더 많다. 또한 급한 성격 때문에 일을 그르치는 경우도 많다. 하지만 화양체질이 이러한 습성을 고치고 직접 몸으로 부딪치는 습관을 겸비한다면 성공의 길은 그리 멀지 않을 것이다. 모든 이에게 존경의 대상이 되는 것은 당연한 결과다.

무쇠와 보석은 쉽게 사라지지 않는다

쇠붙이, 보석 등은 쉽게 사라지거나 녹아 없어지지 않는다. 불이 나도 쇠붙이는 잿더미 속에 남아 있다. 따라서 화양체질은 재물을 만드는 방면에 상당히 유리한 점을 가지고 있는 것이 분명하다. 물론 금속도 녹이 슬어 언젠가는 없어지겠지만, 오랜 세월이 소요되는 일이기에 크게 걱정하지 않아도 된다.

화양체질의 재물에는 보석도 해당된다. 보석은 빛을 받아야 가장 아름다운 모습을 뽐낼 수 있고 스스로의 가치도 높일 수 있다. 태양빛은 보석을 빛나게 해주는 역할을 하기 때문에, 화양체질은 보석과 궁합이 잘 맞고, 재물을 늘리기 쉬운 체질이라고 할 수 있다.

이들은 투자에 대해서도 남들보다 한 박자 빠른 감각을 소유하고 있다. 가장 높은 곳에서 세상을 관망하는 태양의 기질을 그대로 닮아 순식간에 흐름을 파악하는 능력이 우수하기 때문이다. 하지만 모르는 분야에 대해서 무모하게 투자하는 일은 주의해야 한다. 어둠 속에 우격다짐으로 태양을 걸어둘 수는 없는 법이다. 투자에 있어서는 기다릴 줄 아는 지혜, 자연스럽게 태양이 뜨기를 기다리는 성품이 요구된다. 큰돈은 부동산에 투자를 하는 것이 좋겠지만, 웬만하면 단시간 내에 현금화할 수 있는 곳에 투자를 하는 것도 도움이 된다. 거래가 빠르게 이루어질 수 있는 부동산에 투자하는 것이 가장 좋을 수 있다. 이때 투자는 남들이 모르게 해야 한다.

그런데 태양이 만물을 향해 빛을 비추듯, 화양체질은 자신이 하는 일을 잘 숨기지 못한다. 기질적으로 하는 일이 쉽게 알려진다. 보석이 반짝거리면 많은 사람이 몰리는 법, 숨긴다고 쉽게 숨겨지는 것이 아니며 사람들에게 알려지면 알려질수록 위험이 크다. 따라서 손재를 조심하고 될 수 있는 대로 재물을 아무도 모르는 땅에 묻어두는 것이 좋겠다. 그 외에도 급한 성질을 조심해야 한다. 매사에 신중하게 결정하는 습관을 기르면 성공적인 투자를 할수 있다.

또한 화양체질은 현금을 가지고 있지 않을 때 심적으로 불안해하는 경우가 있다. 그래서 일정 금액의 현금을 늘 소지하는 것이 바람직하다. 귀금속을 지니는 것도 도움이 된다.

타인의 고통에 동참하라

화양체질에게는 음지를 양지로 바꾸는 사회적 사명감과 연결될 수 있는 직업이 유리하다. 아픈 사람을 돌보는 의료업이나 옳고 그름을 판정하는 변호사, 판사, 검사 등의 직업도 이들에게 어울린다.

사업에 있어서는 화려한 소품과 관계된 일이 체질적으로 맞다. 예를 들면 귀금속, 보석, 금속 액세서리 등을 이용한 분야다. 또한 꽃과 관련된 업종도 도움이 된다. 하지만 쇠를 녹여서 큰 물건을 만드는 일은 대체로 어울리지 않는다. 그리고 빗물이나 계곡, 식수를 연상시키는 일 역시 가급적 피하는 것이 좋다. 하지만 많은 양의 물을 상대하는 직업은 좋은 경우도 있다. 화양체질은 한 번 사업에 실패하거나 무너지면 재기하기가 무척 힘들다. 정신적인 충격이 신체적인 질병을 가져오기 때문이다.

대인관계 :
상대방에게 도움을 주는
관계가 이롭다

화양체질은 도움을 받기보다는 남에게 도움을 주는 관계를 형성하는 경우가 많다. 도움을 주는 행위 자체로 스스로를 가치 있게 만들기 때문이다. 체질 간의 영향을 덜 받는 편이라 할 수 있다.

화양체질이 목양체질을 만나면 지적인 성취를 이룰 수 있으니, 문서와 관련된 일에 도움을 주고받을 수 있다. 이런 관계는 목음체질과의 관계에서도 유효하지만 차이점은 존재한다. 목양체질과는 특수한 학문 쪽으로 도움이 되는 반면, 목음체질과는 흔히 접할 수 있는 일반적인 학문 분야에서 서로 협력할 수 있다. 문서와 관련된 일은 목음체질을 만나는 것이 더 유리하다.

화음체질을 만나면 음양이 조화를 이루어 무슨 일이든 속전속결로 성취를 이루어낼 수 있다. 둘은 서로 빛과 열의 관계이므로 추진력이 필요한 경우에 진가를 발휘할 수 있다.

금음체질을 만나면 태양이 보석의 광채를 더욱 빛나게 해주는 격이 된다.

금음체질의 가치는 높아지고 화양체질은 거기서 보람을 얻는다. 서로 궁합도 잘 맞아 명예와 관련된 일을 함께하면 좋은 결실을 맺을 수 있다.

토음체질과 가까이하면 기름진 땅에 볕이 들어 곡식이 풍성해지는 형상이다. 이 둘의 교류는 사회생활을 활발하게 해주고 경제적인 이익을 창출한다.

수양체질을 만나면 잔잔한 바다에 아름다운 태양이 떠오르는 형상으로, 이보다 더 평화롭고 안정적일 수 없다. 수양체질은 직업적인 면에서 도움이 되며 화양체질의 성급한 기질을 조절해줄 수도 있다.

봄에 태어난 화양 : 자신의 역량을 뽐내기가 유리하다

만물이 생동하려면 태양의 역할이 무엇보다 중요하다. 봄은 화양체질이 자신의 역량을 한껏 뽐내는 기상을 발산하는 계절이라 할 수 있다.

그 역량이 흙의 성향과 합쳐지면 사회적, 경제적 활동이 활발해진다. 그러므로 토음체질과의 관계가 아주 좋은 편이다. 수음체질보다는 수양체질과의 관계가 더 유리한데, 직장이나 조직 내에서 순조롭게 협조가 이루어진다면 승승장구할 수 있다.

금양체질과의 관계는 한마디로 단정할 수 없다. 경제적인 측면에서는 좋고 나쁨을 논하기 어렵기 때문이다. 금음체질과는 태양이 보석을 빛나게 하는 관계이므로 경제적으로나 업무적으로나 좋은 결과를 기대할 수 있다.

여름에 태어난 화양 : 겸손의 미덕을 배우자

뜨거운 여름의 태양은 모든 생명을 그늘로 숨어들게 만든다. 여름에 태어난 화양체질은 주위 사람을 지치게 하는 경향이 있고, 더위에 늘어진 것처럼 매사에 게으른 경향이 있으며, 자존심이 강하고 성급한 성격인 데다 흑백이 분명한 편이라 대체로 인복과는 거리가 좀 멀다고 할 수 있다. 자신을 좀 더 낮추는 자세를 갖는다면 주변에 사람이 모이고 좋은 운이 깃들 것이다.

뜨거운 태양이 내리쬐고 있는 마당에는 아무리 물을 뿌려도 순식간에 말라버리고 만다. 마찬가지로 사람도 쉽게 갈증을 느낀다. 따라서 여름에 태어난 화양체질에게는 수양, 수음체질의 협조가 절실하다. 물의 기운을 받으면 나태한 태도를 버리고 생기 있게 조직생활을 할 수 있다.

토음, 금음체질의 협조도 유익하다. 토음체질의 젖은 흙은 태양의 열기를 식혀주고, 금음체질은 구름이 되어 태양의 강한 열기를 가려주기 때문이다. 그렇게 될 경우 활동량이 자연스럽게 많아지면서 경제적으로나 업무적으로 큰 이득이 찾아올 수 있다. 하지만 단점이 많은 금음체질을 만날 경우에는 오히려 감당하지 못하는 경우도 생긴다.

가을에 태어난 화양 : 인복을 기대할 수 있다

곡식이 영글어가는 가을에는 농부들이 하늘의 태양만 애타게 바라본다. 따라서 이때 태어난 화양체질은 다른 사람들에게 꼭 필요한 존재가 된다. 인복이 있고 왕성한 활동력을 지니는 사람이라 할 수 있겠다. 그러나 활동이 너무 많으면 스스로 피로해지기 쉽다.

수양체질과의 관계는 무난한 편이지만 수음체질과의 관계에서는 득을 보기가 어렵다. 목음이나 목양체질과는 학문적으로, 혹은 문서와 관련된 일로 도움을 주고받을 수 있다. 같은 화양이나 화음체질과는 서로의 경쟁을 통한 발전을 기대해도 좋다. 대신 무슨 일이든 질질 끌지 말고 신속하게 처리해나가야 한다.

토음, 토양체질과 만나면 경제적 활동이 왕성해져 무슨 일이든 쉽게 결실을 맺을 수 있다.

금음체질과 함께하면 금전적으로 만족스러운 결과를 얻고, 모든 일에서 훌륭한 결과를 이끌어낸다. 기질이 강하고 성품이 분명하면서 장점을 많이 드러내는 화양체질일수록 성과는 더 커진다.

겨울에 태어난 화양 : 태양의 가치는 겨울에 최고에 달한다

여름의 태양이 사람들을 그늘로 숨어들게 만든다면 겨울의 태양은 숨어 있던 사람들까지 밖으로 나와 활동하게 한다. 결과적으로 겨울에 태어난 화양체질 주위에는 사람이 많이 모인다. 태양의 위세가 강하지 않은 계절이지만, 그렇기 때문에 오히려 그 가치는 최고에 달한다.

불의 기운을 가진 화양, 화음체질이 서로 돕는다면 모든 일에서 더할 나위 없는 성과를 올릴 수 있다. 경쟁하되 발전적으로 경쟁하고, 결과도 좋다.

목양, 목음의 체질은 직접적으로 도움을 주고받을 만한 일은 없지만 오행의 기운이 자연스럽게 돌아가도록 보조해주는 역할을 맡는다. 특히 학문이나 문서와 관계된 일에서 좋은 기운이 발휘될 수 있다. 토양체질은 마른 흙이 찬 기운을 막아주는 역할을 하여 사회적, 경제적 활동을 왕성하게 해준다.

화양체질의 건강생활법

성향의 구별이 어렵다면, 마지막 항목을 따르면 된다.

성격이 조급하고 감정이 밖으로 많이 드러나는 경우
· 주거환경 : 호수나 바다를 볼 수 있는 곳이면 전원주택이든 아파트든 다 괜찮다. 볕이 지나치게 많이 들지 않도록 차양을 달고 시원한 분위기로 만드는 것이 도움이 된다.
· 취미생활 : 금속, 돌, 물을 이용한 취미활동이 좋다.
· 운동 : 물가에서 가벼운 운동을 하거나 산책, 수영이 좋다. 대체로 저녁에 실내에서 하는 운동이 어울린다.

냉정한 성향이 강하며 감정이 밖으로 잘 드러나지 않는 경우
· 주거환경 : 주위에 나무가 많은 곳이나, 바깥에 있는 나무를 바라볼 수 있는 베란다가 있으면 좋다. 볕이 잘 들고 온화한 분위기가 좋다.
· 취미생활 : 종이, 나무, 화초, 불을 이용하는 취미생활이 좋다.
· 운동 : 화창한 날 등산을 하는 것이 좋다. 오전운동이 더 좋다.

위의 두 가지 성향이 골고루 섞이거나 중간 정도의 성향을 보이는 경우
· 주거환경 : 마음에 드는 곳이면 어디라도 좋다.
· 취미생활 : 보석, 금속 액세서리 등을 이용한 취미도 좋다. 종류에 상관없이 대부분의 취미활동이 나쁘지 않다.
· 운동 : 모든 운동이 가능하지만 수영, 헬스 등이 특히 좋고, 실외보다는 실내가 좋다. 오전이든 오후든 시간은 아무 때나 좋다.

화음체질

촛불은 어둠을 밝히고
용광로는 가치를 만들어낸다

화음체질은 촛불, 모닥불, 용광로에 비유되는 체질로
밝은 빛보다는 뜨거운 불의 기운을 받아 성격이 급한 편이다.
그런가 하면 남을 배려하는 넉넉한 마음도 있다.
주도적인 역할보다는 참모 역할을 잘 수행하며, 책임감이 유난히 강하다.
또한 사리와 이치에 밝아 성격이 분명한 편이며 어정쩡한 행동을 하지 않지만
단점이 많이 보이는 화음체질의 소유자는 촛불이 바람에 일렁이듯
갈팡질팡하는 면을 보이기도 한다. 중심을 잘 잡아야 할 것이다.

火陰體質

성품 :

바지런한 강점을 키우면
행복이 찾아온다

화음체질의 특성을 살펴보면 다음과 같다.

첫째, 불안한 심리를 지니고 있다. 촛불은 누군가가 옆을 스치기만 해도 꺼질 듯 말 듯 깜박거리며, 불꽃을 일정하게 유지하기가 어렵다. 이런 불꽃의 기운을 지닌 화음체질은 소심하고 걱정이 많은 편이며 주변 환경의 영향을 많이 받는다. 주변에 활기가 돌면 그런 기운을 받아 생기를 얻지만, 분위기가 무거우면 스스로 침울해지곤 한다. 환경의 변화에 민감하다.

둘째, 촛불은 주변을 밝혀주지만 먼 곳까지 밝힐 수는 없다. 그래서 화음체질은 가까운 사람을 더 배려하는 면이 있다. 아는 사람들에게는 인정을 베풀지만 모르는 사람에겐 냉정하게 굴기도 한다. 하지만 일면식이 없더라도 아주 불쌍해 보이는 사람의 경우에는 손익을 따지지도 않고 먼저 나서서 도와주고 싶어 한다.

자기 구역에서만 영향력을 발휘하므로 소인배라는 평가를 받기도 한다. 하지만 거짓말은 잘 못하는 편이다. 화려한 것을 좋아하고, 성격이 산만해서 쉽게 싫증을 내기도 한다.

셋째, 촛불이 늘 자신의 몸을 태워 불꽃을 유지하는 것처럼 화음체질도 평소에 부지런히 일을 해야 하는 체질이다. 일을 하지 않으면 스스로 견딜 수 없는 바지런한 성격이라 정년이 지나도 일을 하는 경우가 많다.

넷째, 화음체질은 쇠를 녹일 수 있는 용광로에 비유되기도 한다. 여기서 용광로란 손재주를 의미한다.

화음체질의 상징

화음체질의 행운의 동물은 12지지 중 소와 양이다. 시험을 볼 때는 호랑이가 좋다. 문구를 포함한 의류, 소품 등에 이 동물 캐릭터를 잘 활용하면 도움이 될 것이다.

무쇠를 용광로에 넣어 제련하면 정교한 귀금속이 되어 가치가 올라가는 것처럼 고소득을 창출해낼 수 있는 능력을 타고났다.

다섯째, 밝고 따뜻하며 인간적인 정이 많다. 어려운 사람에게는 희망이 되어주고자 하는 자애로운 성품이 강하며, 사회의 어두운 면을 보면 측은지심이 발동한다. 10가지 체질 중에서 가장 헌신적이고, 어려운 사람을 기꺼이 도와주는, 인정 많은 체질이다.

촛불은 일렁임 속에 굳은 심지를 숨기고 있다

화음체질은 속에 깊은 심지를 숨겨둔 촛불과 같아서, 겉보기와 다르게 속으로는 자존심과 집념이 대단히 강하고 정신력도 뛰어나다. 유머와 위트가 있는 편이며 주위 분위기를 밝게 해주는 역할을 한다. 옳지 못한 것을 보면 그냥 넘어가지 못하는 성격도 가졌다. 화양체질과 비교해보면 손익을 따지지 않고 헌신적이며 봉사심이 투철한 편이다.

남성의 경우는 고지식하며 잔꾀를 부리지 않는다. 따뜻한 난로처럼 훈훈한 인정을 베풀 줄 알고 예의 바른 타입으로 많은 사람들에게 인기가 높다.

원래 정이 많아 타인에게 모질게 대하지 못하며 지극히 인간적이다.

생각이 깊고 넓은 데다 의협심도 강해서 딱한 처지에 있는 사람을 보면 그냥 지나치지 못한다. 세심하고 침착하며 남을 잘 배려하는 편이다. 주위를 밝혀주는 기운 때문에 관찰력이 뛰어나고 눈썰미가 있어 탐정이나 수사관, 예술계에 종사하는 경우가 많다. 본인의 생각과 뜻을 논리적으로 잘 구사하는 편이고, 교육자로서의 자질도 뛰어나며, 연구나 분석하는 일에 능하다.

고독한 등대처럼 고민을 사서 한다

작은 바람에도 요동하는 불씨의 연약함은 화음체질의 단점을 잘 설명해준다. 감정기복이 심하고 변덕스러워 주변 사람들을 당황스럽게 만들지만 누군가 불성실하거나 부정한 행위를 할 경우 자신과 관계가 있든 없든 따끔하게 지적하는 경향도 있다. 이럴 땐 구설수에 오를 염려가 있으니 주의해야 한다. 주위 사람들은 화음체질의 그런 성향을 보고 속이 후련하다고 말할지 몰라도, 정작 본인은 망망대해를 홀로 밝히는 등대처럼 고독감을 느낀다.

한번 미워한 사람은 두 번 다시 보지 않으려는 습성도 있다. 자칫하면 염세적인 경향으로 흐르거나 자기만의 정신세계에 빠져들 수 있는 타입이다. 쓸데없는 공상이 많아서 다른 사람의 고민까지 사서 할 때도 있다.

바람 앞에 촛불처럼 주관이 약해서 남의 말에 잘 흔들린다. 하던 일을 중도에 포기하거나 다른 길로 빠지는 경우가 많고, 이기적인 면모가 있어서 남성이든 여성이든 배우자가 자신에게 잘해주기만을 기대하는 편이다. 하지만 기본적으로는 소심한 성격이라 자기 의견을 강하게 내세우지는 않는다.

성공원리 :
약자를 돕고
어두운 곳을 밝혀라

경제활동은 돈을 버는 수단과 관련된 모든 과정을 말한다. 재물은 투자에 대한 결과라고 보면 이해할 수 있다. 화양체질과 마찬가지로 화음체질에게 경제적인 활동성을 의미하는 것은 흙이다. 또한 경제활동의 결과물인 재물은 무쇠나 금속성 생활용품, 보석을 연상하면 이해가 빠를 것이다.

스스로 타올라야 가치가 높아진다

화음체질은 스스로 타지 않으면 꺼지고 마는 촛불과도 같다. 노년에도 일을 계속 하는 것이 정신건강에 이롭고 재물을 지켜낼 수 있는 안전장치가 된다. 편안한 미래를 생각한다면 젊은 시절의 여유로움을 경계해야 한다.

일은 건강에 적지 않은 영향을 미치는 법이다. 일이 잘되면 건강도 좋아지는 것이 당연하다. 화음체질의 경우는 이러한 부분에 대해 더욱 민감하다. 따라서 사업이 순조롭게 이루어지지 않을 경우에는 건강의 위험도 초래할 수 있다. 특히 심혈관계 질환에 유의해야 한다. 신경성 질환에 대해서도 걱정의 끈을 놓으면 안 된다. 그 어떤 일도 건강보다 중요한 것은 없으며, 건강을 지켜야만 사업도 이어갈 수 있다는 것을 명심해야 한다.

화음체질은 빗물에 대단히 취약하다. 비가 오면 화덕의 불씨를 유지할 수 없기 때문이다. 따라서 화음체질이 물의 성향을 지나치게 많이 갖고 있는 사람을 만난다면 쏟아지는 빗속에 화덕을 내놓는 것과 같은 화를 입을 수 있다.

가진 것에 항상 감사하라

불은 태양과 달리 주위 환경과 조화를 잘 이루어야 활활 타오를 수 있다. 마찬가지로 화음체질도 잘 타오르기 위해서는 주위의 도움이 필요하다. 불을 모아주는 화덕이 있어야 하고 화력을 유지하기 위해 계속 땔감도 넣어줘야 한다. 여기에서 땔감은 주위의 도움, 특히 윗사람의 도움을 뜻한다. 사업을 할 때도 혼자 힘으로는 어렵고, 든든한 지원군이 갖추어져야 무쇠를 마음먹은 대로 주무를 수 있다.

다행히도 화음체질은 주위 사람들을 잘 융화시켜서 서로 간의 충돌을 없애고 화합을 꾀하는 강점이 있다. 만약 이러한 성향이 보이지 않는다면 자신의 체질적 장점을 발휘하지 못하는 상황이고, 경제활동에도 지장이 생길 수 있으므로 주의하자.

다만, 괜히 다른 보석에 눈길이 간다고 해서 이미 만든 보석을 다시 화덕에 던져버리는 우를 범하지 말도록 해야 한다. 더욱이 자신의 보석을 녹여서 다른 물건으로 만들겠다는 생각도 어리석은 일이라 볼 수 있다. 자신이 갖고 있는 것에 항상 감사하는 마음을 가져야 한다. 이와 함께 무쇠와 보석을 구별하는 안목도 필요하다. 공부를 열심히 하고 지식을 쌓는 것이 이런 안목을 기르는 데 중요한 역할을 할 것이다.

작은 것에서 큰 것을 얻어낸다

용광로는 빛이 아니라 화력을 상징한다. 즉, 용광로는 화음체질이 재물을 만드는 과정이다. 화력을 이용해 무쇠를 녹여 여러 가지 유용한 도구를 만들어내는 과정이 이들의 경제활동이다. 그리고 불에서 녹여낸 무쇠가 틀에 따라 새로운 도구로 재탄생되는 것은 경제활동을 통해 창출되는 이익이다. 무쇠가 농기구로 바뀌면 그만큼 가치가 상승하는 것 아닌가? 따라서 화음체질의 재물운은 부가가치가 상당히 높다고 볼 수 있다.

쇠를 깎는 노력으로 가치 없는 무쇠 덩어리를 보석으로 탈바꿈시키니 화음체질은 필시 큰 재력가가 될 팔자를 타고났다. 하지만 반드시 누군가의 도움을 받아야 하는 것이 이들의 숙명이다. 탄소 덩어리에 불과하던 돌이 오색찬란한 다이아몬드 펜던트로 탄생하기까지, 갖가지 도구와 여러 사람의 손길이 필요한 법이다. 화음체질에게 화덕을 지을 수 있도록 도움을 주는 흙은 훌륭한 조력자가 될 수 있다. 만물의 그릇인 흙으로 만든 화덕은 경제적인 활동력을 나타내니 순풍의 배에 돛을 하나 더 단 셈이 될 것이다.

화음체질은 보석을 만들어내는 일에 잘 맞으나 자신이 차고 다니거나 몸에 지니는 것은 그다지 좋지 않다.

하찮게 보이는 것을 가치 있는 것으로 만들어낸다

화음체질은 사업을 시작하기 전에 미리 방향을 확실히 정해두는 것이 좋다. 시간이 지나면 처음 가졌던 마음과 달라지는 경우가 많기 때문이다. 초심과는 다른 엉뚱한 사업을 하고 있는 경우가 종종 발생하는데, 이런 경우 그리 좋은 결과를 기대하기 어렵다.

이들은 헌신적이고 봉사정신이 강하다. 재물에 관해 크게 손익을 따지는 편도 아니라서 간혹 손해를 보는 경우도 많다. 그러므로 봉사활동을 하더라도 적당한 선을 그어놓고 하는 것이 바람직하다.

하지만 사회의 음지를 밝히는 일은 자신이 가진 가치를 활용하면서 동시에 위신도 높이는 일이기 때문에 이롭다. 그런 점에서 화음체질에게 권장할 만한 직업으로는 사회복지사나 공무원, 시민단체 활동가도 어울린다.

칠흑 같은 어둠 속에서 손전등 하나로 잃어버린 물건을 찾아내는 것처럼 화음체질은 타인의 숨겨진 장단점을 찾아내는 능력이 뛰어나다. 그래서 사건을 조사하는 경찰이나 검사, 변호사 등과 같은 직업도 어울린다. 그 밖에 새로운 것을 개발하는 연구직이나 환자를 치료하고 돌보는 의료직도 이들에게 적합한 직업이라 할 수 있다.

사업의 경우는 가급적 큰 것을 이용해 작고 화려한 것을 만드는 일이 좋다. 하찮게 보이는 것을 화려하게 만들어내는 데 탁월한 능력을 갖고 있기 때문이다. 화음체질은 자신을 태우지 않으면 자신의 가치가 낮아진다고 생각하기 때문에 정년이 지나더라도 일을 계속 하는 경우가 많다.

대인관계 :
같은 불을 만나면
기폭제가 된다

　지적인 성취감에 도취되고 싶다면 목양체질을 만나는 것이 좋다. 서로 상부상조하여 만족스런 결과를 도출할 수 있을 것이다. 단, 모닥불 위에 너무 큰 통나무를 올려놓으면 자칫 불을 꺼뜨릴 수도 있으니 이 점을 유념해야 한다. 목양체질과 함께 금양체질과의 관계를 돈독히 하면 좋은 성과를 기대할 수 있다. 이때는 도끼(금양체질)로 나무(목양체질)을 쪼개주어 불(화음체질) 위에 올려놓아주는 형상이다. 이 세 가지 체질이 힘을 합치면 명예와 직업 방면에서 아주 유리한 시너지를 창출해 여러 배의 상승효과가 나타난다.

　토양체질을 만나면 불이 화로 안에 들어 있는 형상이다. 이것은 토양체질의 보호를 받아 다양한 분야로 자신의 능력을 활용할 수 있는 격이다. 따라서 활동이 많아지고 일거리도 자연스럽게 늘어나게 된다. 여기에 금양체질이 가세한다면 경제적으로 큰 이익을 기대할 수 있다. 화로에 담긴 불로 원석을 다듬어 보석을 만드는 것과 같은 이치이기 때문이다.

본인과 같은 체질인 화음체질을 가까이하면 불과 불이 모여 아주 크게 일어나는 형상이 되니 매사가 일사천리로 진행될 수 있다.

화양체질을 만나면 화의 속성, 즉 빛과 열을 모두 갖추게 되므로 역경을 잘 헤치고 나가며, 한 곳으로 정진하여 성공에 중요한 기폭제가 될 것이다.

불에 달궈진 쇠는 무기가 되고 농기구가 되듯 금양체질을 만나면 경제적으로 큰 성취를 이룰 수 있고, 여기에 목양체질까지 합세하면 땔감이 막힘없이 공급되어 화력을 키워주는 격이 된다. 더욱 확실한 성공을 보장받을 수 있는 관계다.

수양체질을 만나면 잔잔한 호수에 조명을 밝히는 격이라 직업적으로도 운이 상승하고 서로 궁합도 잘 맞는 관계를 형성할 수 있다. 그러나 너무 분위기에 취하면 주색에 빠질 수 있으므로 경계해야 한다.

봄에 태어난 화음 : 영리한 기운을 타고났다

화음체질에게 봄은 쇠한 기운을 보충해주는 계절이다. 따라서 봄에 태어난 화음체질은 지식 습득에 유리하고 그만큼 영리한 면을 지녔다. 목양, 목음체질과의 관계는 중요하지만, 난해한 점들이 있기 때문에 무조건 좋다거나 나쁘다고 단정할 수는 없다. 특히 목양체질과의 관계에서는 화음체질이 목양체질의 성향을 수용해줄 수 있는 그릇이 되었을 때 학문이나 문서 방면에서 도움을 받을 수 있다. 이는 조화가 이루어졌을 때 비로소 서로에게 이로운 존재가 된다는 뜻이다. 반면 화양, 화음체질은 모두 경쟁을 통해 서로를 발전시킬 수 있는 관계가 된다.

토양체질과는 오래도록 불이 꺼지지 않게 지켜주는 화로의 관계를 이룬다. 오행의 흐름도 좋고 사회적, 경제적 활동도 증가시켜 서로 발전하게 된다. 금양체질은 항상 힘을 주는 역할을 맡기 때문에 화음체질의 경제적 이득에 도움을 주고 결실을 맺게 해준다. 수양체질 역시 화음체질의 조력자로서 손색이 없다.

여름에 태어난 화음 : 유연한 태도가 필수다

더운 날에는 불기운을 가까이하기 어렵듯이 이 시기에 태어난 사람은 주위에 사람이 모이거나 관심을 얻기 힘들다. 따라서 스스로 성급하고 독선적인 마음을 가라앉히고 유연한 태도를 갖도록 노력할 필요가 있다. 남의 허물을 자꾸 의식하거나 들춰내려는 마음을 갖지 않는다면 자연스럽게 사람이 모일 것이다.

여름에 태어난 화음체질은 언제나 물이 필요하다. 수음체질보다는 수양체질이 조금 더 유리한데, 수양체질과 좋은 관계를 유지하면 직장이나 조직 내에서 명예를 얻을 수 있다.

금양체질과는 원만하게 협력할 수 있는 관계로 하는 일마다 좋은 결과를 얻을 수 있다. 그러나 단점이 크게 드러나는 금양체질과 만난다면 그 성과가 점차 줄어들 것이다. 이는 화력과 기술은 좋은데 재료가 부족해서 물건을 충분히 생산해낼 수 없는 것과 같은 이치다.

가을에 태어난 화음 : 금의 기운을 활용하라

서늘한 기운이 옷깃에 닿는 이 시기는 금의 기운이 강한 때라서 스스로가 가진 금의 기운을 잘 활용하면 좋은 성과를 만들 수 있다. 이는 불이 만들어낼 수 있는 재료를 던져주는 격이라 할 수 있다. 이때 목양체질이 도와준다면 스스로를 더욱 강한 불로 만들어주기 때문에 더할 나위 없이 좋다. 화양, 화음체질도 불씨를 키워주면서 경쟁을 통해 성과를 올릴 수 있도록 부채질 해준다. 목양체질은 주로 문서, 학문 분야를 비롯해 다양한 분야에서 어머니가 자식을 돌보듯이 도와주는 모습을 보인다.

겨울에 태어난 화음 : 불씨를 지켜내라

추운 겨울에 장작을 지펴놓은 곳에 많은 사람들이 빙 둘러 서 있는 모습을 생각해보자. 겨울에 태어난 화음체질은 여러 사람들이 모여들도록 온기를 만들어낸다. 따라서 가는 곳마다 인복이 따르고 어려운 이웃들에 베푸는 성품을 가졌다고 할 수 있다. 그러나 화음체질의 장점을 많이 드러내지 못한다면, 오랫동안 온기를 전달하지 못하고 불씨를 꺼트릴 수 있다. 그렇게 되면 주위 사람들이 하나둘씩 떠나가게 될 것이다. 반면 화음체질의 장점을 많이 지켜낸다면 자신의 특기를 발휘하여 무쇠를 귀금속으로 만들어내며 경제적인 기반을 튼튼히 다질 수 있다.

목양체질은 지속적으로 불을 지펴주는 관계로 문서, 학문 방면에 큰 도움을 얻을 수 있다. 또한 자신과 같은 화음체질이나 화양체질을 만난다면 고생을 나누며 서로 힘이 되어줄 수 있다.

주변에 목양체질이나 화양, 화음체질의 사람이 많을수록 자신의 부가가치가 높아질 것이다. 그렇게 되면 경제적으로도 큰 이득을 기대할 수 있고 명예까지 높아진다. 토양체질은 오랫동안 화력을 유지할 수 있는 화로가 되어주기 때문에 사회적, 경제적으로 왕성한 활동을 하도록 도와준다.

화음체질의 건강생활법

성향의 구별이 어렵다면 마지막 항목을 따르면 된다.

성격이 조급하고 감정이 밖으로 너무 드러나는 경우
· 주거환경 : 호수나 바다 근처에 사는 것이 좋고 베란다에서 물을 내려다
  볼 수 있으면 더욱 좋다.
· 취미생활 : 큰 금속, 바위를 이용한 취미가 좋고 호수나 바다에서 하는
  취미활동도 도움이 된다.
· 운동 : 수영 등 물에서 하는 운동은 모두 좋다. 헬스 등 실내운동이 도움
  이 된다. 운동시간은 저녁이 좋다.

냉정한 성향이 강하며 감정이 밖으로 잘 드러나지 않는 경우
· 주거환경 : 주위에 나무가 많은 곳이 좋으며, 따뜻한 분위기를 연출하는
  게 좋다.
· 취미생활 : 종이, 나무, 불을 이용해서 하는 취미가 좋다.
· 운동 : 등산을 하면서 나무에 등을 부딪는 운동이 좋다. 장소는 온기가
  있는 곳을 택하고, 오전에 하는 실외운동이 적합하다.

위의 두 가지 성향이 골고루 섞이거나 중간 정도의 성향을 보이는 경우
· 주거환경 : 어디든지 마음에 드는 곳이면 된다.
· 취미생활 : 모든 취미생활이 가능하다.
· 운동 : 헬스, 수영, 등산, 축구, 마라톤 등 어떤 운동이라도 좋다. 시간의
  제약도 받지 않는다.

五

토양체질
큰 산은 중심을 잡아 세상을
관통하고 사방을 연결한다

토양체질은 큰 산, 넓은 고원, 제방(큰 둑)의 기운을 품고 태어난 체질이다.
이런 것들은 전후좌우 사방을 연결하는 중심적 역할을 한다.
오행 중에서 토는 믿음을 의미하는 것으로,
다른 건 몰라도 신뢰를 깨는 행위만큼은 용납하지 못한다.

土陽體質

성품 :
존경받을 만한 위치에
설 수 있다

토양체질은 기본적으로 성실하고 책임감이 강한 편인데, 그 특징을 살펴보면 다음과 같다.

첫째, 큰 산은 오랜 세월이 흘러도 늘 한 자리에 있듯이 토양체질을 타고난 사람은 마음을 쉽게 바꾸거나 이랬다 저랬다 하며 변덕 부리지 않는다. 언행이 신중하면서 주체의식이 강한 편이다.

또한 남의 일에 간섭하지 않으려 하며 중립을 지키는 타입이기 때문에 뚜렷한 자기 색을 나타내는 경우가 드물다. 예를 들어 누군가 억울함을 하소연해왔을 때 겉으로는 포용해주지만 속으로는 그 반대편의 입장도 고려할 줄안다. 이런 기질 때문에 상담자의 역할을 잘 해내는 편이다. 의식적으로 조화를 맞추려 행동하지 않는데도, 자연스럽게 조화와 균형을 잡아가는 생활습관이 몸에 배어 있다.

둘째, 남들에게 존경받을 만한 일을 많이 한다. 산은 조용하고 웅장한 기운으로 그 안에서 살고 있는 생물들을 편안하게 감싸준다. 사람들이 소원을 빌기 위해 산에 가는 것도 이런 기운 때문이다. 토양체질은 삶의 기준을 자신의 외부에 두지 않는다. 오로지 내면에 충실할 뿐이다. 따라서 자신의 마음이 편치 않으면 못 견디는 스타일이다. 또한 모든 것을 감싸 안는 산처럼 어떤 비밀이든 외부로 유출하는 법이 없다.

셋째, 한번 분노가 폭발하면 주위를 놀라게 할 만큼 무섭다. 이럴 땐 마치 화산이 폭발하는 것과 같다. 고요한 산인 줄로만 알았는데, 거기서 엄청난 분노가 분출되는 것이다. 산속을 자세히 살펴보면 낭떠러지나 가파른 절벽들이 있게 마련이다. 마찬가지로 토양체질의 내면에는 겉으로 잘 드러나지 않는 거칠고 급진적인 부분도 숨어 있다.

신중하고 후덕하며 넓은 아량을 가졌다

태산처럼 든든한 면이 있고, 언행이 신중하면서 후덕하다. 주관과 개성이 뚜렷하고 주체의식이 강해서 자신의 주장을 관철시키는 능력이 뛰어나다. 대인관계에서는 중용의 미덕을 지키는 편인데, 이런 성향 때문에 모임에서 중추적인 역할을 맡아 분쟁을 해결하거나 자문 역할을 하는 경우가 많다.

산의 기운을 받은 이 체질은 높은 곳에서 아래를 내려다보듯 사물에 대한 관찰력과 사람을 파악하는 안목이 뛰어나다. 또한 상대가 큰 잘못을 했어도 관용과 용서를 베풀 줄 아는 아량이 있다. 목표로 삼은 것은 꾸준히 실행하며, 어떤 경우에도 신의를 저버리는 행동은 하지 않는다. 높은 이상을 지향하며 포부도 크

토양체질의 상징

 토양체질의 행운의 동물은 12지지 중 원숭이다. 시험을 볼 때는 말이 좋다. 문구를 포함한 의류, 소품 등에 이 동물 캐릭터를 잘 활용하면 도움이 될 것이다.

고 배포도 넉넉하다. 조직에 대한 충성심이 강하고 어디서나 규칙을 잘 지키는 편이다.

고집불통으로 보이지 않도록 이미지 관리에 신경 써라

흙은 그저 존재할 뿐 말이 없다. 토양의 기운이 과도하면 과묵함을 넘어 답답해 보일 수 있다. 무뚝뚝하고 무표정한 인상 때문에 인간미가 떨어지고, 멋없는 사람으로 평가받기도 한다. 때로는 소신이 없는 것처럼 보이기도 하고, 간혹 자신의 판단을 과신하여 아집과 독선으로 흐를 수도 있다. 그래서 이들에게는 이미지 관리가 매우 중요하다.

더욱이 중용의 덕을 잃으면 자신에게만 관심을 가질 뿐 남의 일에는 나 몰라라 하는 경우가 있다. 남에게 관심이 없다 보니 사람들과 잘 어울리지 않고, 자칫 교만하다는 오해를 받기 쉽다. 내적으로 항상 온후하고 아름다운 것은 아니며, 사려 깊지 못한 부분이라든가 융통성이 부족한 면이 드러나면 고집불통의 성향이 표출되기도 한다.

자만심이나 고정관념이 강하고 과거사에 집착하는 편이다. 민첩한 맛이 없어 기회를 포착하는 데 굼뜨고 큰일을 우선시하는 성향 때문에 작은 일에 대해서는 무심하다는 소리를 듣기도 한다. 위나 장이 약하고 변비에 걸리기 쉬우니 규칙적인 운동이 필수적이다.

성공원리 :
천하의 만석꾼이
될 복을 타고났다

토양체질의 경제활동은 둑이 얼마나 크고 단단한가가 관건이고, 재물은 큰 둑 속에 가두어 놓은 물의 양이 얼마나 되느냐에 달려 있다.

욕심만 잘 다스린다면 아무 문제없다

큰 산과 큰 제방은 많은 양의 물을 가둘 수 있다. 토양체질은 여건만 되면 산을 이용해 얼마든지 물을 가둘 수 있다. 그만큼 재산을 불리기에 유리하다. 실제로 재벌들 중에 상당히 많은 수가 토양체질에 속한다.

제방은 물을 많이 담아두어야 제 역할을 다하는 것이다. 즉, 제방은 물을 보관하는 저장고인 셈이다. 예로부터 광이나 곳간과 같은 저장고는 만석꾼의 전유물이다. 이런 시각에서 보더라도 저장고를 많이 보유한 토양체질은 부자가 될 가능성이 높다.

하지만 이 저장고에 먼지만 쌓여 있다면 그보다 더 위신이 안 서는 일도 없다. 저장할 내용물을 만드는 것도 토양체질의 임무다. 이때는 금의 기운을 받아야 유리하다. 바위처럼 강한 의지, 다이아몬드와 같은 견고함과 치밀함을 겸비한다면 기획력과 계산력이 높아질 것이고, 이는 둑에 들어오는 물의 양을 늘릴 수 있을 방편이다.

재물을 늘리는 것 못지않게 중요한 게 제대로 지키는 일이다. 아무리 작은 것이라도 둑에 생긴 구멍은 전체를 무너뜨릴 수 있다. 또한 둑이 튼튼하지도 않은데 물을 가득 담으려고 욕심 부리지 말자. 토양체질에게는 관리에 소홀함이 없는 성실한 태도와 욕심을 다스릴 수 있는 지혜가 필요하다.

중용의 마음가짐을 지키는 것이 중요하다

토양체질에게 재물은 물이다. 물은 환경에 따라서 끊임없이 변화한다. 그릇에 담겨진 물도 있고, 흐르는 물도 있으며, 증발하는 물과 땅 속으로 스며드는 물도 있다. 돈도 마찬가지다. 일정한 형태를 갖지 못하고 매순간 모습을 바꾸면서 돌고 도는 것이 돈의 생리이기 때문이다. 따라서 토양체질의 재물운은 환경에 따라 다양한 경우의 수가 생길 수 있다.

돈을 모으는 것도 중요하지만 관리는 더 중요하다. 관리가 미흡하여 둑이 터져버린다면 어떻게 되겠는가. 쏟아진 물은 주워 담을 수도 없고, 잘못하면 둑까지도 모두 쓸려가게 될 것이다. 토양체질은 항상 돈에 대한 안전장치를 만들어두어야 한다. 또한 돈 관리는 남들이 모르게 하는 것이 좋다. 그리고 불필요한 지출도 줄여야 한다. 얼음은 가만히 두면 저절로 녹아 물이 된다. 그런데 토양체질 중 일부는 얼음을 녹이기 위해 비용을 지출하는 우를 범하기도 한다.

재물을 축적하기 위해서는 흙의 고유성질 중 하나인 중용의 마음가짐이 필요하다. 토양체질이 중용의 마음가짐을 평생 유지할 수 있다면 성공의 길은 탄탄대로라 할 수 있다.

산은 모든 생명체에게 살아갈 터전이 되어준다

큰 산은 옮길 수 있는 것이 아니다. 산을 옮기면 산세는 뭉그러지고, 결국 균열이 생겨 산 자체가 무너져버릴 수도 있다. 이는 한번 자리를 잡으면 이동이 쉽지 않은 토양체질의 기질을 보여주는 것이다. 따라서 초심을 잃지 않고 한 우물만 파는 것이 좋겠다. 사업을 할 때, 유사업종까지는 확장이 가능하지만 완전히 다른 업종으로 변경을 하는 것은 그만큼 위험이 크다.

그런데 업종을 변경하지 않았는데도 왠지 모르게 사업이 잘 풀리지 않는다면 애초부터 자리를 잘못 잡은 경우일 수도 있다. 이때는 자신에게 맞는 터를 찾고 있는 중이라고 생각하면 된다.

영겁의 세월 동안 한 자리에 머물러 있는 태산은 좀처럼 순리를 거스르는 법이 없고 격변하는 시류에도 순응하는 자세로 일관한다. 또한 어머니의 양수처럼 모든 생명체에게 살아갈 터전을 제공해준다. 그래서 토양체질에게는 교육이나 양육과 관계된 일이 어울린다. 이를 사업으로 확대해도 괜찮다. 학원사업이나 출판업을 하면 좋은 결과를 기대할 수 있다.

흙은 어느 한 쪽으로 기울어지는 법이 없다. 거래의 과정에서 양립되는 입장을 중재시켜주기도 한다. 그런 시각에서 보면 변호사나 판사와 같은 직업도 어울린다. 또한 많은 물을 가두어 쓸모 있게 사용하는 일도 좋다. 교통이나 통신의 원활한 소통을 이끌어내는 역할이나 토목사업 등이 그 예라 할 수 있겠다.

대인관계 :
나무가 있어야
산에 사람이 모인다

    산이 흙을 잃지 않으려면 나무를 심고 숲을 가꾸어야 한다. 따라서 토양체질이 목양체질을 만나면 민둥산에 나무를 심어놓은 상황이 된다. 시원한 숲에 사람들이 모이듯 인복을 얻게 된다. 그리고 토양체질의 지나친 면을 목양체질이 바르게 조절해줄 수 있다. 직장과 명예에 관련된 일이라면 더욱 많은 도움을 받을 수 있다.

    목음체질을 만난다면 화분에 화초를 기르는 모습이 된다. 화초를 담음으로써 화분의 가치가 높아지는 것과 같이 상호협조 관계를 이룰 수 있다.

    화양체질은 태양이다. 해가 뜨면 산은 진면목을 보여줄 수 있다. 화양체질과는 문서, 학문에 관련된 일에 도움을 받을 수 있다.

    화음체질과 어울리면 화로에 숯불을 담은 격이 된다. 토양체질은 화로가 되어 불씨를 보호해주는 동시에 화로 속의 숯불을 실용적으로 쓰도록 만들어주는 관계로 성장한다. 화양체질과 마찬가지로 문서나 학문적으로 늘 도움을 받을 수 있다. 그러나 화양체질에게는 정신적인 면에서 더 많이 의지하고, 화음체질에게는 일상 생활 부분에서 더 큰 도움을 받는다.

금음체질과 토양체질은 진열장에 놓인 보석의 관계로, 활동적인 성향이 강해지며 경제적인 면에도 좋다. 특히 사회적인 문제나 분쟁이 발생했을 경우에 의지가 되어주고 해결하는 데 큰 도움을 받을 수 있다.

수양체질과의 관계도 양호하다. 수양체질은 댐에 담겨진 물이다. 따라서 토양체질은 이들이 능력을 잘 발휘할 수 있도록 여건을 만들어준다. 또한 경제적인 활동을 지원하여 재물을 모을 수 있게 힘을 보태준다. 산이 많은 물을 저장하고 있다가 필요할 때 요긴하게 쓰는 형상으로, 이때 물은 재산이나 결실을 의미한다.

봄에 태어난 토양 : 시련을 이기는 법을 안다

겨우내 얼어 있던 땅이 녹으면서 땅 밑에서 올라오는 새싹의 모습을 연상해보라. 이 시기에는 목의 기운이 왕성해지면서 따뜻한 태양의 온기가 절실하다. 토양체질의 입장에서는 혈기 왕성한 나무뿌리가 땅속을 헤집고 다니니 여간 성가시고 고달픈 게 아니다. 그러나 흙의 역할은 어디까지나 나무가 잘 자라게 하는 데 있고, 시련을 극복하는 것도 자신의 몫이다. 그 속에서 인복을 얻고 명예를 얻게 된다.

화양체질이나 화음체질은 흙의 기운을 받으면서 동시에 태양의 기운을 전달하기 때문에 학문이나 문서에 좋은 영향을 미친다. 필요할 땐 훌륭한 조언자의 역할도 담당한다. 같은 토양체질도 고통을 분담할 수 있는 관계이기 때문에 직장과 조직 내에서 협력이 이루어진다면 명예를 드높일 수 있다.

여름에 태어난 토양 : 땅의 힘은 더 강해진다

여름의 땅은 건조하여 먼지가 많이 날린다. 그러나 태양 아래서 땅이 강해지듯이 토양체질 역시 강인한 성향을 지닌다.

단단한 땅을 댐처럼 활용해 물을 저장하였다가 필요할 때 언제라도 쓸 수 있게 해주듯이, 토양체질은 물의 기운을 지닌 사람과 만날 때 자신의 가치를 높일 수 있다. 물이 없는 댐이 무슨 소용이겠는가? 그러므로 수양체질이나 수음체질의 도움이 절실하지만 대체로 수양체질의 도움이 더 크다고 할 수 있다. 이런 관계에서는 경제적인 측면에서 반드시 큰 결실을 보게 된다.

금양체질이나 금음체질은 태양을 가리는 구름이나 안개의 역할을 해준다. 간접적이긴 하지만 비를 부르는 역할도 담당하기 때문에 사회적으로나 경제적으로 왕성한 활동을 할 수 있게 도와준다.

가을에 태어난 토양 : 자존심보다 실용주의를 택하라

봄과 여름 내내 생물들의 생장활동을 보호하고 받쳐주던 산이 가을을 맞았다. 이미 기력이 소진된 상태라 지친 모습이다. 하지만 산은 늘 같은 자리에 머물러 있다는 것만으로도 생물들에게 꼭 필요한 터전을 제공하는 법이다. 가을에 태어난 토양체질이라면 일단 자존심을 접어두고 다른 체질들의 도움을 골고루 받을 필요가 있다.

화음체질은 화로의 불씨가 되어 서늘한 땅에 온기를 불어넣어 준다. 원래 불의 위력은 화음체질이 화양체질보다 더 강하다. 그러므로 강한 화음체질과 금양체질이 협력하면 사회적, 경제적으로 대단히 활발한 활동을 하여 두각을 나타낼 수 있다. 이것은 금양체질의 성향, 즉 무쇠를 녹여서 귀금속으로 만들어내는 재주가 보태지기 때문이다. 그래서 학문의 측면에도 도움이 될 수 있다.

태양의 기운을 갖고 있는 화양체질은 모든 일에서 협조관계가 될 수 있으며, 조금은 무뚝뚝한 토양체질을 인덕이 후한 사람으로 이끈다.

자신과 같은 체질인 토양체질도 서로 도움이 될 수 있다. 함께 일하면 수고가 줄고 피로가 덜어지는 것과 같은 이치다. 토양체질끼리는 서로 힘이 되어주면서 경쟁을 통해 발전하는 관계다. 이런 경우, 체질적 성향이 약한 사람은 더 큰 도움을 얻을 수 있다. 성향이 약하다는 것은 자신이 타고난 체질의 특성 중 장점이 별로 나타나지 않는 경우를 말한다.

겨울에 태어난 토양 : 불의 기운이 절실하다

눈이 내리면 아이들과 강아지는 폴짝폴짝 뛰며 좋아할지 몰라도, 눈 쌓인 산은 활동을 멈추고 생기를 잃어버린 상태다. 이 시기에 태어난 토양체질은 스스로 활발히 활동하기 힘들다. 결국 따뜻한 기운을 가진 화양체질이나 화음체질의 도움이 절실하다. 이런 관계는 지친 상대를 돌봐주는 사이가 되고 문서나 학문에도 도움이 된다. 더불어 목양체질까지 가세한다면 불이 꺼지지 않도록 장작을 넣어주는 격이니 더욱 좋은 결과를 기대해볼 수 있다. 이는 직장이나 조직 내에서 명예를 드높일 수 있는 관계다. 같은 토양체질도 찬 기운을 막아주는 바람막이가 되어주기 때문에 협조적인 관계가 될 수 있다.

토양체질의 건강생활법

성향의 구별이 어렵다면 마지막 항목을 따르면 된다.

성격이 조급하고 감정이 밖으로 너무 드러나는 경우
· 주거환경 : 호숫가나 바닷가처럼 주위에 물이 있는 곳에서 사는 게 좋다.
집 안은 시원한 분위기로 연출하면 도움이 된다.
· 취미생활 : 보석이나 금속 액세서리를 이용한 것, 또는 물과 관계된 취
미가 좋다.
· 운동 : 헬스나 수영 등의 실내운동이 좋고, 저녁에 하는 게 유리하다.

냉정한 성향이 강하며 감정이 밖으로 잘 드러나지 않는 경우
· 주거환경 : 볕이 잘 드는 집이 가장 좋다. 집 안을 화려하고 따뜻한 분위
기로 꾸밀 필요가 있다.
· 취미생활 : 빛이나 불을 이용한 취미가 좋다. 난 등의 화초를 기르는 것
도 좋다.
· 운동 : 야외운동을 오전에 하는 것이 좋다.

위의 두 가지 성향이 골고루 섞이거나 중간 정도의 성향을 보이는 경우
· 주거환경 : 어디든지 마음에 드는 곳이면 된다.
· 취미생활 : 모든 취미생활이 가능하며, 물에서 하는 것이 가장 좋다.
· 운동 : 수영이 가장 좋지만 모든 운동이 가능하다. 실내든 실외든 시간
제약 없이 모두 가능하다.

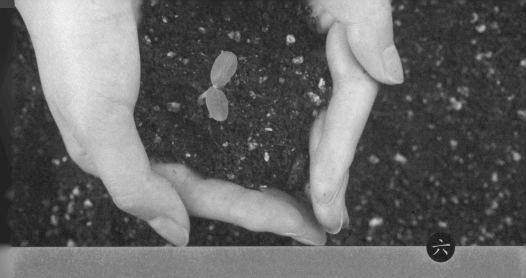

六

토음체질
기름진 땅은 조화와 중립을
지키며 곡식을 키워낸다

토음체질은 어떤 곡식이라도 잘 키워낼 수 있는 기름진 땅의 기운을 받고 태어난 체질이다.
영양분이 풍부하고 부드러운 흙의 기질을 타고났기 때문에
포용력이 뛰어나지만, 마음이 여린 편이다.
땅의 기운은 한쪽으로 치우치지 않는 조화와 중립을 상징한다.
따라서 토음체질은 안정적인 것을 선호하며 모험과 도전을 그다지 좋아하지 않는다.
소극적으로 방어하는 경향이 강한 편이다.

土陰體質

성품 :

부지런히 땀 흘려야
결실이 풍성하다

토음체질의 특성을 구체적으로 살펴보면 다음과 같다.

첫째, 대기만성형이다. 농부는 땀 흘려 일한 만큼만 곡식을 거둔다. 콩을 심으면 콩을 얻을 수 있고, 팥을 심으면 팥을 얻을 수 있다. 콩을 심어놓고 팥이 열리기를 기대하는 농부는 없다. 이것이 은혜를 베풀어주는 땅의 원칙이다. 이런 땅의 기운을 받은 토음체질은 순진하고 소박하며 정직하다.

곡식을 거두기 위해서는 계절의 변화를 다 거치면서 시간을 견디고, 씨가 자라 싹이 나고 꽃을 피워 열매를 맺는 과정을 주의 깊게 지켜보고 세심하게 관리해주어야 한다. 마찬가지로 토음체질 역시 어떤 일을 이루는 데 남들보다 시간이 더 많이 걸리는 편이다. 물론 끝까지 기다리며 끈질기게 노력하면 그만큼 보람을 얻는다.

둘째, 토음체질은 매우 부드러운 흙으로 이루어진 땅이다. 말하자면 작은 충격에도 흙더미가 무너져버리거나, 물이 조금만 고여도 흙탕물로 변해 탁해진다. 그렇기 때문에 이런 성질을 지닌 사람은 다른 체질에 비해서 체력이 약하다. 특히 혈액이 탁해지기 쉽고 순환기 장애가 생기기 쉽다. 원래 강한 성격의 소유자가 아니라서 마음의 상처도 잘 받고 칭찬받기를 좋아하나, 싫은 소리를 듣기 싫어서 미리 방어하는 습관을 가지고 있다. 또 평소에는 한껏 게으름을 피우며 일을 미루다가도 자기가 하고 싶은 일에는 부지런한 편이다.

셋째, 땅속에 무엇이 있는지 직접 파보기 전에는 알 수 없듯이 토음체질은 속마음을 알 수 없는 편이며 본인도 잘 드러내지 않는다.

넷째, 타인에 대한 배려가 깊다. 땅은 대상을 가리지 않는다. 어떤 씨앗이 뿌려져도 훌륭하게 키워낸다. 풀이든 곡식이든 나무든 간에 구별이 없다. 토음체질은 어떤 부류의 사람이든 자애로운 어머니처럼 잘 감싸주는 편이다.

포용심이 강한 어머니의 마음을 가져라

성품이 순박하고 조용하다. 자신의 주장을 잘 드러내지는 않지만 주관이 강하며 자기관리가 치밀하다. 남의 이야기를 잘 들어주며 마음을 편안하게 해주는 카운슬러의 자질을 가지고 있다. 신용을 잘 지키고, 부모님 뜻이라면 잘 거스르지 않는 효자, 효녀 타입이 많다. 속이 깊고 은근하며 한번 믿으면 끝까지 믿어주는 스타일이다.

알고도 속고 모르고도 속는, 포용심 강한 어머니 같은 마음을 가지고 있다. 남을 잘 배려하기 때문에 상대방이 자신을 피곤하게 하더라도 크게 싫은 소리를 하지 않으며 부드럽게 받아준다. 또한 은근히 실리에

토음체질의 상징

토음체질의 행운의 동물은 12지지 중 닭이다. 시험을 볼 때는 뱀이 좋다. 문구를 포함한 의류, 소품 등에 이 동물 캐릭터를 잘 활용하면 도움이 될 것이다.

강한 편이며 세심하고 정확하다. 여간해선 실수가 별로 없다. 자신을 믿어주는 사람들 앞에서는 뛰어난 언변과 표현력을 자랑하기도 한다.

항상 연구하고 생각하는 습관을 가지고 있으므로 이를 잘 활용하는 것도 좋다. 아이들을 가르치거나 교육과 관련된 여러 가지 일에서 재능을 발휘할 수 있다.

자신만의 아집과 좁은 식견에서 벗어나자

순진하고 어수룩해 보이지만 의외로 실속파다. 좀처럼 자기 속마음을 털어놓지 않고 매사에 의심이 많다. 신경이 예민하여, 평소 까다롭다는 말을 자주 듣는다. 또 기가 세다든가 이기적이라든가 고집불통이라는 평가를 받기도 하는데, 이는 사람들과의 소통이 원활하지 못하기 때문이다. 때때로 자기만의 논리에 치우친 나머지 상황을 엉뚱하게 비약하는 경우도 있다.

기가 약한 경우에는 인색하거나 배짱이 없다. 자신의 감정을 속 시원히 나타내지 못하고 혼자 고민에 빠져 있거나 우울해하기도 한다. 대인관계가 원만하지 않아 폐쇄적으로 생활하려는 습성이 있다. 타인의 충고를 귀담아 듣지도 않는 편이고, 실리적 욕심이 지나쳐 일시적으로 투기에 휘말려 실패를 할 수 있다.

기름진 땅이 척박한 땅으로 변하면 생명력 또한 미약해지듯이 자신의 가치를 인정받지 못하게 될까 봐 늘 불안해하는 기질도 갖고 있다. 그런 이유로 자기관리에 철저한 반면, 남의 말을 잘 믿지 못하거나 결벽증과 유사한 성향을 내비치기도 한다. 다른 체질에 비해 혈관계통이 좋지 않아 오랫동안 질환에 시달리는 경우가 많다.

성공원리 :

돈은 좇으면 좇을수록
멀리 달아난다

비옥한 땅을 일궈서 씨를 뿌리고, 거기서 나는 곡식들로 한 해를 보내는 것이 우리들의 삶이다. 토음체질은 삶의 원천이 되는 그런 기름진 땅의 역할을 담당한다. 이들에게 경제활동은 쇠붙이로 만든 농기구에 비유할 수 있으며, 재물은 농사에 필요한 물이나 비를 연상하면 된다.

만물을 길러내는 인내심과 희생정신을 발휘하라

흙은 곡식이나 나무가 잘 자랄 수 있도록 양분을 공급하는 역할을 담당한다. 농작물의 수확량을 늘리는 것이 자연에게 부여받은 소임이다. 흙의 입장에서 보면 자신이 희생해야만 풍성한 곡식을 기대할 수 있다. 그래서 토음체질은 태생적으로 양육에 소질이 있다. 옛날로 치면 서당의 훈장선생님을 연상하면 이해하기 쉽다.

다만 인재를 양성하는 것에 목적을 두기 때문에 재물과는 별로 인연이 없을 수 있다. 애초부터 이들은 재산 축적에 그리 큰 관심이 없다. 따라서 돈을 중심으로 이들의 경제적 측면을 이야기한다면 다른 체질에 비해 불리한 점이 많다.

부드러운 흙은 물을 충분히 저장하지 못한다. 또한 흙이 지나치게 많은 물을 머금고 있다면 오히려 곡식의 뿌리는 썩어버릴 수 있다. 그래서 토음체질은 성공에 대한 가치관이 다른 체질의 사람들과 다르다. 이들은 돈을 성공의 지향점으로 보지 않는다. 만물을 포용해서 길러내는 것에 더 큰 행복을 느낀다.

하지만 흙에 물이 전혀 없어도 곡식이 말라버려 경작이 불가능해진다. 기름진 땅의 흙은 매우 부드럽기 때문에 단단하게 뭉쳐져 있기가 어렵다. 그래서 쉽게 흩어지고, 소실되어버릴 수 있다. 물과 가까이 있거나 강한 바람이 부는 계절이 되면 버티기조차 힘들다. 토음체질도 마찬가지다. 흙이 흩어져 나가는 상황이 종종 찾아오고, 이럴 때는 자신감을 잃는다. 또한 곡식과 나무들이 자랄 때 그 뿌리가 흙 속을 마구 헤집고 다니듯이, 타인에게 시달림도 많이 받는다. 결국 토음체질은 스스로를 보호할 수 있는 능력이 부족하다. 그래서 이들에게는 토양체질이나 화양체질의 도움이 절실하다.

욕심을 버리면 오히려 재물 걱정이 없다

토음체질은 다른 체질에 비해서 돈에 대한 욕심이 적은 편이다. 그렇다고 돈이 늘 없는 것은 아니다. 이들에게 돈은 필요할 때마다 저절로 생기곤 한다. 가뭄이 끝나면 언제나 단비가 내려 땅을 촉촉하게 적셔주는 것과 같은 이치다. 오히려 홍수에 흙이 유실되듯 돈이 너무 많은 것도 토음체질에게는 별 도움이 되지 못한다. 토음체질이 큰 재물을 바라는 것은 폭우에 부드러운 흙이 씻겨 내려가는 것과 같아서 자칫 건강을 잃을 수도 있다. 그래서 토음 체질은 사업을 하기보다 안정적인 직장생활을 택하는 것이 재물을 쌓아가는 데 도움이 된다.

그렇다고 토음체질이 큰 재물에 대해서 불리한 경우만 있는 것은 아니다. 많은 재산을 얻는 경우도 있다. 다만 그러기 위해서는 형제, 친구, 동료 등의 도움을 많이 받아야 한다. 필요할 때 물을 퍼내서 쓸 수 있는 저수지나 둑이 옆에 있다면 땅은 농사를 짓는 데 별 어려움이 없는 법이다. 마찬가지로 든 든한 동료가 옆에 있다면 토음체질도 많은 재산을 보유할 수 있다.

토음체질의 여성에게는 남편이 곡식과 나무에 해당된다. 따라서 이들은 남 편을 위한 희생을 당연하게 여기는 경우가 많다. 남편이 잘되면 저절로 자신 의 재물도 늘어난다고 믿기 때문이다.

입보다 귀가 발달한 사람이다

토음체질은 인생의 가치를 어디에 두느냐에 따라 행복이 결정된다. 따라 서 항상 긍정적인 사고로 마음을 다스리는 것이 중요하다.

자식을 품은 어머니의 마음을 가졌기 때문에 토음체질에게는 교육과 관련 된 일이 가장 잘 맞는다. 하지만 규모가 너무 크면 힘들고, 가급적 작은 규모 로 알차게 시작하는 사업이 좋다. 학원, 출판, 교육 등과 관련된 모든 일이 어울린다.

또한 이들은 타인의 말에 귀를 잘 기울이고 상대방의 입장을 고려하는 배 려심이 남다르다. 그래서 이들과 대화를 나누는 사람들은 편안함을 느낀다. 토음체질은 쌍방 간에 얽힌 문제도 잘 풀어내 중재자의 역할에서도 재능을 보인다. 그래서 변호사나 판사도 생각해볼 만한 직종이다. 그 밖에 세심하고 꼼꼼해서 재무관리나 연구직에서도 능력을 발휘할 수 있다.

단, 귀금속이나 물과 관련된 직업은 적성에도 맞지 않을뿐더러 건강에도 이롭지 않으니 삼가길 바란다.

대인관계 :
매사가 완벽해야만
마음이 놓인다

 기름진 땅은 부드럽기 때문에 단단하게 뭉쳐져 있기보다는 이런저런 이유로 쉽게 흩어져 유실될 위험이 높다. 그래서 토음체질은 주변 환경에 영향을 많이 받고 위축되는 경향을 보인다.

 흙이 곡식이나 초목을 위해 일방적으로 헌신하는 것은 누가 강요하거나 시켜서 하는 것이 아니다. 자신의 의지에 따른 행동이다. 하지만 자꾸 위축될 경우 자존감에 상처를 입게 된다.

 남들이 보면 결벽증이 아닌가 의심할 만큼 매사에 철저하게 확인하는 습관이 있는데, 이것은 토음체질 나름의 방어의식이 작용한 결과이다. 무엇이든 완벽해야 마음이 놓이는 스타일이다. 그럼에도 이들은 자기 스스로를 보호할 수 있는 능력이 다소 부족한 편이다.

 화양체질을 만나면 기름진 땅에 햇빛이 드는 격이니 이미 풍년이 약속된 관계다. 정신적으로나 일상생활의 측면에서 도움을 받을 수 있으며 학문과 문서 방면으로도 좋은 결과를 만들 수 있다.

화음체질은 화원에 난방을 해주는 역할이라 생각하면 된다. 소득을 얻으려면 초기 비용을 많이 들여야 하는 수고스러움이 있기는 하지만 부가가치가 높은 결과를 얻을 수 있다.

토양체질은 흙이 유실되지 않도록 막아주는 벽이나 둑의 역할을 해준다. 같은 흙의 기질을 지니고 있기 때문에 여러 면에서 상당히 의지가 되는 관계다.

수음체질과는 물이 필요한 땅에 비를 내려주는 관계다. 경제적으로 이로운 관계다. 그러나 비가 지나치게 세게 내리면 땅이 파이고 꽃잎이 떨어지듯, 수음체질이 과하게 행동할 경우 토음체질에게 상처를 입힐 수 있다.

봄에 태어난 토음 : 누구에게나 든든한 존재가 되어준다

새싹이 돋아나는 기름진 땅을 연상하면 된다. 목의 기운이 왕성해지는 시기에 태어난 토음체질은 다른 체질들과의 관계에서 매우 중요한 뒷받침 역할을 해준다.

화양체질은 토음체질에게 항상 도움을 줄 수 있는 존재다. 태양은 나무도 튼튼하게 하지만 땅의 힘인 지력地力도 키워주기 때문이다. 나무, 태양, 흙의 조화가 순조롭게 이루어지면 명예가 높아지고 공부나 문서 방면에서 큰 도움을 받을 수 있다.

토양체질은 흙의 유실을 막아주기 때문에 매사에 든든한 조력자가 된다. 수음체질은 땅 위에 내리는 단비와 같지만 그다지 큰 도움은 될 수 없겠다. 비가 많이 내리거나 오래 내리면 태양이 가려지기 때문이다. 또한 물은 재물을 의미하지만 지나치게 욕심을 냈다가는 건강까지 잃을 수도 있다.

여름에 태어난 토음 : 땅도 뜨거워지니 인내로 무장해야 한다

여름은 화려한 꽃과 열매를 맺는 식물에게, 그리고 그것들이 뿌리내린 흙에게 인내심을 가르쳐주는 계절이다. 현실은 뜨거운 태양 아래서 극심한 갈증을 호소하지만, 생존을 위해서는 기개를 세우고 더 강건해져야만 한다. 이러한 씩씩한 기상을 받아 태어났기 때문에 여름에 태어난 토음체질은 다른 어떤 체질보다도 인내심이 강하다. 당면한 위기를 스스로 견뎌내지 못하면 자신의 역할을 충실히 할 수 없다는 사실을 누구보다도 잘 알기 때문이다.

가뭄 끝에 말라버린 화단을 연상해보라. 화단의 흙이 말라버리면 화초들이 살아남을 수 없다. 이럴 땐 물의 기운이 절실하다. 토음체질이 수음체질을 만나면 메마른 땅이 하늘에서 떨어지는 비를 흡수하듯 힘들이지 않고 많은 혜택을 얻을 수 있다. 또한 수양체질은 저수지 역할을 하여 도움을 준다. 금양체질은 직접 물을 공급해주지는 못하지만 비가 내릴 수 있는 구름이 기운을 모아주기 때문에 사회적, 경제적 활동에 도움이 된다.

가을에 태어난 토음 : 결실의 계절이니 땅은 피로하다

모든 것이 새로운 생명을 잉태하는 풍요의 계절이므로 가을의 흙은 모든 생명체에게 영양분을 공급하는 역할을 한다. 이 시기에 태어난 토음체질은 가장 왕성한 활동을 하기 때문에 특히 과로에 유의해야 한다. 때로는 일을 하기도 전에 지쳐서 만성피로에 시달리는 경우도 있다. 그럴 때는 태양의 기운이 절실하다.

화양체질의 도움을 받는다면 공부나 문서 쪽으로 좋은 성과를 올릴 수 있다. 토양체질은 언제나 토음체질에게 보호자와 같은 존재이기 때문에 활동을 많이 할 경우에는 더욱 든든한 의지처가 된다.

겨울에 태어난 토음 : 따뜻한 기운을 만나면 잘 풀린다

겨울이 되면 아무리 부드러운 흙일지라도 삽날이 안 들어갈 정도로 굳어져 있다. 이 시기는 휴지기라고 봐도 좋다. 쉬지 않고 활동하는 것은 땅에 도움이 되지 못한다. 하지만 오히려 따뜻한 기운을 받는다면 소기의 성과를 거둘 수도 있다. 태양의 기운을 지닌 화양체질이나 화음체질의 도움을 받으면 활기를 되찾고 목적을 달성할 수 있다. 토양체질은 역시 모든 면에서 힘이 되어준다.

토음체질의 건강생활법

성향의 구별이 어렵다면 마지막 항목을 따르면 된다.

성격이 조급하고 감정이 밖으로 많이 드러나는 경우
· 주거환경 : 작은 계곡을 끼고 있는 집이면 좋다. 깨끗한 물이 흐르는 정원을 만드는 것이 도움이 된다. 집 안을 시원하게 꾸민다.
· 취미생활 : 작은 물을 이용하거나 정신적인 안정에 도움이 되는 취미생활이 좋다.
· 운동 : 저녁에 하는 실내운동이 좋다. 마음을 편안하게 해주는 명상, 요가, 마음수련, 호흡운동 등이 도움이 될 것이다.

냉정한 성향이 강하며 감정이 밖으로 잘 드러나지 않는 경우
· 주거환경 : 햇볕이 잘 드는 곳이면 좋다. 따뜻하고 화려한 분위기를 연출하면 도움이 된다. 언덕 위에 있는 집도 좋다.
· 취미생활 : 빛과 불을 이용한 취미가 좋다.
· 운동 : 야외에서 하는 운동이 좋다. 햇빛이 잘 드는 곳에서 하는 등산이나 산책은 좋지만, 물에서 하는 운동은 피하는 것이 좋다. 저녁보다는 오전에 하는 쪽이 더 낫다.

위의 두 가지 성향이 골고루 섞이거나 중간 정도의 성향을 보이는 경우
· 주거환경 : 햇볕이 잘 드는 집이 좋고, 언덕 위에 있는 집도 좋다. 내부를 온화하고 화려한 분위기로 만드는 것이 어울린다.
· 취미생활 : 빛과 불을 이용한 취미활동이 좋다.

· 운동 : 햇빛이 잘 드는 야외에서 하는 운동이 좋으며, 물에서 하는 운동
  은 삼간다. 운동시간은 오전이든 오후든 상관없다.

금양체질
무쇠는 순수한 마음으로
정의와 의리를 지킨다

금양체질은 무쇠, 원석, 도끼의 기운을 상징하는 체질로서
가공되기 이전, 즉 사람의 손때가 묻지 않은 천연의 상태를 말한다.
10가지 체질 중 가장 순수한 마음을 타고난 체질이다.
만약 스스로 변화하려는 의지가 없거나 주변 상황의 변화에 둔감하다면
아무런 발전도 기대할 수 없을 것이다.
한편 쇠의 기운에는 상처를 만드는 속성이 있어서,
특히 남자는 장난을 치다가 다른 사람 또는 자신을 다치게 할 수 있다.

金陽體質

성품 :

무쇠와 바위는
정직함과 듬직함의 상징이다

금양체질의 특징은 다음과 같다.

첫째, 무쇠는 차갑고 단단하다. 금양체질은 첫인상이 차가운 편이다. 그래서 사람을 만나면 처음부터 쉽게 사귀지는 못하는 편이지만, 의리가 있기 때문에 시간이 지날수록 굳건한 친분관계를 형성할 수 있다. 품성도 단단하여 씩씩한 군인이나 용감한 경찰관에게서 볼 수 있는 듬직함을 지니고 있다. 또한 스스로 옳다고 판단한 후에 내린 결정은 절대 번복하지 않는 편이다.

둘째, 심리적인 안정감이 부족한 경향이 있다. 이는 무쇠가 칼이나 자동차 등의 구체적인 쓰임새를 갖기 전의 상태를 나타내기 때문이다. 금양체질은 무쇠처럼 단단하고 강한 면이 있지만, 반대로 자신의 앞날을 예측할 수 없다는 것에 대한 불안감도 갖고 있다.

셋째, 스스로 변화하려는 노력이 없으면 발전도 없다. 무쇠는 수많은 담금질과 망치질을 거쳐야만 비로소 진가를 발휘할 수 있으므로 가만히 있으면

변할 수 없다. 천덕꾸러기에서 보석으로 탈바꿈하려
면 자신의 부단한 노력이 있어야만 가능하다. 불에 달
구어지기도 하고 쇠망치에 맞기도 해야 강한 쇠로 바
뀔 수 있다. 그러한 인고의 과정이 있어야만 값진 물
건으로 바뀌는 것이다.

금양체질의 상징

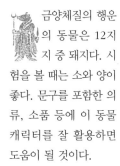

금양체질의 행운
의 동물은 12지
지 중 돼지다. 시
험을 볼 때는 소와 양이
좋다. 문구를 포함한 의
류, 소품 등에 이 동물
캐릭터를 잘 활용하면
도움이 될 것이다.

넷째, 쇠는 쉽게 달아오르고 쉽게 식어버리는 습성
이 있다. 금양체질은 열정적일 때는 열심이지만 시들
해지면 금세 중단해버리는 경향이 있다. 대인관계에
있어서도 마찬가지다. 한번 마음이 멀어지면 아예 인연의 끈을 놓아버리려
는 모습을 보인다. 열정과 냉혹의 편차가 커서 주위로부터 친해지기 어려운
사람이라는 평가를 받는다. 그러나 속마음은 인정도 많고 눈물도 많아 주위
사람들에게 좀 더 잘해주지 못한 것을 후회하기도 한다.

다섯째, 도끼는 개혁을 상징한다. 잘못된 것을 보고 그냥 넘어가지 못하고,
틀린 것을 보면 모두 잘려나갈 때까지 도끼를 휘둘러야 직성이 풀린다. 목에
칼이 들어와도 할 말은 하고 고칠 것은 고쳐야 하는 스타일이라서 과격하게
행동하거나 혁명적인 성향을 가지고 있는 경우가 많다.

이는 금양체질이 가진 논리적이고 단순한 사고구조도 크게 한몫한다. 요령
있게, 혹은 노련하게 살살 유도하면서 문제를 해결하거나 처리하기를 기대하
기는 어렵다. 하지만 이런 면을 보완한다면 성공에 가까워질 것이다.

의리에 죽고 의리에 사는 낭만파 영웅호걸이다

의협심, 정의감, 포용력이 강하니 영웅호걸 감이다. 결단력과 추진력이 있
으며 두뇌가 명석하다. 과거를 돌이켜보면서 무엇이 잘되었고 잘못되었는지

살피는 습성이 있어 감사 계통의 직업과 잘 어울리는 편이다.

동료애와 소속감, 희생정신이 남다르고, 강자에게 강하고 약자를 도와줄 줄 안다. 공과 사를 분명히 하는 스타일로, 남성의 경우 우직하거나 순박한 면 때문에 여자들이 저절로 따르는 편이다. 때로는 낭만적인 분위기를 조성하여 많은 사람들에게 호감을 얻기도 한다. 몸놀림이 빠르고 부지런한 것도 장점이다. 결과에 대한 책임감이 강하고 겉으로 화려한 것보다는 내실을 튼튼히 하는 특성이 있다.

호불호가 극단적으로 갈리는 단점을 극복하자

금양체질에게 '의리'는 양날의 검이라 할 수 있다. 특히 남자의 경우는 지나치게 의리를 따지다 정작 실속이 없는 상황도 자주 생긴다. 그래서 밖에서는 찬사와 환영을 받지만 안에서는 그다지 대접을 받지 못하는 경우도 있다. 성격이 완고한 데다, 좋고 싫은 표현이 지나치게 두드러진다. 명예욕도 강한 편이다. 때로는 독선적인 면을 노출함으로써 적을 만들 수도 있다. 자기주장이 너무 강해 남의 말에 귀를 기울이지 않다가 스스로 곤경에 빠지기도 한다. 이런 점들은 비타협적이며 잔인한 성향으로 발전할 수 있는데, 결국 대인관계에선 치명적인 약점으로 작용한다. 이성관계에서 쉽게 정을 주고받지 않지만, 일단 사랑에 빠지면 자신의 모든 것을 내주는 경우가 많다. 하지만 상대가 흐트러진 모습을 보이는 것을 싫어한다. 지갑에 돈이 없어도 절대 내색하지 않으며, 오히려 허세를 부리는 타입이다.

성공원리 :
명장의 도끼는
항상 날이 서 있다

    솜씨 좋은 목수는 연장 탓을 하지 않는다. 하지만 진정으로 훌륭한 목수는 연장 관리에도 소홀하지 않는 법이다. 무뎌진 연장으로 작품을 만들면 가치는 떨어지고, 에너지는 더 많이 소모된다.

    금양체질은 항상 날이 제대로 선 도끼를 준비해야만 자신의 가치를 상승시킬 수 있다. 그래서 이들 중 일부는 단 한 번의 도전으로 사업을 성공시키기도 한다.

기회가 주어졌을 때 최선을 다하라

때로는 도끼로 어린 나무를 자르는 것이 더 힘든 법이다.

    어린 나무를 자를 때는 도끼의 날이 더 예리하게 서 있어야 한다. 무조건 힘껏 내리친다고 해서 잘리는 게 아니다. 잘못하면 가지는 베어지지 않고 상처만 남아 오히려 나무의 가치만 떨어트릴 수도 있다. 그러므로 도끼를 다루는 요령을 터득해야 한다. 금양체질은 항상 자신에게 주어진 기회나 사람, 그리고 재물 등에 대해 어린 나무를 자르듯 소중하게 다루어야 한다.

반대로 큰 나무는 금양체질에게 호기심과 도전의 대상이다. 도끼를 휘두르면 휘두르는 대로 잘 찍혀 넘어가니, 이들은 손에서 도끼를 놓지 못할 기세다. 마찬가지로 금양체질은 큰 나무와 같은 투기성 투자를 좋아하는 경향이 있다. 하지만 산 전체의 나무를 모두 다 베어 버린다면 그 후에는 도끼 역시 무용지물이 되지 않겠는가. 자산을 늘리고 싶다면 절제할 줄 알아야 한다. 평정심을 갖고 스스로를 다스리며, 철저하게 자기관리를 하는 데 힘쓰는 습관을 가져야 한다.

자기를 관리한다는 것은 평소에도 도끼날을 잘 세우고 필요할 때 언제든지 사용할 수 있도록 준비해두어야 한다는 것이다. 날이 무뎌진 도끼로는 아무리 휘둘러봐야 힘만 들 뿐 능률이 오르지 않는다.

금양체질은 지나치게 의리에 집착하는 것을 경계해야 한다. 신나게 도끼를 휘둘러대니 겉보기에는 마냥 강한 것 같지만 내면은 지나치게 우유부단하다. 인정에 끌려다니다 보니 이런저런 문제를 일으키기도 한다. 또한 무쇠가 쉽게 달궈지고 금방 식어버리듯이 이들은 열정적으로 일에 매진하다가도 금방 싫증을 내곤 한다. 이는 분명 조심해야 할 사항이다.

적은 돈도 하찮게 여기지 말라

금양체질의 경우, 경제활동은 물에 비유할 수 있고, 재물은 나무와 관련이 있다. 무쇠의 단단함을 상징하기도 하는 금양체질은 바위를 돌아서 흐르는 물처럼 유연하고 적극적으로 움직일 때 좋은 결과를 기대할 수 있다. 큰 나무를 베어서 훌륭한 목제품을 만들어내듯이 주도적인 위치에서 일을 추진할 수 있는 사업이 어울린다. 그리고 물은 깊은 지혜를 상징하는데, 항상 넓고 깊이 생각하는 습관을 기르는 것이 성공의 비결이 될 것이다.

하지만 금양체질은 다른 체질에 비해 투기적인 성향이 강하다. 물론 이 체질의 장점은, 다른 체질에 비해 투자를 했을 때 한 번에 대박을 터트릴 확률이 높다는 것이다. 그러나 이러한 높은 성공률은 모두에게 해당되는 것은 아니다. 투기와 투자는 엄연히 다른 것이다. 투자를 하더라도 자신이 감당할 수 있는 범위 내에서 하는 것이 좋다. 만약 그런 제한을 두지 않는다면 오히려 실속은 하나도 없고 소리만 요란한 사람으로 보일 수 있다. 투자에 있어서는 매사에 신중하고 침착하게 생각해야 한다.

큰돈에만 관심을 두다 보니 금양체질은 적은 돈을 하찮게 여기기도 한다. 하지만 아무리 적은 돈이라도 수중에 없다면 투자를 하려고 해도 할 수 없는 법. 자신의 지갑 속에 들어 있는 적은 돈도 소중히 여길 줄 아는 지혜가 필요하다.

소신을 갖고 불의에 맞서라

금양체질은 불의를 보면 그냥 넘어가는 법이 없다. 소신껏 잘못된 것들을 뜯어 고치고자 하는 성향이 강하다. 기업체나 조직 내의 감사 업무가 잘 어울리는 성향을 가졌다. 그리고 사회질서를 바로 잡거나 잘못된 관행 및 통념을 깨는 일이라면 능력을 발휘할 수 있기 때문에 군인이나 검찰, 경찰 등의 직업도 잘 어울린다.

금양체질은 의료 분야도 적성에 맞는다. 질병이란 인체 내의 수많은 기관들 중 일부에서 오류가 발생한 것이다. 이를 치료해서 제 기능을 발휘하게 만드는 것이 의료 분야 종사자의 임무다. 금양체질이 의료 분야에서 일한다면 이런 신체적 오류들을 바로잡을 수 있을 것이다.

또한 이들은 사람들이 쓸모없다고 버리는 것조차 잘 가공해서 가치 있는 것으로 재창조해내는 능력을 타고났다. 도끼가 나무로 예술품을 만들어내듯이 말이다. 큰 불을 이용해 새로운 물건을 만드는 사업이나 큰 나무로 제품을 만들어내는 업종도 금양체질에게 어울린다.

대인관계 :
의리 하나는
단연 최고다

무쇠의 꿈은 창과 방패가 되는 것이다. 강력한 무기가 되어 전쟁의 판세를 좌지우지하고 싶어 한다. 그런 무쇠에게 가장 필요한 사람은 불의 기운을 가진 사람이라 할 수 있다.

화음체질을 만나면 무쇠가 용광로를 만난 격이니, 자신의 가치가 높아질 것이다. 여기에 목양체질까지 함께하면 지속적으로 화력을 유지할 수 있다. 또한 토양체질이 합쳐지면 화덕을 제공해주는 격이므로 불꽃을 더욱 오래 안정적으로 유지하며, 좀 더 많은 양의 무기 및 귀금속 등을 생산할 수 있게 될 것이다.

금양체질에게 화의 기운은 자기가 속한 조직 내에서 능력을 순조롭게 발휘하도록 만들어준다. 이는 최고경영자의 자리까지 오를 수 있는 배경이 된다. 화기가 넘치면 어떠한 금속이라도 결국에는 녹아내리고 만다. 그래서 금양체질은 매우 강한 화체질을 만난다면 운신의 폭을 넓힐 수 있다.

바위 위를 흐르는 맑은 계곡물은 풍경을 수려하게 만들어준다. 바위인 금양체질이 물인 수양체질을 만나면 자신의 능력을 효과적으로 발휘할 수 있다.

봄에 태어난 금양 : 더 많은 체질과 협력하라

봄은 나무의 기운이 가장 강한 계절이다. 그러므로 아무리 나무를 향해 도끼질을 해도 날만 무뎌질 뿐 성과가 별로 없다. 산에서 나무꾼이 땔감을 많이 만들었지만, 나무를 베는 데 힘을 너무 많이 써버려서 정작 모아둔 땔감을 가지고 내려올 수는 없는 모습이다. 이렇게 나무의 기세에 눌린 봄날의 금양체질에게 필요한 것은 바로 태양의 기운이다.

그런데 화양체질보다는 도끼날을 예리하게 다듬을 수 있는 화음체질의 협조가 더 절실하다. 여기에 토양체질이 가세하면 용광로처럼 큰 불을 만들어주니 좀 더 좋은 결과를 만들 수 있다. 이로써 지친 몸에 원기를 충전하게 되니 감당할 수 없었던 재물을 마침내 내 것으로 취하게 된 셈이다. 또한 목양체질이 도와준다면 이 불길은 오랫동안 죽지 않을 것이며 도끼날을 더욱 단단하고 예리하게 만들어줄 것이다. 이는 곧 직장에서의 성공을 뜻한다. 그러나 한 가지 체질에만 의존하면 위력이 작아지므로 가능한 한 다양한 체질과 상생하는 관계를 맺을 필요가 있다.

여름에 태어난 금양 : 서로 모여 무쇠의 양을 늘려라

쇠는 열에 약하다. 그래서 여름에 태어난 금양체질은 자신의 능력을 제대로 발휘하기 어렵다. 한편 무쇠는 불에 달궈져서 쓸모 있는 물건으로 바뀌어야 한다. 이때 그 뜨거운 열을 감당할 힘이 없다면 값어치 있는 물건으로 재탄생할 수가 없다. 힘이 없다는 것은 무쇠의 양이 적다는 의미이기도 하다. 금양체질이 무쇠의 양을 늘려 힘을 얻으려면 토양체질의 협조가 필요하다. 토음체질은 별로 큰 도움이 되지 않는다.

또한 쇠붙이를 단련하기 위해서는 화력을 조절하는 물이 반드시 필요하다. 따라서 수양체질이나 수음체질의 도움을 받으면 더욱 활발하게 활동할 수 있기 때문에 경제적으로 좋은 성과를 낼 수 있다. 그러나 수음체질과는 적당한 조화를 이뤘을 때만 효과가 있다.

가을에 태어난 금양 : 어떤 시련도 문제없다

가을은 금이 가장 강해지는 계절이다. 자신의 역량이 풍부하므로 어떠한 시련도 능히 견뎌내어 만족스런 결과를 이룰 수 있다.

가장 이로운 협력관계라 할 수 있는 화음체질의 협조만 받는다면 두려움 없이 최고의 가치를 발현할 수 있다. 직장에서 높은 성과를 올려 명예를 얻을 것이고, 이때 토양체질이 가세한다면 그 과정은 한결 순조로울 것이다. 토양체질은 문서나 학문에 많은 도움이 된다. 수양체질과는 사회, 경제적인 활동을 주고받는 면이 있다. 여기에 목양체질이 도와준다면 재물을 얻는 데 상당히 유리한 관계를 만들어갈 수 있다. 그러나 따로따로 관계를 형성하게 된다면 그 효과는 크게 감소할 수밖에 없다.

겨울에 태어난 금양 : 윗사람의 말을 명심하라

겨울엔 무쇠도 언다. 그런데 심하게 얼면 쉽게 부러지기도 한다. 따라서 이 시기에 태어난 금양체질에게는 따뜻한 열을 전해줄 화음체질의 도움이 절실하다. 여기에 목양과 토양체질의 도움도 필요하다. 금양체질의 특징은 서로 다른 여러 체질이 합쳐져야 재물과 명예가 따른다는 점이다.

그러나 물의 기운을 가까이하는 것은 좋지 않다. 집 안팎으로 물과 관련된 모든 물건이나 장식물은 두지 않는 게 상책이다. 윗사람의 의견을 따르는 것이 유리하고 아랫사람이나 동료의 의견은 큰 도움이 되지 못하는 경우가 많다.

금양체질의 건강생활법

성향의 구별이 어렵다면 마지막 항목을 따르면 된다.

성격이 조급하고 감정이 밖으로 지나치게 드러나는 경우
· 주거환경 : 베란다에서 호수나 바다를 볼 수 있는 곳이면 좋다.
· 취미생활 : 물을 이용한 취미가 좋다.
· 운동 : 물에서 하는 운동은 모두 좋고 저녁에 실내에서 하는 운동이 효
  과적이다.

냉정한 성향이 강하며 감정이 밖으로 잘 드러나지 않는 경우
· 주거환경 : 언덕 위에 흙으로 지은 집이 가장 좋다. 내부를 따뜻하고 화
  려한 분위기로 만든다.
· 취미생활 : 빛과 불을 이용한 취미가 좋다.
· 운동 : 따뜻한 공간에서 하는 운동은 모두 좋다. 그러나 수영처럼 물에
  서 하는 운동은 안 좋은 편이다. 오전운동이 효과적이다.

위의 두 가지 성향이 골고루 섞이거나 중간 정도의 성향을 보이는 경우
· 주거환경 : 자신이 좋다고 여기는 곳이면 어디든지 괜찮다.
· 취미생활 : 대체로 모든 취미활동이 좋은 편이고, 불과 물을 이용하는 것
  이 이롭다.
· 운동 : 실내든 실외든 모든 운동이 다 좋다. 시간대의 제약도 없다.

금음체질
매혹적인 아름다움 뒤로
카리스마가 묻어난다

금음체질은 보석의 기운을 받고 태어난 체질로,
섬세하고 예리한 면이 있으며 용모가 수려한 사람이 많다.
여성적인 아름다움 뒤에 맵고 독한 성질이 숨어 있는 경우도 많은데,
이는 금음체질의 또 다른 성향인 '칼'의 기운 때문이다.
금음체질 역시 잘못된 제도나 관습은 희생을 감수하더라도 개혁하고자 하는
의지가 있다. 또한 한번 아름다운 보석으로 만들어지면
그 후로는 쉽게 모습을 바꾸지 않는 성향이 있기 때문에 고집스럽기도 하다.

성품 :
섬세한 세공으로
탄생한 보석,
자존심과 카리스마는
최고다

금음체질의 특성은 다음과 같다.

첫째, 자신은 귀한 보석이라는 생각 때문에 은근히 자기애가 강하다. 이들은 자존심과 명예를 소중히 여긴다. 언제 어디서건 자신을 화려하게 표현하고자 하는 욕구가 강하며, 높은 곳이나 눈에 잘 띄는 곳에 있기를 원한다. 이런 희망을 노골적으로 표현하지는 않지만 사람들이 몰라주거나 무시하면 상처받는다. 이런 마음이 오기를 부르고, 자존심에 날을 세우게 만들기도 한다.

둘째, 칼과 같은 성품을 지니고 있으나 평상시 날카로운 모습을 노출하지는 않는다. 금음체질은 주로 화려하고 아름다운 보석 같은 면모를 드러내기 때문에 간혹 날카로운 성향을 뿜어내면 주위 사람들이 당황한다. 예를 들어 상대방이 거듭 실수를 했을 때 금음체질은 칼로 무 자르듯 단번에 관계를 정리하는 스타일이다. 가족이라도 흐릿하고 분명하지 않은 행동은 좋아하지 않는다. 또 일단 목적을 세우면 집요하게 파고드는 편이다.

셋째, 금양체질이 천연의 원석이라면 금음체질은 스스로를 열심히 갈고닦아 만들어진 조각품이다.

따라서 금음체질은 일찌감치 산전수전 다 겪고, 삶이 그렇게 호락호락하지 않다는 걸 터득한 사람이라 할 수 있다. 그런 면에서 남들보다 상황판단이 예리하고 환경에 대한 적응력도 강한 편이다. 좋게 표현하면 선천적으로 노련함과 요령을 겸비한 체질이라 할 수 있고, 나쁘게 표현하면 그리 순수한 편은 못 된다고 할 수 있다.

넷째, 아무리 훌륭한 보석이라도 어두컴컴한 곳에서는 그 가치를 드러낼 수 없다. 금음체질은 자신의 노력만으로는 존재를 빛낼 수 없으며 다른 사람들의 눈에 띄었을 때 비로소 가치를 드러낼 수 있다. 보석이 지저분하면 가치가 떨어지듯이 더러운 것을 싫어하는 체질이라 스스로를 깔끔하고 아름답게 가꾸는 능력을 지니고 있다.

다섯째, 치밀함과 정교함의 결정체, 그것이 바로 보석이다.

보석세공사는 작업을 시작하기 전에 어떤 모양으로 만들 것인가에 대해 진지하게 고민하고 치밀한 계획을 세운다. 치밀함과 정교함이 없다면 그저 울퉁불퉁하게 생긴 돌덩어리 정도로 취급받을 것이며 정확하고 섬세하게 가공된 후에야 비로소 가치가 발휘된다. 그러므로 금음체질은 철저한 계획을 가지고 움직이는 성향을 가지고 있다고 봐야 하며, 이것이 단점이 되면 정신적인 강박관념으로 작용해 스스로를 가두고 한 가지 생각에서 헤어나지 못하게 만들기도 한다. 스트레스에 취약한 사람이 될 수도 있다. 두뇌회전은 빠르지만 너무 세부적인 것에 집착하는 점은 경계해야 한다.

금음체질의 상징

금음체질의 행운의 동물은 12지지 중 쥐다. 시험을 볼 때는 용과 개가 좋다. 문구를 포함한 의류, 소품 등에 이 동물 캐릭터를 잘 활용하면 도움이 될 것이다.

도전과 혁신을 이끄는 사람이 되어라

성격과 외모가 깔끔한 편이며 섬세하고 부드럽다. 약한 듯하지만 속으로는 단단하고 야무지며 영리하다. 대외적으로는 부드럽게 행동하지만 일에 관해서는 정확하면서도 치밀한 경향이 있다. 남성이든 여성이든 유행에 민감하고 외모에 신경을 많이 쓰는 편이다. 항상 새로운 일에 도전하길 좋아하고, 자기혁신에 관한 능력과 의욕이 충만하다. 시대를 앞서가는 경향도 나타난다.

금음체질은 강력한 통제력과 계산능력, 그리고 상식을 깨는 독창성을 상징한다. 현명하고 냉철한 판단력을 갖추었으며 신중하고 침착하여 여간해서는 실수하지 않는다. 더불어 언변도 매우 뛰어나고 논리적이다.

성질을 내거나 사람들과 충돌을 빚으면 손해다

금음체질은 가을의 찬 서리에 비유할 수도 있다. 찬 서리에 연약한 풀들이 죽는 것처럼 숙살의 기운이 강해 충돌이 많은 편이고 조그만 일에도 성질을 부리기 쉽다. 은근히 자기가 최고라는 생각을 가졌기 때문에 사람들로부터 비난받을 염려가 있다. 행동력이 강할 때는 남들이 두려워할 정도로 냉혹하다. 상대방의 가슴에 비수를 꽂는 야유와 독설도 서슴지 않는다. 꼼꼼히 따지기를 잘하고 예리한 성격 때문에 자칫하면 이기적인 사람으로 보일 수 있다.

이성의 유혹을 가장 많이 받는 체질이며 사치스러운 것을 좋아해서 구설에 오르기도 쉽다. 욕심이 많고 지기 싫어하는 기질이며 냉소적인 편이다. 자신에게 유리한 쪽으로 마음이 치우칠 때가 많고, 때로는 음침한 기운을 내비치기도 한다. 정서를 안정시켜 이러한 성질이 무뎌지도록 다독이지 않으면 조직생활이나 사회생활이 힘들 수도 있다. 자신을 잘 돌보고 가꾸는 편이지만 그러한 성향이 강하지 않다면 비만해지기 쉬운 체질이다.

성공원리 :
자신의 가치만으로도
어디서나 빛이 난다

금음체질은 보석의 기운을 가지고 태어났으니 자신의 가치만으로도 빛을 발휘한다. 그래서 경제적으로는 어려워지는 경우가 별로 없는 체질이다. 물은 보석을 깨끗이 씻어주어 더욱 빛나게 만드는 역할을 하므로, 금음체질의 경제활동은 물과 연관이 깊다. 또한 금음체질에게 재물은 화초와 같은 작은 나무에 해당된다.

아무리 부자라도 명예가 없다면 행복하지 않다

금음체질은 자신을 돋보이게 만들고자 하는 욕구가 강하다. 재물이 아무리 많아도 명예가 없다면 만족하지 못하는 경우가 많다. 가치를 높이고 싶다면 열기를 만드는 불보다는 빛을 내는 태양을 만나는 것이 더 효과적이다. 따라서 창을 크게 내거나 빛을 투영할 수 있는 밝은 커튼을 집에 설치한다면 도움이 될 것이다.

이들은 자신이 집중하는 일에 대해서는 실수하는 일이 거의 없다. 정확한 기획력과 분석력에 통제력까지 갖추었기 때문이다. 남이 실수할 경우 한두 번 정도는 그냥 봐준다. 하지만 계속 반복된다면 아무리 가까운 사이라도 매몰차게 잘라버릴 것이다. 그만큼 금음체질은 냉정하다.

또한 이들은 늘 섬세하고 날카로운 도구를 구비해야 한다. 날이 무디다면 나무에 흠집만 내고 성과가 없을 것이며, 좋은 작품이 나오지 않으니 초라해 질 수밖에 없다. 즉, 아무리 노력해도 상대방에게 인정을 받기 힘들어지고, 자신감까지 잃어버린다는 의미다. 이를 방지하기 위해서 금음체질은 매사에 계획과 준비를 철저히 해야겠다.

계란을 한 바구니에 담지 마라

금음체질은 성격적으로 무모하거나 섣부른 투자는 하지 않는다. 오히려 지나치게 치밀해서 좋은 기회를 놓치는 경우가 있을 정도다.

따라서 이들이 자신의 장점을 드러내기 위해서는 자산을 여러 분야로 분산 투자하는 것이 바람직하다. 마치 작은 화초를 다듬어 멋진 작품으로 만들어내는 것과 같다. 쉬운 일부터 시작하여 부가가치를 최대한 높일 수 있는 분야 및 종목을 찾아보도록 하자.

한 번에 목돈을 움켜쥐게 될 확률은 적지만 조금씩 쌓아간다는 생각으로 자산을 늘리면 부러울 게 없을 것이다.

금음체질의 여성은 외모에 관심이 많다. 또한 고급스러운 치장을 즐기기도 한다. 이는 남의 시선을 상당히 의식하기 때문에 나타나는 특성이다. 그러므로 무분별한 소비에 대해 적절한 규제가 필요하다.

스포트라이트를 받는 역할이라면 전망이 밝다

금의 성향을 가진 체질들은 개혁의지가 강하다. 그래서 금음체질 역시 사내 감사 업무가 잘 어울린다. 군인이나 검찰, 경찰직에서도 능력을 발휘할 수 있다. 개혁은 몸의 건강에 대해서도 해당되기 때문에, 잘못된 몸을 개혁시켜주는 의사나 한의사 같은 직업도 어울린다.

음의 체질을 갖고 태어난 사람들은 보통 사업을 하는 것보다 직장생활이 더 잘 어울리는 경우가 많다. 하지만 금음체질은 자신이 하는 일에 대한 집념이 강하고 완벽주의를 추구하기 때문에 최고경영자의 위치까지 오르는 경우가 많다. 또한 이들은 손끝이 매섭고 섬세하며 정교하기 때문에 세공품을 만들어내는 일에도 소질을 보인다. 노력만 한다면 장인의 지위에 오르는 것도 가능하다.

금음체질은 밝고 화려한 일을 좋아한다. 그래서 스포트라이트를 받는 연예인이나 정치가도 어울린다. 같은 의미로 화려함을 가까이 하는 디자이너도 전망이 밝다. 조명이나 꽃, 귀금속과 관련된 일이라면 더 좋다.

마지막으로 이들에게는 고집스러운 모습도 종종 발견된다. 한번 만들어지면 쉽게 모습을 바꾸지 않는 금속제품의 특성과 같다. 따라서 한 분야를 깊이 파고드는 연구직도 금음체질과 잘 어울린다.

대인관계 :
주위의 관심을 받아야
행복하다

    아무리 찬란한 광채를 내뿜는 보석이라도 빛이 없다면 자신의 가치를 드러낼 수 없는 법이다. 따라서 금음체질은 화양체질을 만나면 진가를 발휘할 수 있다. 궁합도 잘 맞는 편이어서 직장이나 조직 내에서 도움을 받을 수 있는 관계다. 지속적으로 관계를 유지하면 새벽에 영롱한 이슬이 맺히듯이 더욱 활기차게 일하고 좋은 결과를 얻을 것이다.

    토양체질과 친하다면 보석을 장식장에 안전하게 보관하고 있는 격이다. 달리 말하자면 어머니가 자식을 돌봐주듯이 조건 없는 도움을 주고받으며 서로에게 기쁨과 보람이 되는 관계다.

    수양체질은 보석을 물로 씻어주어 더욱 반짝이게 만들어준다. 즉, 능력을 발휘할 수 있게 해주어 경제활동을 왕성하게 돕는다. 또한 문제가 발생했을 때 대신 해결해줄 수 있는 관계이기도 하다.

봄에 태어난 금음 : 흙의 도움을 기대하라

예리한 칼에 비유되는 금음체질은 봄이 되면 목의 기운이 너무 왕성해져 상대적으로 기세가 꺾인다. 식물들이 가장 활발한 생장활동을 벌이는 시기에는 칼의 기운이 제 힘을 발휘할 수 없기 때문이다. 이 시기에 태어난 금음체질은 흙의 도움을 받아야 한다. 특히 토양체질이 좋은 기운을 불어넣어 공부나 문서에 관해 큰 도움이 되어줄 수 있다. 태양의 기운을 지닌 화양체질도 길하다. 태양빛이 있어야 보석도 자신의 가치를 드러낼 수 있기 때문이다. 화양체질은 금음체질의 가치를 남들이 알아볼 수 있게 하는 역할을 하여 직장과 조직 내에서 명예를 높여준다. 수양체질도 크진 않지만 사회·경제적 활동에 약간의 도움을 준다.

여름에 태어난 금음 : 주위를 활용하라

원석은 뜨거운 불길 속에서 고통을 감내해야만 보석으로 재탄생할 수 있다. 하지만 금음체질은 이미 보석이 되었으니 또 다시 불길 속으로 들어갈 필요는 없다. 대신 자신을 비춰줄 빛이 필요하다. 여름에 태어난 금음체질은 혼자 힘으로 활동을 펼치기에는 조금 무리가 따른다. 다른 체질의 도움이 반드시 필요한데 용광로인 화음체질보다는 태양빛인 화양체질의 협조에 더 큰 힘을 얻을 것이다.

그리고 보석을 깨끗하게 씻어주는 수양체질의 도움이 큰 힘이 된다. 수양체질은 왕성한 물의 기운을 가졌기 때문에 일의 매듭을 시원하게 풀어줄뿐더러 경제적 활동도 잘 풀어나가도록 이끌어준다. 반면 수음체질과의 인연은 신중하게 생각해볼 필요가 있다. 여름의 기운을 타고난 금음체질이기 때문에 물의 기운은 필요하겠지만 많은 도움을 줄 수 있는 관계는 아니다.

가을에 태어난 금음 : 본연의 장점이 가장 많이 드러난다

가을은 애초부터 금의 기운이 왕성해지는 계절이다. 따라서 가을에 태어난 금음체질은 자기 본연의 장점을 가장 많이 드러낼 수 있다. 기운도 왕성하고, 자신감도 충만하다. 여기에 다른 체질의 지원까지 받을 수 있다면 더욱 큰 성과를 얻을 수 있다. 그중에서도 화양체질의 도움을 받는다면 훨씬 아름다운 빛을 발산할 수 있다.

목음체질의 도움을 받으면 가위로 녹차 잎을 잘라 취하는 것과 같이 경제적인 결과물을 기대할 수 있다. 그러나 상대방인 목음체질의 입장에서는 대단히 피곤한 일에 시달리는 형국이다. 물론 강한 목음체질이라면 큰 문제가 되지 않겠다.

가을은 물이 많이 필요한 계절이 아니므로 수양체질의 경우 직접적으로 주고받는 도움이 크진 않지만, 금음체질의 강한 기운을 활용할 수 있는 활로를 열어주어 간접적으로 사회·경제적 활동에 도움이 된다.

겨울에 태어난 금음 : 태양의 기운이 필요하다

겨울의 기운을 타고난 금음체질은 싸늘한 날씨만큼 냉정한 기질을 보인다. 또한 겨울은 어둠을 상징하기도 하므로 차갑고 음울한 면을 지닌다. 이런 사람은 따뜻한 태양의 기운을 받아야 성격도 부드러워지고 자신의 가치도 상승할 수 있다. 토양체질은 바람과 추위를 막아주는 바람벽 역할을 하여 학문이나 문서에 관해서 문제가 없도록 인도해준다.

한편 수양·수음체질과는 그다지 좋은 관계를 맺기 힘들다. 겨울에는 물이 얼음으로 변하기 때문에 물의 기능을 기대할 수 없는 것과 같은 이치다.

금음체질의 건강생활법

성향의 구별이 어렵다면 마지막 항목을 따르면 된다.

성격이 조급하고 감정이 밖으로 너무 드러나는 경우

· 주거환경 : 호수나 바다 근처에서 살거나 전망이 시원한 곳이 좋다.

· 취미생활 : 물을 이용한 취미가 좋다.

· 운동 : 물에서 하는 운동은 모두 좋고, 실내운동이 효과적이다.

냉정한 성향이 강하며 감정이 밖으로 잘 드러나지 않는 경우

· 주거환경 : 집 주위에 나무가 있고 볕이 잘 드는 곳이 좋다. 언덕 위에
지은 집도 좋다. 내부는 따듯하고 화려한 분위기로 꾸미는 게 좋다.

· 취미생활 : 종이와 나무, 빛과 열, 그리고 화려한 것을 이용한 취미생활
이 좋다.

· 운동 : 등산도 좋고 볕이 잘 드는 실외에서 하는 운동은 모두 좋다. 물에
서 하는 운동은 이롭지 않은 편이다. 오전운동이 효과적이다.

위의 두 가지 성향이 골고루 섞이거나 중간 정도의 성향을 보이는 경우

· 주거환경 : 마음에 드는 곳이면 어디라도 좋다.

· 취미생활 : 모든 취미생활이 가능하다.

· 운동 : 모든 운동이 도움이 된다. 실내든 실외든 상관없다. 운동 시간대
의 제약을 받지 않는다.

수양체질

바다는 세상을 품고
모든 곳으로 흐른다

바다 또는 큰 강물의 기운을 타고난 체질로 오행에서 수는 지혜를 상징하므로
이 기운을 타고난 사람은 창조적인 면이 있다. 지혜란 흐르는
물과 같이 어떤 장애물을 만나도 멈추지 않고 잘 피해서 목적지에 도달하는 것이다.
또한 항상 수평을 유지하려는 물의 성향을 닮아 어느 한쪽으로 치우친 시각을 갖지 않는다.
대인관계에서 교류가 활발하고 사람을 많이 만나는 일에 적합한 재능을 가졌다.
반면 오행에서 수는 겨울과 밤을 의미하기 때문에 비밀, 수심, 눈물, 비애, 냉정을 나타내기도 한다.

水陽體質

성품 :
모든 것을
유연하게 수용한다

수양체질의 성향은 다음과 같다.

첫째, 모든 것을 잘 수용하는 기질이 있다. 바다에 돌을 던지면 물속으로 퐁당 빠져버린다. 바다가 싫다며 돌을 다시 밖으로 내보내는 일은 없다. 수양체질은 새로운 환경을 유연하게 받아들일 줄 알고 바다처럼 넓은 도량을 갖고 있다. 어렵고 힘든 상황을 끝까지 견디는 타입이다. 생각이 깊고 매사에 심사숙고하는 편이라 경거망동하지 않는다.

둘째, 바다는 모든 것을 받아들일 뿐 거부하지 않는다. 외면하거나 화를 내는 방식은 바다의 방식이 아닌 것이다. 이런 기질을 닮은 수양체질은 포용력이 커서 남의 의견을 잘 받아들인다. 불쌍한 사람을 보면 눈물을 흘릴 만큼 인정도 많은 면이 있다.

셋째, 문제가 발생했을 때 먼저 찬찬히 생각한 다음에 조용히 해결하는 지혜를 갖고 있다. 물이 채우지 못할 구석은 없다. 아무리 작은 공간이라 할지라도 완벽하게 채워버리듯이 매사에 빈틈없이 파고드는 성향이 있다.

넷째, 큰물은 가두어져야 가치가 높아진다. 큰물을 제때 유익하게 활용하려면 큰 저수지나 댐에 가두어야 한다. 둑이 약하거나 저수지가 좁으면 물이 넘치기 때문에 쓸모를 잃는다. 이때 둑이나 저수지는 직업을 의미하며, 물을 가두어주는 범위가 넓을수록 성취가 커지므로 고위직에 오르는 명예를 얻을 수 있다.

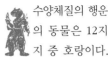

수양체질의 상징

수양체질의 행운의 동물은 12지지 중 호랑이다. 시험을 볼 때는 닭이 좋다. 문구를 포함한 의류, 소품 등에 이 동물 캐릭터를 잘 활용하면 도움이 될 것이다.

다섯째, 의외로 거친 면이 있다. 늘 고요할 것만 같은 바다도 때로는 거친 파도를 일으키거나 해일을 몰고 올 때가 있다. 또한 바다 속에 무엇이 있는지는 직접 들어가서 보지 않으면 확인할 수 없다. 이처럼 수양체질은 속을 알 수 없는 면이 있고 화가 나면 무섭게 폭발한다. 특히 우쭐대는 사람을 싫어하여 그 자리에서 기를 죽여버리는 면도 있다.

여섯째, 물은 항상 바다로 모여든다. 물은 모이기를 좋아하고 모여 있어야 큰 힘을 발휘할 수 있다. 그러므로 여럿이 모여서 하는 활동이나 취미를 좋아한다. 넓은 바다처럼 수양체질은 꿈과 희망이 크다. 그리고 그것을 잘 이루어낸다.

느긋하게 전진하라

청명한 기운을 머금은 물처럼 총명하고 창의력이 뛰어나다. 다재다능하며 앞을 내다볼 줄 아는 시야를 지니고 있어 일에 관해서는 추진력이 두드러진다. 서두르기보다는 느긋하게 전진하려는 기질을 지니고 있다. 또한 남에게 하나를 받으면 열을 갚으려고 노력하는 품성이다. 물처럼 깨끗하면서도 바다처럼 속이 깊을 뿐만 아니라 항상 자신감이 넘치고 적극적이다. 친화력과 포용력이 뛰어나서 사람들 사이에서 구심점 역할을 하기도 한다.

물의 유연함을 닮아 재치가 있고 임기응변에 능하다. 그런 동시에 참고 견디는 지구력도 강한 편이며 남의 비밀을 잘 지켜준다. 바다처럼 식견이 넓고 대범하면서도 사리에 밝고 활동성이 뛰어나다.

차가워지는 것을 경계하라

깊은 물은 속을 알 수 없듯이 속마음을 잘 내비치지 않아 음흉하거나 비밀이 많다는 오해를 받기 쉽다. 또한 물이 너무 많거나 물살이 빠르면 홍수가 나고 거친 파도가 일어나듯이 한번 화가 나면 대책이 없다. 그래서 공포와 회피의 대상이 되기도 한다.

한편 물의 양이 적거나 흐름이 약하면 끝까지 다 흐르지 못하고 땅속으로 스며들고 마는 것처럼 기가 약한 수양체질은 전진하려는 의욕에 비해 끝마무리가 부족한 편이다. 나서기를 좋아하고 허세를 부리며 모사에 능한 면도 있다. 자기중심적인 면모도 강해 방해자가 나타나면 수단과 방법을 가리지 않고 공격한다.

원래 포용력이 있는 체질이지만 한번 마음이 틀어지면 얼음장처럼 차가워지고 남을 믿지 않는다. 애정 면에서는 감정이 너무 헤프거나 유흥에 치우쳐 방탕한 생활을 하는 경향도 있다. 특히 여성의 경우 개방적인 편이며 유혹에 잘 넘어가기도 한다.

성공원리 :
사업가가 되는 데 필요한 장점은 모두 갖췄다

일반적으로 수양체질은 사업에 필요한 기질을 거의 갖추고 있으며, 넓은 포용력과 깊은 사고력, 그리고 적극적 태도 등의 장점을 가졌다. 더욱이 세상을 바라보는 식견도 매우 넓다고 할 수 있다.

하지만 자신의 체질적 장점을 계속 계발해야 성공을 보장받는데 노력을 게을리하는 경우도 종종 발견된다.

물은 생명을 표현하기도 죽음을 상징하기도 한다

수양체질의 경제활동은 나무의 기운으로 비유할 수 있다.

우리가 인지하지 못할 뿐 나무는 매일매일 하늘을 향해 조금씩 자란다. 그래서 나무는 성장과 발전을 의미한다. 또한 한낮의 햇살 속에서 더위에 지친 사람들에게는 그늘을 선사한다. 수양체질은 이런 나무처럼 끊임없이 성장을 꿈꾸면서 연구하고 정진하는 자세로 살아야 한다. 그리고 그 성과를 다른 사람들에게 베풀어야 한다.

나무가 많으면 한겨울의 추위에 맞설 수 있는 땔감이 충분해진다. 땔감이 많으면 불이 크고 활발하게 일어난다. 마찬가지로 수양체질이 기반을 잘 닦고 준비한다면 재물을 한 번에 크게 불릴 수도 있다.

물이 가지는 상징적 의미에는 인간의 삶이 담겨 있다. 생명과 죽음이라는 상반된 이미지를 모두 담고 있다는 뜻이다. 생명과 죽음은 흥興과 망亡으로 표현할 수도 있다. 그래서인지 수양체질은 금방 흥하고 금방 망하는 행태를 보이기도 한다.

성실성과 준비성이 중요한 자산이다

수양체질에게 재물은 불과 태양에 비유된다. 불은 이들에게 월급과 같은 형태의 정기적 수입이 된다. 반면에 태양은 투자 수익금을 말한다.

넘실거리는 파도 위에 태양빛이 가득한 멋진 광경을 연상해보라. 얼마나 근사하고 보기 좋은가? 물과 태양은 애초부터 궁합이 잘 맞는다. 고로 수양체질도 재물과 궁합이 좋은 편이다.

하지만 불길이 크게 번지면 공포와 재앙을 부르기도 한다. 그리고 그 불이 꺼지고 나면 잿더미만 남아 이내 흔적도 없이 사라진다. 이러한 불의 특성을 닮아 이들은 사업이 잘될 때는 감당할 수 없을 정도로 돈을 많이 벌지만, 손실을 보기 시작하면 걷잡을 수 없을 정도가 되기도 한다. 세차게 휘몰아치는 흥망성쇠의 물결에 잘 휘말린다고 볼 수도 있다.

하지만 물은 내부에서 불을 만들어내지 못한다. 물이 불을 일으키기 위해서는 오로지 나무를 길러내는 방법밖에 없다. 여기서 나무라는 것은 열심히 뛰는 것을 말한다. 수양체질이 소원을 이루는 방법도 마찬가지다. 자신이 할 수 있는 만큼의 최대한의 노력을 해야 한다. 또한 남보다 더 확실한 재산관리가 필요하다. 돈을 많이 벌고 있을 때는 미래를 위한 대비책으로 저금을 하는 것이 안전장치가 될 수 있겠다.

물처럼 공명정대하게 흐르라

물은 투명하다. 그 투명함은 세상을 공명정대하게 살아가는 지혜를 상징한다. 물은 높은 곳에서 낮은 곳으로 흐른다. 절대 높은 곳을 바라보지 않는다. 수양체질은 물과 같이 모든 사람을 공정하게 대하려는 마음가짐을 갖고 태어났다. 이들 중 자신의 장점을 잘 드러낸 사람은 법 앞에서 만인이 평등하다고 믿는다. 따라서 이들이 법관이나 공무원으로 활동한다면 적성에 맞을 수 있다. 이때 토양체질의 협조를 받는다면 자신의 장점을 더욱 잘 발휘할 수 있다.

수양체질은 다른 체질보다도 수완이 뛰어나 어떤 사업을 하더라도 거뜬히 해낼 수 있는 능력이 있다. 또한 대인관계에도 능하기 때문에 최고의 사업가가 될 자질이 있다. 손이 크기 때문에 소소한 것보다는 어느 정도 규모가 있는 사업을 하는 것이 좋겠다.

하지만 처음부터 덩치를 불리기보다는 점차 규모를 늘려가는 것이 바람직하다. 모든 사업에서 성공을 기대할 수 있겠지만 굳이 좀 더 나은 분야를 꼽자면 유통업이 좋다. 총명함과 창의력을 활용할 수 있는 분야에 적합하다. 여행사나 숙박시설 운영과 같이 유동성이 보장된 사업은 특히 더 잘 어울린다.

대인관계 :
바다와 같은 포용력을 가졌으니 모든 것이 형통하다

목양체질과의 관계는 마치 호숫가에 버드나무가 가지를 드리운 듯 아름다운 풍경을 연상하게 만든다. 정겨움을 느낄 만큼 서로 조화로운 관계다. 이둘이 만나면 경제적인 활동이 왕성해져 늘 먹을 복이 따른다.

목음체질을 만나면 물속에 수초가 자라는 형상이 된다. 물속에서도 생물들이 잘 자라면 수면 위까지 그 존재를 보여주듯이 서로 잘 맞는 관계라 할수 있다. 우아한 자태로 물 위에 떠 있는 연꽃을 상상해보라. 밖에서 볼 때는단순한 꽃일 뿐이지만 깊은 물속 땅에다 뿌리를 박고 길게 줄기를 뻗어 올리니 마침내 아름다운 꽃 한 송이로 자신의 존재를 증명한다. 이처럼 관계를잘 관리한다면 경제적으로 충분한 결실을 거둬들일 수 있다.

화양체질과의 관계는 넘실거리는 파도 위에 붉게 물든 태양이 반짝거리는모습이다. 사업적으로 큰일을 도모하기에 잘 맞는 관계이며 다른 모든 면에서도 이롭다.

화음체질과 함께하면 밤늦은 호수에 조명을 밝혀둔 것처럼 낭만적인 아름다움을 느낄 수 있다. 그야말로 궁합이 잘 맞는 관계라고 표현할 수 있다. 그러나 이 관계에서는 주색을 경계해야 하며, 사업적으로 규모가 큰 것보다는 작은 규모로 내실을 기하도록 한다.

토양체질을 만나면 '큰 산에 큰 물'이라 할 수 있다. 작은 산은 큰물을 감당할 수 없듯이 서로 치우침이 없이 큰일을 도모할 수가 있다. 직장이나 조직 내에서 성과를 높이고 명예를 키워주는 역할을 해준다.

금양체질과의 관계는 바위 위에 흐르는 맑은 물과 같다. 금양체질은 땅이 말라붙지 않도록 끊임없이 물을 공급해주는 수원水源의 역할을 하기 때문에 학문이나 문서 방면에서 길한 성과를 기대할 수 있다.

금음체질을 만나면 금양체질과의 관계처럼 학문이나 문서 방면으로 조화로울 뿐만 아니라 모든 면에서 길하다고 할 수 있다. '금생수'라 했으니 언제나 도움을 받을 수 있다.

수음체질과의 관계는 물이 저장되어 있는 댐에 비가 내리는 격으로, 물이 많아지고 가치가 올라가니 상황을 더 이롭게 해준다. 그러나 너무 과하게 작용하면 홍수가 날 수 있으므로 주의가 필요하다.

봄에 태어난 수양 : 어딜 가든 쓸모가 많다

만물이 약동하는 시기에 생명활동에 가장 중요한 요소는 물이다. 따라서 봄에 태어난 수양체질은 어디서든 쓸모 있는 존재가 된다. 혼자 활동할 때보다는 다른 체질의 도움을 받았을 때 그 진가가 더욱 크게 발휘된다.

따스함을 제공하는 화양·화음체질을 만나면 금전적인 방면으로 이득을 보기 쉽고 일이 순탄하게 풀린다. 금양·금음체질도 서로 협조가 잘되는 관계라 할 수 있다. 주로 문서방면이나 학문의 발전에 도움을 주고 어려울 때 힘이 되어주는 관계다.

여름에 태어난 수양 : 물을 만나라

아무리 수양체질이라 해도 여름에 태어난 사람은 항상 갈증에 시달리고 물의 기운이 필요하다. 그래서 수양·수음체질의 협조를 받으면 두려울 게 없고 안 되는 것도 없다. 경쟁을 통해 서로 발전을 꾀할 수 있다.

금양·금음체질은 구름을 모아 비를 만들어내듯 간접적이지만 매우 긍정적인 관계를 형성할 수 있다.

한편 흙은 물을 저장하기도 하지만 흡수하기도 한다. 따라서 부드러운 흙인 토음체질은 둑이 될 수 없으니 여름에 태어난 수양체질에게 도움이 안 되는 경우도 있다.

토양체질은 수양체질의 기운이 강하냐 약하냐에 따라 그 역할이 상반된다고 볼 수 있다. 즉, 물이 많으면 저장 능력을 발휘해서 도움을 크게 주지만 물이 별로 없다면 오히려 흙 속에 스며들어 존재 가치가 사라지고 만다.

가을에 태어난 수양 : 물이 차고 넘친다

가을은 수의 상징인 겨울을 위해 미리 물의 기운을 끌어모으는 계절이다. 따라서 가을에 태어난 수양체질은 내부에서 물을 만들어내고, 수의 기운을 키운다. 이로 인해 물이 풍부한 환경이 조성된다. 따라서 가을의 기운을 타고난 수양체질은 물이 풍부한 바다와 같으니, 다른 체질들을 조화롭게 포용한다.

토양체질은 둑이 되어 호수를 지켜주기도 하고, 댐이 되어 물을 저장하기도 한다. 그래서 토양체질은 수양체질이 직장이나 조직 내에서 두각을 발휘하도록 돕는다. 목양·목음체질은 물이 나무에 수분을 공급해주듯이 사회적으로 왕성한 활동을 할 수 있도록 협조해준다.

화양체질은 자신을 빛나게 해주므로 재물과 명예 등 모든 면에서 이롭다. 화음체질을 만나면 재물 축적에 도움이 되나, 간혹 주색에 함께 빠지기도 하니 주의해야 한다.

겨울에 태어난 수양 : 모두와 친해지자

물이 얼어버리면 녹기 전까지는 아무런 능력도 발휘할 수가 없다. 겨울의 기운을 타고난 수양체질은 얼음을 녹여줄 수 있는 열기의 도움을 받아야 자신의 가치를 뽐낼 수 있다. 우선적으로 얼음을 녹여 물의 기능을 회복할 수 있도록 해주는 화양·화음체질의 도움이 간절하다. 불의 도움이 있어야 비로소 모든 면에서 자신의 장점인 지혜를 가지고 왕성하게 활동할 수 있다. 그리고 목양·목음체질의 도움도 기대해볼 수 있다. 이들은 땔감이 되어주기 때문이다.

겨울은 휴지기다. 하지만 뜨거워지고 싶은 열망은 더 큰 계절이다. 그렇기 때문에 서로 뭉쳐야 한다. 각각의 장점들을 한데 모아 서로의 능력을 북돋아 주어야 한다. 그러면 서로에게 기대한 것보다 더 큰 성과를 줄 수 있다. 겨울에 태어난 수양체질은 모두와 원만한 관계를 맺도록 노력해야 한다.

수양체질의 건강생활법

성향의 구별이 어렵다면 마지막 항목을 따르면 된다.

성격이 조급하고 감정이 밖으로 너무 드러나는 경우

· 주거환경 : 계곡 주위, 또는 큰 바위 주변에 집을 마련하는 게 좋고 이왕이면 돌로 지은 집이 잘 맞는다.

· 취미생활 : 금속류, 보석류 등을 이용한 취미가 좋다.

· 운동 : 저녁에 하는 실내운동이 좋다.

냉정한 성향이 강하며 감정이 밖으로 잘 드러나지 않는 경우

· 주거환경 : 집 주위에 나무가 많거나 볕이 잘 드는 곳, 또는 언덕 위에 집을 마련해도 좋다. 내부를 따뜻하고 화려한 분위기로 꾸미는 것이 좋다.

· 취미생활 : 종이와 나무, 빛과 열, 그리고 화려한 것을 이용한 취미생활이 좋다.

· 운동 : 등산이나 볕이 잘 드는 실외에서 하는 운동은 모두 좋다. 그러나 물에서 하는 운동은 별로 좋지 않다. 오전운동이 효과적이다.

위의 두 가지 성향이 골고루 섞이거나 중간 정도의 성향을 보이는 경우

· 주거환경 : 마음에 드는 곳이면 어느 곳이나 좋다.

· 취미생활 : 모든 취미생활이 좋다.

· 운동 : 모든 운동이 좋다. 실내든 실외든, 오전이든 오후든 상관없다.

수음체질
가뭄 끝의 단비처럼
헌신적이고 지혜롭다

수음체질은 빗물, 시냇물의 기운을 타고 태어난 체질이다.
물은 생물이 살아가는 데 가장 필요한 요소다.
수음체질은 타인의 갈증을 해소해주는 역할을 한다.
또한 어떠한 장애물이라도 가볍게 피해가는 시냇물의 특성을 닮았다.
수양체질의 큰물은 가두어져 있어야 쓸모가 있고 바로 먹을 수 있는 물이 아니지만,
수음체질처럼 작은 물은 쉬지 않고 흐르기 때문에 깨끗한 식용수로 쓰일 수 있다.

水陰體質

성품 :

쾌활한 시냇물은
지혜를 상징한다

수음체질의 주요 특징을 살펴보면 다음과 같다.

첫째, 시냇물은 아무리 깊은 산골짜기라도 멈추지 않고 흐른다. 길을 막고 있는 큰 바위를 타고도 흐른다. 수음체질도 끊임없이 세상을 향해 흐른다. 수양체질에 비해 수평을 유지하려는 기질, 즉 만인에게 평등하고자 하는 면모는 좀 뒤지지만 장애물을 가볍게 넘어서 흐르는 기질은 월등하기 때문에 세상을 지혜롭게 살아나가는 힘을 지녔다.

둘째, 물의 가장 특징적인 기질인 적응력과 친화력, 그리고 세심한 관찰력은 10가지 체질 중 최고라 할 수 있다. 남들이 소홀히 여기는 부분에서 대단한 것을 발견하기도 하는데, 이는 그만한 노력을 하기 때문에 거둬들이는 수확이다.

셋째, 물이 위로 흐르는 법은 없듯이 윗사람에게 예의 바르고 아랫사람을 잘 다스린다. 조용히 노력을 쌓아가는 편이지만 그 노력이 받아들여지지 않을 경우에는 그만큼 분노가 크다. 평소에는 규칙을 준수하고 결속을 다지는 스타일이라서 남의 일에 관심이 많은데, 때로는 별 소득이 없는 일에 분주하기도 하다.

넷째, 수음체질은 물뿐 아니라 눈물도 의미하므로 감정이 풍부하다. 기나긴 인생의 여정 속에서 실패나 고난 등으로 눈물 흘릴 일이 발생할 소지가 있으므로, 무슨 일이든 새롭게 시작하기 전에 미리 철저하게 준비하는 데 신경 써야 한다.

수음체질의 상징

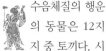

수음체질의 행운의 동물은 12지지 중 토끼다. 시험을 볼 때는 원숭이가 좋다. 문구를 포함한 의류, 소품 등에 이 동물 캐릭터를 잘 활용하면 도움이 될 것이다.

다섯째, 희생정신은 수음체질의 중요한 특성 중 하나다. 맑은 물은 우리에게 꼭 필요한 존재지만, 정작 자신의 입장에서 보면 남을 위해 자신을 희생하는 경우가 많다. 열심히 일하고 땀 흘린 뒤에 마시는 물 한 잔의 즐거움은 노동의 수고로운 기억조차 가시게 한다. 수음체질은 한 잔의 시원한 물을 마시고 갈증을 푸는 사람들을 보는 것만으로도 큰 보상을 받는다고 생각하는 것이 좋다. 희생과 봉사의 즐거움을 깨닫게 되면 심적인 고통조차 사라질 것이다. 반면 이런 자신의 장점을 망각하고 '왜 내가 희생해야 하는가'라고 묻는다면 정신적 스트레스로 인해 상황이 더 어려워질 것이다.

결국 바위를 뚫는 건 쉼 없이 흐르는 시냇물이다

수음체질은 아이디어가 특출하다. 시시각각 변화하는 산세를 헤집고 굽이치는 물결과 같이 어떤 상황에서도 임기응변에 능한 모습을 보인다. 그리고 고요히 흐르는 물이 결국에는 바위를 깎아내듯 외유내강 타입이다.

항상 변화에 민감하며 재치가 있다. 합리적이고 친절하고 다정다감한 면이 있고 섬세하고 치밀하며 기억력도 좋다. 거짓말을 못하고 매사에 조용히 노력하며, 순종적인 편이다. 어디를 가든 환경에 잘 적응하고 친화력이 강한 데다 웬만한 일은 스스로 감수하고 인내하려 든다. 모든 사람들에게 공평하고 헌신과 봉사, 희생을 미덕으로 여긴다. 어떤 문제가 발생하면 명석한 지혜로 실마리를 찾아내고 해결사 노릇을 한다.

때로는 자신을 세상에 보여주자

자기 꾀에 자기가 넘어가는 경우가 종종 있다. 아는 것은 많은데 실천이 부족하거나 남의 어려운 일을 보았을 때 말로는 잘해주지만 실질적인 도움을 주지 못하는 단점이 있다. 남들을 편안하게 해주고 싶어 하지만 마음속으로만 간직하는 경우가 많고, 무언가 꿍꿍이를 숨기고 있는 것으로 오해를 사기도 한다.

인정이 많지만 차가운 면도 함께 지니고 있다. 사람들 사이에서 잘 드러나지 않는 편이기도 하지만 적극적으로 자신을 내보이려 하지도 않는다. 약한 모습을 보이지 않으려는 성질 때문이다. 그러나 10가지 체질 중 눈물이 가장 많고 신경이 예민하다. 자신에게 이익이 있는 상황에서는 심하게 자신을 낮추는가 하면 이익이 없는 상황에서는 돌변하는 경향도 보이는 등 이중적인 면모가 있다. 자기 발전에 대한 욕구가 약해 매너리즘이나 안일주의에 빠지기 쉬우며 의지력이 약해 비애감을 자주 느끼는 편이다.

성공원리 :

아이디어가 넘치고
희생정신이 투철하다

수양체질이 큰 맥을 가지는 물이라면 수음체질은 빗물, 실개천, 눈물 등을 나타낸다. 즉, 가는 물줄기의 기운을 품고 있다고 할 수 있다.

수음체질은 삶의 가치를 돈에 두고 살면 피곤해지기 쉬운 체질이라고 할 수 있다. 이들은 돈과 인연이 별로 없기 때문에 금전을 다루는 방식 또한 남들과 달라야 한다. 돈을 좇다 보면 희생을 감수해야 하는 경우가 종종 일어날 수 있고, 생각대로 돈을 움직이기가 쉽지 않은 체질이다.

고인 물은 썩기 마련이다

이스라엘에는 갈릴리와 사해라는 호수가 있다. 갈릴리 호수는 수질이 우수하고 어종이 풍부하여 관광객의 발길이 끊이지 않아 '축복의 호수'로 불린다. 반면 사해는 물이 오염되고 주위 환경도 지저분해, '죽음의 바다'라고 불린다. 이러한 차이가 생기는 이유는 하나다. 갈릴리 호수는 산에서 흘러내리는 물을 받아들인 후 다시 다른 강으로 계속 내보내며 물을 순환시킨다. 하지만 사해는 흘러내려오는 물을 받아들이기만 하고 내보내지는 않는다. 물이 고여 있으니 썩을 수밖에 없다.

원래 수음체질은 흐르는 물처럼 움직이며 돌아다니길 좋아한다. 흐르는 물은 계속 순환하기 때문에 깨끗하다. 그런데 간혹 자신의 이런 특성을 읽어버리고 은거의 생활을 하는 수음체질도 발견된다. 이 경우에는 건강까지 잃을 수도 있으니 의식적으로 외출이나 여행을 자주 하는 것이 좋겠다. 또한 이들은 다른 체질의 사람들보다 직업의 변동이나 업무의 변화가 자주 찾아온다. 그리고 여러 가지 일을 병행하는 경우도 심심찮게 볼 수 있다.

수음체질의 경제활동은 나무의 기운으로 설명할 수 있다. 나무도 수분을 충분히 공급받으면서 쑥쑥 커야 큰 불을 만들어내는 좋은 땔감이 된다. 그런데 수음체질은 나무를 키우기 위해 활발히 활동을 하는데도 성과는 기대에 못 미친다. 이들에게 재물은 불과 태양에 해당하기 때문이다. 태양은 비가 오거나 구름 낀 날에는 볼 수가 없고, 불은 비가 오면 금방 꺼져버린다. 그러므로 체질상 나무가 잘 자라도록 수분을 공급해주는 단계까지는 잘되는데 결과에서 낭패를 보는 경우가 많다.

새로운 생각을 만들어내는 데 1인자다

물은 지혜를 의미한다. 수음체질은 수양체질보다 좀 더 정교한 면을 발견할 수 있다. 그래서 새로운 아이디어를 생각해내고 개발하는 능력은 타의 추종을 불허할 정도다.

하지만 이들은 돈과 궁합이 좋지 않다. 더욱이 삶의 가치를 돈에 두고 생활하면 피곤해지기 쉽다. 돈을 얻기 위해서는 하는 수 없이 희생을 감수해야 하는 경우가 종종 생긴다. 주위의 도움을 받기가 어려워 돈을 융통하기 어려울 때도 있다. 도움을 받더라도 만족스럽지 못할 수 있고, 도움을 받을 수 없는 갑작스런 일이 발생할 가능성도 높다.

수음체질은 타인에게 의존하기보다는 자기 스스로를 중심에 놓고 살아야 한다. 때로는 자만하여 투기에 손을 대는 경우도 생기는데 이는 제일 안 좋은 경우다. 투자를 할 때도 이윤보다는 안전성을 위주로 조금씩 저축하는 것이 좋다. 항상 '안전제일'이라는 말을 가슴에 새기고 살아야 한다.

말뚝 박을 만한 궁극의 일터를 찾아라

수음체질은 사업 방면에는 운세가 길하지 못하다. 하지만 자신의 반짝이는 아이디어에서 출발한 사업은 어느 정도 성공할 가능성도 있다. 이때는 토양체질이나 수양체질의 도움이 반드시 필요하다. 또한 규모가 커지면 감당하지 못하는 경향도 있으니 규모보다는 내실에 신경을 써야 한다.

이들은 오래 다닐 수 있는 직장을 구하는 것이 자신에게 가장 큰 도움이 된다. 말뚝을 박을 만한 직장은 속절없이 퍼붓는 비를 가려주는 지붕이 되어주기 때문이다. 따라서 수음체질은 직장생활이 오히려 안정적이다. 이직의 기회가 오더라도 최대한 신중하게 고민하길 바란다.

대신 자주 돌아다닐 수 있는 직업을 택하는 것이 건강에도 도움이 된다. 그래서 유통업이라면 뭐든 좋다. 그리고 항상 낮은 데로 임하는 물의 성향대로 헌신과 봉사가 기반인 직업도 자신의 장점을 발휘하는 데 도움이 된다. 그리고 수음체질은 계산에 밝은 체질이니 이와 관련된 직업도 어울린다. 아주 더울 때와 아주 추울 때 태어난 사람은 계산능력이 떨어지는 경우도 있다. 더

우면 증발하고 추우면 얼어버리는 물의 특성 때문이다. 그 외에도 화초나 나무를 기르는 일에 어울린다. 보람을 얻기 위해서는 큰 나무가 좋다. 성장의 결과가 눈에 잘 보이기 때문이다.

대인관계 :
엄마의 마음으로
모든 이에게 헌신하라

　음체질 중에서도 음의 기운이 가장 강한 체질이라서 대인관계를 통해 도움 받는 일이 별로 없다. 주로 본인이 희생하는 편에 서는 경우가 많다. 따라서 대인관계에서 무언가를 얻으려고 굳이 애쓰지 않는 것이 좋다. 아이를 대하는 엄마의 마음으로 사람들에게 베푸는 것이 바람직하다.

　목양체질과의 관계는 수목에 비를 내리는 격이다. 나무는 갈증을 해소함으로써 잘 성장할 수 있다. 그러나 비가 너무 오래 많이 내린다면 나무뿌리를 썩게 할 수도 있다. 대체로 경제적인 활동을 활발하게 만드는 관계가 된다.

　토양체질을 만나면 광활한 황무지에 비가 내려서 기름진 땅으로 변하는 풍경을 연상할 수 있다. 토양체질의 입장에서 볼 때 아무리 기름진 땅이라 해도 비가 내려주지 않으면 땅이 갈라지면서 금세 황무지로 변한다. 그러나 수음체질의 입장에서 볼 때 맑은 물은 흘러가야 썩지 않는데, 단단한 흙이 물길을 막아서 물을 썩게 할 수도 있으니 마냥 이롭지만은 않다. 직장이나 조직 내에서 이들의 관계는 좋은 편이지만 조화를 이루지 못하면 서로의 앞길을 막는 양면성이 있다.

　토음체질과의 관계는 토양체질보다 조금 나은 관계로, 기름진 땅에 비를 뿌리는 상황이라 할 수 있다. 따라서 곡식이 무럭무럭 자라는 상황이 된다. 직장이나 조직 내에서 좋은 관계를 형성하면서 서로 발전할 수 있다. 그러나 이 관계 역시 무조건 좋은 관계가 될 수 있는 것은 아니며 서로 간의 조화가 우선이다. 그리고 조화를 맞추려면 각자의 희생이 있어야 가능하다.

봄에 태어난 수음 : 남에게 도움을 주는 비다

　대지를 촉촉하게 적셔주는 봄비를 연상해보면 된다. 봄에는 모자라지도, 넘치지도 않을 정도로 적당량의 비가 내려주니 물난리에 대한 염려는 없겠다. 봄에 태어난 수음체질은 봄비처럼 남의 도움을 받기보다는 남에게 도움을 주는 입장이다. 그래서 자신의 의지보다 타인의 상황을 먼저 고려하는 것이 좋다. 태양과 비가 동시에 존재할 수 없기 때문에 비는 너무 많이 내려서도 안 되고 너무 적게 내려서도 안 된다. 이런 상황에서는 자신의 고집을 내세울수록 좋지 않은 결과를 초래한다. 그러나 기름진 땅인 토음체질과 조화를 이루면 매우 환상적인 성과를 이룰 것이다. 토양체질과도 유사한 관계가 형성될 수 있다.

여름에 태어난 수음 : 일복을 타고났다

　여름에 태어난 수음체질은 할 일이 굉장히 많다. 물론 직접적으로 자신에게 도움이 되지는 않겠지만 결국 주는 만큼 돌아오는 법이다.

목양·목음체질의 경우 말라가는 나무에 물을 주는 격이니 사회·경제적 활동을 왕성하게 펼치도록 돕는다. 이때는 수음체질 자신이 강해야 그 효과가 크다. 체질이 강하다는 것은 자신의 성품 중의 장점을 많이 나타내는 것을 말한다. 금양·금음체질은 구름이나 안개의 역할을 하기 때문에 간접적인 도움을 준다. 특히 문서나 학문 계통으로 좋은 관계를 형성할 수 있다.

가을에 태어난 수음 : 매사에 자세를 낮춰라

추수기에 비가 내린다면 모든 농부가 하늘을 원망할 것이다. 따라서 가을의 기운을 타고난 수음체질로서는 의욕만큼 활동을 펼치기는 힘들다. 이 시기에는 도움을 주고받을 관계가 별로 없다고 봐야 하며, 그저 자세를 낮추고 매사 신중하게 처신해야 한다.

그러나 따뜻한 태양의 힘을 가진 화양체질의 도움을 얻는다면 조금씩 상부상조하는 관계를 맺을 수 있다. 목양·목음체질과도 사회적 활동을 하는 데 약간의 도움을 주고받을 수 있다.

겨울에 태어난 수음 : 인고의 지혜가 필요하다

입김조차 얼어버리는 한겨울 추위에는 물이 별로 필요해 보이지 않는다. 겨울에 눈이나 비가 온다면 오히려 세상은 더 움츠러들 것이다. 이미 언 곳에 비나 눈이 내려봤자 더 꽁꽁 얼게 만들 뿐이기 때문이다.

물은 지혜를 상징하지만 물이 얼면 지혜도 얼어버리므로 고집 부리기를 최대한 자제하고 주위의 조언에 따르는 것이 좋다. 또한 이와 함께 스스로를 낮추고 부드러운 말씨를 사용한다면 태양의 기운을 만나 언 기운을 녹일 수 있다.

　태양과 비는 공존할 수 없다. 그러니 졸졸 흘러야만 기운을 얻을 수 있는 수음체질로서는 인고의 지혜를 발휘해야 한다. 욕심을 버리고 기다리노라면 태양빛의 도움으로 자신의 가치를 발휘할 수 있게 된다. 특히 재물을 얻으려면 어렵더라도 화양체질이나 화음체질과 조화를 잘 이루어야 한다.

수음체질의 건강생활법

성향의 구별이 어렵다면 마지막 항목을 따르면 된다.

성격이 조급하고 감정이 밖으로 너무 드러나는 경우
· 주거환경 : 주위에 논, 밭 등의 기름진 땅이 있는 곳이 좋다. 실내를 시원한 분위기로 꾸밀수록 마음이 안정된다.
· 취미생활 : 흙을 이용한 취미생활이나 주말농장을 가꾸는 것이 가장 좋다.
· 운동 : 실내운동이나 물에서 하는 운동이 좋다. 저녁운동이 효과적이다.

냉정한 성향이 강하며 감정이 밖으로 잘 드러나지 않는 경우
· 주거환경 : 집 주위에 나무가 많은 곳이면 좋다. 나무가 그려진 그림을 걸어두는 것도 좋고 집안을 따뜻한 분위기로 만들 필요가 있다.
· 취미생활 : 종이와 나무, 흙을 이용하는 취미생활이 좋다.
· 운동 : 등산 같은 실외운동이 좋다. 그러나 물에서 하는 운동은 별로 좋지 않은 편이다. 오전운동이 효과적이다.

위의 두 가지 성향이 골고루 섞이거나 중간 정도의 성향을 보이는 경우
· 주거환경 : 집 주위에 나무가 많거나 언덕 위에 지은 집, 혹은 밭이 딸린 집이 좋다.
· 취미생활 : 종이, 나무, 흙을 이용한 취미나 간단한 농사일도 괜찮다.
· 운동 : 등산 또는 숲속에서 나무에 등을 부딪는 운동이 효과적이다. 실내든 실외든 모든 운동이 가능하지만 예외적으로 물에서 하는 운동은 좋지 않다. 운동시간은 아무 때나 상관없다.

3 PART

木 火 土 金 水
陰 陽 陰 陽 陰

木 火 土 金 水
陽 陰 陽 陰 陽

60가지
응용체질의
이해

응용체질은 기본 10체질에서 과체질과 불급체질이 각각 하나씩 나오고,
4가지의 복합체질이 추가된다. 예를 들어, 목양체질의 경우 목을 제외한 화, 토, 금, 수 체질과 결합하는 것이다.
그래서 목양복합화체질, 목양복합토체질, 목양복합금체질, 목양복합수체질이 나타난다.
목양과체질과 목양불급체질까지 합하면 기본체질인 목양체질 하나에 응용체질이 6가지가 추가되는 것이다.
총 60가지인 응용체질을 효과적으로 이해하기 위해서는 반드시 2부에서 소개한 10가지 기본체질을
먼저 숙지해야 한다.

미리
알아두어야 할
복합체질의 성향

복합체질은 총 다섯 종류가 있다.
이제부터 이어질 내용들을 미리 읽어두면
60가지 응용체질을 이해하는 데 큰 도움이 될 것이다.
건너뛰지 말고 반드시 읽고 넘어가길 부탁드린다.

複合體質

복합목체질:
나무는 어진 성품을 상징한다

새싹이 땅의 표면을 뚫고 나오듯 나무는 위로 솟는 기운이 있다. 이를 '승발지기昇發之氣'라고 하는데, 기운으로 표현하면 '시작'을 의미한다. 그래서 목이 상징하는 계절도 봄이다. 나무는 바람에 나부낀다. 그래서 나무는 바람(風)을 상징하기도 한다. 또한 목의 기운을 오상으로 보면 어진 마음에 해당된다. 목이 상징하는 방향은 해가 뜨는 동쪽이며 목의 기운이 강한 색은 청색이다. 오장육부로는 간과 담낭이 목의 기운을 상징한다. 또한 목은 눈과 통해 있다. 목이 전달하는 맛은 신맛이라고 볼 수 있다.

독선과 추진력의 사이에는 절제가 필요하다

목은 오행 중에서 유일한 생명체다. 따라서 다른 체질들보다 환경의 영향을 더 많이 받는다. 원래부터 목은 굽은 성질과 곧은 성질을 동시에 갖고 있다. 그래서 외부 환경에 따라서 구부러진 모습으로 자랄 수도 있고 올곧게 성장할 수도 있다. 굽힐 수도 있고 펼 수도 있는 사람의 다리와 같다.

이런 성향으로 인해 복합목체질은 곧게 자라는 나무처럼 강직하고 올곧은 성품을 가졌고, 잘 휘어지지 않는다. 우두머리 기질도 강해서 항상 남들 앞에 나서기를 좋아하여 훌륭한 리더가 되기도 한다. 또한 이들은 한번 일에 심취하면 깊게 빠져든다. 하지만 그렇지 못할 경우에는 사회와 타협하지 못하고 방황하는 모습도 보인다.

자신의 견해에 긍정적으로 호응하는 상대에게는 매우 적극적으로 호감을 표현하지만, 의견이 받아들여지지 않는 경우에는 아예 관심을 끊어버린다. 경쟁에서 지지 않으려는 집착도 강하다. 항상 자신이 최고라고 생각하기 때문에 높은 곳에서 아래를 내려다보는 습성도 있다.

하지만 휘어지지 않는 나무가 오히려 잘 꺾이고 부러져버린다. 복합목체질은 질 것 같은 경쟁에는 아예 참여하지 않는다. 경쟁에서 졌을 경우에는 노력을 안 했을 뿐이지 능력이 떨어지는 것이 아니라고 변명하는 데 급급하다. 무턱대고 일을 벌이기만 좋아하기 때문에 뒷감당을 못하는 경향이 있다.

그래서 이들이 더 큰 나무로 성장하기 위해서 가장 필요한 태도는 절제의 미덕이다. 무조건 저지르고 보자는 식의 조급한 성미를 조금만 누그러트리기 바란다.

나무는 생명의 상징이다

목은 두 가지의 물질적 의미를 담고 있다. 첫 번째는 생명의 순환이다. 싹을 틔워서 성장을 하고, 열매를 맺어서 수확한 뒤 이를 저장했다가 다음 해에 다시 씨를 뿌리는 일련의 과정을 말한다. 두 번째는 금의 도움으로 세상에 널리 활용되는 재목의 의미를 갖는다.

목의 기운이 부족하면 기본적으로 의지력과 추진력에서 결함이 생긴다. 반면에 목의 기운이 너무 강해지면 주변을 돌아보지 않고 오로지 앞만 보고 달려간다. 또한 자존심과 고집을 내세우는 경향도 나타난다. 또한 돈과 이성을 좋아하는 경향도 다른 체질에 비해 강한 편이다.

복합목체질이 주의해야 할 증상

두통, 편두통, 우울증, 상열감, 흉민(가슴이 답답한 증상), 신경성 질환(신경과민, 불안), 신경성 소화불량, 욕구불만, 갱년기 장애, 위·십이지장 궤양, 변비, 설사, 신경통, 결벽증을 조심하자. 만성피로로 인해 항상 피곤하고 긴장할 수 있다.

구역질이 나거나 소화가 안 되는 경우도 종종 발견된다. 근육경련이 잘 생기고 한숨을 잘 쉬며 눈물도 잘 흘리는 편이다. 입이 쓰거나 담석증, 간경화, 지방간, 중풍, 간암, 자궁병, 생리 이상 등의 증상이 나타나기도 한다.

복합화체질 :
불은 예의를 담아낸다

오상의 관점에서 화는 예절을 상징한다. 그래서 화의 기운이 강한 사람은 예의가 바르다. 또한 화의 마음속에는 불타오르는 듯한 열정이 담겨져 있다. 그래서 화의 기운이 강한 색은 붉은 색이다. 화를 상징하는 시간은 하루 중에 오전이고, 방향은 남쪽이다. 한반도를 기준으로 했을 때는 경상도가 화에 해당된다. 오장육부로는 심장과 소장이 화의 기운에 속한다. 또한 혀를 상징하기도 해서 말을 잘하는 기운이 화에게서 나온다. 맛으로는 쓴맛이 화의 기운을 의미한다.

생명을 성장시키는 힘이 나온다

태양은 따뜻함, 온화함, 정열 등과 연관된다. 태양빛으로 인해 나무는 잎이 무성해진다. 그래서 화가 상징하는 계절은 여름이다. 모든 생명이 목의 기운에서 시작된다면, 목을 발전시키고 확산시키는 힘은 화에서 나온다. 목의 기운이 다할 때쯤 우리 안에 들어오는 기운이 화라 할 수 있다. 그래서 화의 밑바닥에 목이 있다고 하는 것이다.

또한 화는 불을 상징한다. 불은 자신을 활활 태우면서 우주 공간에 있는 여러 기운들을 강하게 분산시키는 성질을 갖고 있다. 불에 탄 재가 먼지가 되어 하늘로 사라지는 모습을 상상해보면 쉽게 이해가 될 것이다.

태양과 불의 성격을 종합해봤을 때, 화는 지구상에 존재하는 모든 동식물에게 따뜻한 기운을 제공한다. 또한 어둠을 밝혀줘서 모든 만물이 생존할 수 있는 환경을 조성한다. 원석을 제련하여 보석이나 도구를 만들기도 한다.

이상과 포부가 원대하다

복합화체질은 지적 호기심이 왕성하고 머리가 좋은 편이다. 모든 일이 정의롭게 해결되길 바라기 때문에 마음만 내키면 앞뒤 계산 없이 약자의 편을 드는 기분파이기도 하다. 새롭게 시작하는 일에도 흥미가 높은 편이다. 무슨 일이든 분명히 짚고 넘어가야 직성이 풀리기 때문에 막연하거나 복잡한 것은 싫어한다. 호불호가 분명하고 비밀이 없으며 거짓말도 못한다. 하고 싶은 말은 꼭 하고야 마는 스타일이다.

자신의 판단력에 대한 신념도 확고하기 때문에 남의 일에 간섭하길 좋아하는 편이다. 그러나 정작 본인은 간섭받기를 극도로 싫어한다. 자존심이 강하고 성격이 조급해서 싫증을 빨리 느낀다. 아랫사람이 예의 없는 태도를 보이면 격분하기도 하고, 흑백논리에 쉽게 빠져든다.

용감하고 결단력이 있으며 활동력도 왕성하다. 어려운 상황에 처했을 때 의리를 지키는 기질도 보인다. 이상과 포부가 원대하고 안목도 정확한 편이다.

하지만 인내심이 부족하기 때문에 실수가 잦은 편이다. 또한 소유욕과 집착이 강한 데다 저돌적이고 욱하는 성격 때문에 무모한 모험이나 투기를 즐기기도 한다. 무슨 일이든 그 자리에서 끝을 보려 하지만, 뒷수습을 못해서 곤욕을 치를 때도 많다.

복합화체질이 주의해야 할 증상

겁이 많아서 쉽게 가슴이 두근거리고 불안해한다. 종종 초조해하며 잘 놀란다. 상열감, 갱년기 장애도 찾아볼 수 있으며 심장이 약하다는 소리를 많이 듣고, 실제로 심장이 아픈 경우가 많다.

소화기 질환, 소화불량, 위염 등이 생기기도 쉽다. 손이나 팔이 저리는 일이 많고 어깨가 자주 아프다. 엉덩이가 아플 수 있고 좌골신경통이 잘 생긴다. 혓바늘을 비롯하여 혀에 이상이 생길 수도 있으며, 심장병이나 식은땀, 뇌염, 고혈압, 치질, 구강암, 수족마비, 중풍, 관절염, 다한증, 출혈 등의 문제도 생길 수 있다.

복합토체질:
흙은 믿음이 쌓인 결정체다

흙은 다른 오행을 담아내는 그릇이라고 봐도 좋다. 오상의 관점에서 흙은 믿음을 나타내기 때문에 토의 기운이 강하면 믿음도 강하다. 이것은 복합토체질을 가진 사람들이 한번 결정한 사항에 대해서는 쉽게 마음을 바꾸지 않는다는 것을 의미한다.

이 책의 앞부분에 나온 '토를 통해 살펴보는 음양오행의 이치'(40쪽)에서도 언급했지만, 흙이 상징하는 계절은 환절기나 장마철이라 할 수 있다. 토의 기운이 강한 색은 황색이며 방향은 중앙을 가리키기 때문에 한반도로 따지면 충청도에 해당한다.

오장육부로는 비장과 위장이 해당되며 소화기를 의미하기도 한다. 그래서 입도 토의 기운이 모인 것이다. 맛으로는 단맛이 흙을 상징한다.

생명이 시작되는 곳과 마무리되는 곳은 결국 흙이다

흙은 만물이 성장할 수 있는 터전이다. 어머니의 품처럼 자연의 모든 것을 수용하고 길러내는 것이 흙이다. 씨앗이 싹을 틔우는 곳도 흙이요 돌아가는 곳도 흙이다. 하지만 만물이 잘 자랄 수 있는 흙도 있지만 척박하여 쓸모가 없는 흙도 있기에 오행의 성분이 어떻게 섞이는지가 중요하다.

큰 산은 사방을 연결하는 중심 역할을 담당한다. 그래서 복합토체질은 성실하고 책임감이 강하며, 언행이 신중하면서 후덕하다. 그러나 지나치게 토의 기운이 강할 때는 무뚝뚝하고 개성이 없어 보인다.

이들은 중립을 지키는 타입으로 남들에게 존경받을 만한 일을 많이 한다. 그리고 다른 사람들을 산처럼 감싸 안는다. 하지만 신뢰를 깨는 행위에 대해서는 용납하지 않으며, 마음이 편치 않은 경우 종종 분노가 폭발하여 주변 사람들을 놀라게 하기도 한다.

이들에게 신의는 삶의 중추다

복합토체질은 주관이 뚜렷하고 주체성과 자의식이 강해서 자신의 주장을 관철시키는 능력이 뛰어나다. 또한 사물에 대한 관찰력과 사람을 파악하는 안목도 우수하여 어느 모임에서나 중추적인 역할을 담당하고, 분쟁을 해결하거나 자문 역할을 하는 경우도 많다. 더욱이 조직에 대한 충성심이 강하고 규칙을 잘 지키는 편이며 신의를 저버리지 않는다. 약속한 것은 꼭 지키고 약속을 지키지 않는 사람에게는 내심 상처를 많이 받는다. 이들은 주로 자신이 신뢰를 받고 있다고 느낄 때 감동한다.

하지만 무뚝뚝하고 무표정한 인상 때문에 인간미가 없어 보이고, 무미건조하고 멋없는 사람으로 평가받을 때도 많다. 때로는 자신의 판단을 지나치게 과신하여 아집과 독선으로 흐르는 면모를 보여주기도 한다.

그리고 융통성 부족이나 지나친 자만심, 고정관념에 얽매이는 단점도 찾아볼 수 있다. 그 외에도 성공의 기회를 포착하는 데 굼뜨고 작은 일에는 무심한 경향을 보인다.

복합토체질이 주의해야 할 증상

속이 더부룩할 때가 많고 소화가 잘 안 된다. 입맛이 떨어지거나 몸이 무거워지며 만사가 귀찮을 때도 있다. 멍이 잘 들며 무릎 관절염, 대퇴부 통증 등의 문제가 생길 수 있다. 입병이 잘 나는 편이고 수족이 떨리는 경우도 많다.
위산과다증, 위·십이지장 궤양, 위암, 위출혈, 비장암 등을 예방해야 하고 고혈압, 빈혈, 변비, 설사, 신체부종, 구취 등도 조심하자. 피부 빛이 누렇게 될 수 있다.

복합금체질 :
금은 의리로 말한다

오상의 관점에서 금의 기운은 의리를 상징한다. 하루 중 초저녁이 금의 시간에 해당된다. 금의 기운이 강한 색은 흰색이다. 서쪽 방향이 금을 상징하고 한반도로 보면 전라도가 이에 해당된다. 오장육부로는 폐와 대장이 금을 상징하며 코도 같은 기운이다. 금의 기운을 맛으로 표현하자면 매운 맛에 해당한다.

분산된 기운을 한 곳으로 모아라

금은 돌이나 쇠를 말하며 딱딱함을 상징한다. 돌은 단단하고 투박하다. 쇠는 빨리 달아오르고 쉽게 식어버린다. 그래서 복합금체질은 순수함과 고집스러움이 공존한다. 또한 칼에서 찾아 볼 수 있는 '살벌함'도 담고 있다. 이 살벌함은 퍼져나가는 기운을 안으로 모이게 만드는 수렴의 기운을 의미하기도 한다.

'수렴'이란 바깥으로 퍼져나가는 기운을 안으로 모아주는 것을 말한다. 무사는 자신의 몸 안에 있는 모든 기운을 모아 칼을 휘두르는 법이다. 그래서 금은 우주 공간에 분산된 여러 기운을 모아주는 역할을 담당한다. 그것은 지구상의 생명체가 결실을 맺는다는 의미로 해석할 수도 있다. 그래서 금은 가을의 기운이라 말할 수 있는 것이다.

가을은 겨울을 준비하는 계절이다. 나무는 내실을 키우기 위해 나뭇잎을 스스로 쳐낸다. 이것이 바로 숙살지기肅殺之氣다. 그래서 복합금체질에게서 종종 살기가 엿보인다. 이 살기를 긍정적인 방향으로 활용하기 위해 군이나 검찰, 경찰 조직에서 일하는 것도 생각해볼 수 있겠다.

단단한 껍질 속에 여린 속마음을 품고 있다

복합금체질은 가장 순수한 마음을 갖고 태어났다. 처음에는 차갑고 단단하게 보여 사람들이 쉽게 다가오지 않지만, 의리가 있기 때문에 시간이 지날수록 친분관계가 굳건하게 쌓여간다.

더욱이 이들은 인정도 많고 눈물도 많은 편이다. 의협심과 정의감이 넘치고 세상에 대한 포용력이 넓으며 결단력과 추진력까지 보유했다. 조직에 대한 소속감과 결과에 대해 책임을 지려는 희생정신도 강한 편이다. 스스로 옳다고 생각하고 판단한 일에는 절대 후회하지 않고, 목에 칼이 들어와도 할 말은 꼭 하는 모습도 보인다. 그 외에도 스스로에 대한 신념이 강해서 화려한 겉모습보다 내실을 강조한다. 사회변화에 관심이 많으며 행동도 빠르고 부지런한 편이다.

하지만 열정이 시들면 금방 중단해버리는 단점도 보인다. 그리고 스스로 변화하려는 의지는 다소 희박해, 주변의 상황 변화에 둔감할 경우 정체될 수도 있다. 한번 마음이 멀어지면 다시는 보지 않으려고 한다. 또한 의리를 강조하지만 의리 따지느라 정작 실속이 없을 수도 있다. 명예에 대한 욕심도 많고, 인정에 얽매이는 경우도 많아 남에게 부탁을 받을 경우 거절을 잘 못한다. 간혹 남의 말에 귀를 기울이지 않다가 스스로 곤경에 처하는 경우도 있다.

복합금체질이 주의해야 할 증상

조금만 무리해도 금방 지칠 정도로 늘 피로하다거나 호흡기 질환이 자주 발생하는 편이다. 콧물, 코 막힘, 알레르기성 비염, 축농증, 각종 피부병, 기침, 재채기, 폐병, 폐암, 대장병, 대장암, 치질, 치루, 마비, 맹장염, 신경통, 신경성 질환(신경과민, 불면증), 정력부족, 변비, 기관지염, 천식, 설사 등이 생기기 쉽다.

복합수체질:
물은 지혜롭게 흘러간다

오상의 관점에서 수의 기운은 지혜를 나타낸다. 그래서 물의 기운이 많으면 융통성과 포용력이 생기고 응집력을 갖게 된다. 한 분야에 몰두하는 연구자의 기운으로 가장 적합하다. 하루 중 수의 기운이 강한 때는 한밤중이다. 수의 기운이 강한 색은 검은색이다.

잔잔한 호수처럼 보여도 물은 끊임없이 움직인다

물은 그릇에 따라 얼마든지 모습이 변한다. 네모난 그릇에 담으면 네모가 되고 둥근 잔에 따르면 둥근 형태를 취한다. 또한 얼리면 얼음이 되기도 한다. 이것은 물의 응집력을 보여주는 것이다.

물은 흩어지고 모이기를 반복하며 쉬지 않고 움직인다. 잔잔한 호수도 자세히 들여다보면 움직임을 찾을 수 있다. 움직임이 없는 물은 썩게 되어 있고, 썩은 물은 자기 역할을 다 할 수 없다. 또한 물은 형태가 다양한 만큼 창의성이 뛰어나다고 볼 수 있다.

겨울의 찬 기운을 맞으면 물은 얼음이 된다. 그러므로 복합수체질은 겨울을 자기 성숙의 시간으로 삼아야 한다. 스스로를 돌아보고 치열하게 단련시켜야 한다는 뜻이다.

장애물 따위는 장애가 되지 않는다

복합수체질은 어떤 장애물이 나타나도 결국 극복하고 목적지에 도달한다. 어렵고 힘든 상황을 끝까지 잘 견디는 지구력이 있기 때문이다. 이들은 매사에 심사숙고하는 편이라 경거망동한 행동을 하지 않는다.

서두르기보다는 신중하게 일을 처리하는 기질도 지니고 있다. 항상 균형 잡힌 시각으로 판단하며 적응력과 친화력이 뛰어나서 사람들 관계에서 구심적 역할을 담당하기도 한다.

여러 사람이 모여서 하는 일을 좋아하며 수완이 좋고 추진력도 강하다. 그래서 사람을 많이 만나는 일이 적합하다. 남에게 하나를 받으면 열을 갚으려고 노력하는 모습도 보이고 비밀도 잘 지키는 편이다. 매사에 빈틈없이 파고드는 성향이 있는데, 그래서 그런지 속을 쉽게 파악할 수 없거나 우쭐대는 사람을 싫어한다.

결론적으로 이들은 물처럼 깨끗하면서도 바다처럼 속이 깊어 항상 자신감이 넘치고 적극적이다. 물의 유연함을 닮아 임기응변에 능하고 재치 있는 행동도 보여준다.

하지만 복합수체질은 한번 화가 나면 대책이 없을 정도로 크게 화를 낸다. 만약 이 체질인 사람이 남들에 비해 화를 잘 내는 성향을 가졌다면 반드시 고쳐야 할 것이다.

물이 쓸고 간 자리는 불이 난 곳보다 훨씬 더 처참하다. 아무것도 남는 것이 없기 때문이다. 마찬가지로 지나치게 화를 내다 보면 스스로 감당할 수 없을 정도로 일이 엉망이 되어버린다. 또한 이들은 나서기를 좋아하고 허세를 부릴 때도 있다. 그리고 자기 일을 방해하는 사람이 나타나면 수단과 방법을 가리지 않고 공격하는 편이다. 그러므로 이들이 일이나 공부를 할 때 옆에서 지나치게 간섭하면 역효과가 날 수도 있다.

복합수체질이 주의해야 할 질병 ─────────────

피로하면 허리가 아프고, 척추에도 이상이 생길 수 있다. 뒷골이 아프거나 눈이 빠질 것 같은 느낌이 들어 고통스러운 경우도 있다. 오금이 당기고 종아리가 아프며 발목이 시리거나 저린 경우도 있다. 귀에서 이명이 들리고 중이염이나 난청이 생기기도 한다. 정수리가 아플 수도 있다. 생리통, 하복통, 하복냉증, 신장 결석, 고혈압, 조루, 치매, 빈혈, 골수암, 소변 백탁, 신장염, 방광염, 신장암, 방광암 등이 생기기 쉽다.

목양응용체질

나무가 잘 자라려면 햇빛과 물, 흙이 골고루 필요하다

목양과체질 : 흙의 기운을 받는다면 크게 성공할 것이다
목양불급체질 : 나무와 물을 가까이하면 좋은 기운이 생긴다
목양복합화체질 : 총명하고 표현력이 좋다
목양복합토체질 : 흙보다는 나무와 친해지자
목양복합금체질 : 쇠보다는 나무와 물을 가까이하자
목양복합수체질 : 물보다는 흙, 태양과 가까워지자

목양과체질:
흙의 기운을 받는다면
크게 성공할 것이다

큰 나무들이 빽빽하게 들어 차 천지를 온통 뒤덮고 있으니, 하늘조차 보기 어려울 지경이다. 나무가 주인이 되어 대부분을 차지해버렸다. 그래서 목양과체질의 시야는 좁아질 대로 좁아져버렸고, 그 때문에 생각이 편협하게 흐르거나 융통성이 현저하게 부족해질 수도 있다. 외골수적인 기질이 나타날 가능성도 배제할 수 없다.

어떤 환경에서 자라느냐가 중요하다

나무들이 빽빽하게 들어 찬 숲 속에서 시야를 확보하려면 가려져 있는 것들을 베어내야 한다. 그래야만 다양한 것을 최대한 많이 보고 접할 수 있다. 이때 도끼의 기운이 강한 복합금체질이나 금양체질이 협조해준다면 일이 아주 잘 풀린다. 또는 토양·토음체질, 그리고 토양과·토음과체질, 복합토체질 등의 협조도 자신에게 유리하게 작용한다.

어떤 환경에서 사느냐는 목양과체질에게 매우 중요한 문제다. 일단 집 주위에 나무가 많은 환경은 피하는 것이 좋다. 나무가 많으면 안 그래도 과한 목의 기운을 더욱 강화시킬 수 있기 때문이다. 취미 삼아 집에서 기르는 화초도 좋지 않다. 차라리 마당을 넓히고 바위를 평상처럼 두어 휴식처로 이용하자. 나무의 기운을 꺾어주는 금의 기운이 필요하기 때문이다. 침대 역시도 돌침대를 사용하는 것이 좋다. 또한 파란색과 초록색은 되도록 자제하자. 흰색은 많이 사용할수록 도움이 된다.

땅의 기운이 별로 없을 경우 신경성 위장병에 시달릴 소지가 있다. 따라서 집 주변의 땅을 넓혀서 나무를 멀리로 옮겨 심는 일도 고려해볼 만하다. 그 외에도 간이나 쓸개, 근육, 자궁에 관련된 질환과 어깨 및 고관절 질환에 주의해야 한다.

목양과체질의 상징

목양과체질의 행운의 동물은 12지지 중 원숭이다. 시험을 볼 때는 쥐가 좋다. 문구를 포함한 의류, 소품 등에 이 동물 캐릭터를 잘 활용하면 도움이 될 것이다.

안전장치가 필요하다

기본 목양체질과 마찬가지로 목양과체질에게 경제활동은 태양과 불이다. 그래서 이들은 성취하고자 하는 바를 위해 물불을 가리지 않고 덤비는 성향이 있다. 또한 이들에게 재물은 흙으로 비유할 수 있는데, 목양과체질은 흙을 아무리 많이 가져도 눈에 보이면 또 가져다 쌓아두려 한다. 재물에 대한 집착이 매우 크다고 볼 수 있다. 그래서 이들 중에는 드라마에 나올 법한 재벌이 된 사람들도 있다. 반면에 재물에 대한 집착으로 인해 손해를 보는 경우도 있으니 유의해야 한다.

목양과체질의 투자 성향은 지나치게 공격적이라 할 수 있다. 이들은 무조건 앞서 나가려는 강박관념이 있는데, 좋게 말하면 확고한 정신력이라고 표현할 수도 있지만, 반대로 심각한 고집불통인 경우도 있다.

지나치게 자신의 스타일만 고수하고, 주위의 조언을 귀담아 듣지 않는 경향이 있다. 그렇기 때문에 투자할 때는 2중, 3중의 안전장치가 필요하다. 주관적인 판단만 믿고 투자하는 것은, 특히 목양과체질에게는 바람직하지 않다. 까딱 잘못했다가 재산도 명예도 한순간에 사라질 수 있기 때문이다. 이런 체질은 한번 무너지면 재기가 거의 불가능하다고 봐야 한다. 만약 부동산을 산다면 민둥산이나 밭을 사는 것이 좋다. 목양과체질의 사람은 나무보다 흙을 가까이하는 것이 이롭기 때문이다.

이로운 음식과 한약재 ────────────────

· 이로운 음식 : 현미, 율무, 배, 복숭아, 배추, 말고기, 생선, 박하, 생강, 파, 양파, 마늘, 생강차, 율무차, 땅콩, 더덕, 도라지, 무, 미역, 밤, 겨자, 감, 닭고기, 조개, 고추.
· 체질 한약재 : 향부자, 진피, 지각, 길경, 맥문동, 상백피, 황기, 홍삼, 석창포, 오가피, 형개, 신이화, 박하.

목양불급체질: 나무와 물을 가까이하면 좋은 기운이 생긴다

목양불급체질은 옮겨 심은 지 얼마 안 되어 땅에 충분히 뿌리를 내리지 못한 상태다. 뿌리가 깊지 않은 연약한 나무라고 보면 된다.

자기계발에 힘써라

비바람이 몰아치면 이 나무는 언제 뿌리가 뽑혀 넘어갈지 몰라서 불안하다. 또한 가뭄이 오면 말라 죽거나 잎사귀들이 생기를 잃을까 걱정스럽다. 더욱이 이 두 가지 모두 스스로의 힘만으로는 해결하기 어려운 불가항력적인 상황이다. 목양불급체질은 항상 지쳐 있기에 극복도 잘 안 된다. 그래서 목양불급체질은 항상 주위의 도움을 바라는 경향이 있다. 실제로 이들은 의지가 되어줄 나무나 물을 만나면 힘을 되찾는다. 가령, 수양·수음체질, 목양·목음체질, 목양과·목음과체질, 수양과·수음과체질, 복합수체질, 복합목체질의 도움이 필요하다.

또한 목양불급체질은 책을 가까이하고 열심히 공부해야 튼튼한 나무로 성장할 수 있다. 책을 읽을 시간이 없더라도, 반드시 책을 가지고 다니는 것이 좋다. 이는 어른이 되어서도 마찬가지다. 부모의 의견과 대립하게 되면 기운이 더욱더 소진된다. 따라서 부모나 형제, 친구, 동료와 잘 지내는 것이 매우 중요하다.

집 주위엔 나무가 많아야 좋고, 물이 있으면 더 좋다. 집 안에도 화초를 기르거나 나무로 만든 물건을 가지고 있는 것이 유리하다. 수족관을 설치하거나 물과 나무가 어우러진 그림을 걸어두면 좋은 기운을 가져다준다. 검은색과 초록색, 파란색을 많이 이용하는 것이 이롭고, 흰색은 멀리하는 것이 좋다.

한 번의 성공이 더 큰 자신감을 만들어준다

자신보다 큰 나무들이 옆에 있으니 위축될 수밖에 없는 형국이다. 우두머리가 되고 싶은데 용기가 나지 않는다. 약한 모습을 보이지 않으려 위장을 해보지만 결국에는 이것조차 남들이 알아챈다. 그러니 충분히 할 수 있는 일조차 미리 겁먹고 슬슬 뒤로 물러서고, 나중에는 이런 자신의 모습에 또다시 후회한다.

또한 한 가지 일을 해도 끝까지 하는 경우가 드물다. 이것저것 건드려보기

이로운 음식과 한약재

· 이로운 음식 : 밀, 팥, 보리, 사과, 자두, 매실, 부추, 깻잎, 닭고기, 개고기, 땅콩, 들깨, 잣, 식초, 참기름, 유자차, 포도, 미나리, 귤, 메밀, 계란, 파인애플.
· 체질 한약재 : 백작약, 시호, 복분자, 천궁, 인진, 향부자, 산수유, 오미자, 모과, 산사, 결명자.

만 하다 결국은 손해도 많이 본다. 아무리 작은 손실일지라도 계속 반복되다 보면, '가랑비에 옷 젖는다'는 말을 실감할 것이다.

목양불급체질의 상징

목양불급체질의 행운의 동물은 12지지 중 쥐다. 시험을 볼 때도 쥐가 좋다. 문구를 포함한 의류, 소품 등에 이 동물 캐릭터를 잘 활용하면 도움이 될 것이다.

목양불급체질이 성공하기 위해서는 마음을 강하게 다잡고 계획을 세우며 당당해지려고 노력해야 한다. 그러면 용기가 생길 것이다. 그 용기를 통해 자신이 전면에 나선다면 후회하는 일은 이제 더 이상 없을 것이다. 더욱이 이들은 여러 번 물러서 봤기 때문에 자신이 놓치는 부분들에 대한 점검을 잘하는 편이다. 따라서 이들이 용기와 신중함으로 한 번만이라도 성공을 경험한다면, 금세 자신감을 회복하고 더 발전하게 될 것이다.

가끔은 이들이 용기가 아닌 만용을 부릴 때도 있다. 이는 제일 위험한 경우다. 원래 심지가 굳은 사람은 용기를 내고, 쉽게 포기하는 사람이 만용을 부리는 법이다. 나약해진 상황에서 자포자기하는 식으로 오기를 부린다면 만용이 될 가능성이 높다. 이는 결국 삶의 뿌리까지 뒤흔들 수 있으니 조심해야 할 일이다.

부디 목양불급체질은 자존심을 내세우기보다는 주위의 조언을 충분히 구하고 자신감을 키우길 바란다. 그것이 성공의 지름길이다.

목양복합화체질:
총명하고 표현력이 좋다

木
陽
應
用

기본 목양체질에 화의 성질이 강하게 작용하는 체로로, 작은 나무가 가뭄 때문에 잎이 늘어진 형상이다. 큰 나무는 가뭄이 지속돼도 죽는 일이 거의 없지만, 작은 나무는 상황이 다르다. 목양체질의 성향이 상당히 약해진 목양복합화체질은 가뭄에 시달리는 작은 나무의 상황이라 할 수 있겠다. 하지만 이들은 태양이라는 절대적인 존재를 항상 가까이에 두고 있기에, 갈증만 해소된다면 음양오행으로도 상당히 좋은 조합이라고 볼 수 있다.

윗사람의 의견을 존중하라

'물'이란 이들에게 있어서 공부를 의미한다. 목양복합화체질은 평소에 읽을 시간이 없더라도 항상 책을 가지고 다니는 것이 좋다. 책이 좋은 기운을 만들어주기 때문이다.

이들은 마음에 상처를 입으면 오랫동안 남겨두는 경향이 있다. 그 응어리를 푸는 데도 시간이 좀 필요하다. 불이 타오른 후 재가 남는 것과 같다. 또한 목양복합화체질은 순간적인 판단력과 머리 회전이 빠른데, 이에 반해 성급하게 말하다 실수하거나, 경솔한 행동으로 손해를 보는 경우도 있다. 이를 보완하기 위해서는 윗사람과의 교류가 답이다. 부모님이나 윗사람의 의견을 잘 따르고 이들과 평소에 대화를 많이 하는 것이 좋다. 반면 아랫사람에게는 큰 도움을 기대하지 말자.

그 외에도 항상 침착하려는 노력과 선택의 순간에 한 번 더 생각해보는 습관을 갖는 것이 바람직하다. 또한 기억이 오래가는 경우가 드문 성향이니, 메모하는 습관도 제안하고 싶다.

목양복합화체질을 다른 시선으로 상상해본다면, 허기진 상태에서 고역을 하는 늙고 병든 환자의 모습이다. 부모가 먹여주지는 않고 일만 시키니 병이 더 깊어지는 것이다. 이것을 해결할 수 있는 최선의 방법은 일을 줄이거나, 혹은 제대로 먹으면서 일을 하는 것이다. 또한 부모님의 도움을 받는 것도 좋겠다.

'공부'는 먹여주고 도와주는 기운이다

상황은 어렵지만, 이들은 '목화통명木火通明'이라고 하는 총명함을 갖고 있어 머리가 좋고 대체로 자기가 아는 것보다 그것을 표현하는 능력이 훨씬 더 뛰어난 경우가 많다. 하나를 배우면 둘을 표현할 줄 알아서, 아는 것의 몇 배는 더 써먹을 수 있다. 그렇기 때문에 총명함을 살려서 공부한다면 원하는 바를 이룰 수 있는 체질이다.

원래 공부는 '먹여주고 도와주는 기운'을 가지고 있다. 특히 목양복합화체질에게는 공부 자체가 굉장히 중요하고 활용도가 높다.

하지만 '표현을 잘한다'는 특성을 '수다스럽다'고 보는 주위 시선도 있으니, 이를 잘 간파하여 단점보다는 장점이 될 수 있도록 노력해야 할 것이다. 그리고 일을 너무 과하게 하면 몸이 빨리 망가진다는 사실도 항상 기억해야 한다.

목양복합화체질은 수양·수음체질과 수양과·수음과체질 그리고 복합수체질의 도움을 받는 것이 좋다. 반면 화양과·화음과체질 그리고 복합화체질과는 궁합이 잘 맞지 않고 사업 파트너로서도 그리 좋은 편이 아니다.

심장 질환과 신경성 질환에 주의하라

목양복합화체질에게 나무는 간에 해당하고, 강렬한 태양은 심장과 소장에 비유된다. 따라서 심장이나 소장, 혈관, 어깨 부위와 관계된 병이 생길 수 있다. 또한 가뭄이 지속되는 상황이라면 나무는 지나친 태양빛에 시달리는데, 이때는 간과 쓸개가 시달리는 것이니 근육이나 자궁 쪽의 이상을 조심해야 한다. 물의 기운이 부족한 사람은 신장과 방광의 질환도 생길 수 있다.

전반적으로 목양복합화체질의 사람은 목양체질의 기질보다 복합화체질의 기질이 강하게 나타나 성격이 급한 편이다. 따라서 평소에 심장과 관계된 질환을 조심해야 하고, 신경이 지나치게 예민해지지 않도록 주의해야 한다.

이로운 음식과 한약재 ─────────────────────

· 이로운 음식 : 검은콩, 쥐눈이콩, 밤, 수박, 각종 해초류(미역, 다시마, 김, 파래 등), 소금, 된장, 두부, 두유, 차조, 호두, 잣, 돼지고기, 젓갈류, 해삼.
· 체질 한약재 : 숙지황, 구기자, 토사자, 복분자, 택사, 황백, 두충, 육종용, 산수유, 오미자.

생활공간은 시원한 분위기가 좋다. 또한 물과 연관된 의미를 가진 지명에 사는 것이 유리하다. 그 외에도 집 가까이에 물이 있으면 좋고, 집 안에 수족 관을 설치하거나 산수화를 걸어두는 것도 좋다. 단, 집의 내부를 너무 밝고 화려하게 꾸미는 것은 화를 불러올 수 있다. 붉은색을 사용하는 것도 자제하는 것이 좋다. 북쪽이나 서쪽이 좋고, 남쪽은 피하는 게 유리하다.

검은색은 좋은 기운을 만들어주고, 흰색도 이로운 점이 있다. 숫자로는 수의 기운을 상징하는 1이나 6, 또는 금을 상징하는 4나 9가 좋다. 대신 2나 7은 되도록 사용하지 않는 것이 바람직하다.

사색의 시간이 도움을 준다

나무는 몇 그루 없는데 태양의 열기는 너무 뜨거운 형국이다. 이리저리 더위를 피하기에 바쁘다. 하지만 성과는 나오지 않고 몸만 바삐 움직이니 이대로라면 지쳐서 아무 일도 할 수 없을 지경이다.

이럴 때는 효율도 없는 일에 무조건 매달리기보다 다른 현명한 방도를 찾아야 할 것이다. '수'의 기운을 들이는 것이 최고다. 수의 기운을 만드는 것은 곧 열심히 배우는 것이다. 끊임없이 공부하면 무슨 일을 해도 순조로워진다. 목양복합화체질은 지식을 활용하는 능력이 탁월하기 때문에 공부를 하면 어떤 분야든 성공할 가능성이 크다. 또한 생각을 깊이 하고 사고력을 증진시키는 것도 수의 기운을 만드는 방법 중 하나다. 그리고 부모님의 의견을 존중하고 늘 가까이에서 자주 찾아뵈면 성공에 더욱 가까워질 것이다.

본래 복합화체질은 공통적으로 성질이 급하다. 따

목양복합화체질의 상징

목양복합화체질의 행운의 동물은 12지지 중 용이다. 시험을 볼 때는 쥐가 좋다. 문구를 포함한 의류, 소품 등에 이 동물 캐릭터를 잘 활용하면 도움이 될 것이다.

라서 버럭 화를 내거나 성급한 행동을 하지 않도록 조심하자. 무슨 일이든 차분하게 한 번 더 생각하는 습관을 기르는 게 좋다. 또한 말을 많이 하면 구설수에 휘말릴 수 있으니 주의하도록 하고, 허풍은 큰 손해를 가져올 수 있으니 절대 금물임을 기억해야 하겠다. 이들은 머리가 좋은 편이지만, 자칫 좋은 머리만 믿고 오판하는 경우도 종종 있다.

물가에 가서 깊은 사색에 잠겨보는 것도 좋은 기운을 불러오는 방법이다. 집 안에 수족관을 설치하는 것도 수의 기운을 보충하는 방법에 해당된다.

목양복합토체질: 흙보다는 나무와 친해지자

목양체질을 기본으로 하며 거기에 토의 성질이 강하게 작용하는 체질이다. 나무가 거의 없는 민둥산을 연상하기보다는, 산이 더 커지고 나무는 더 적어진 상황으로 이해하는 것이 더 바람직하다. 경치가 별로 좋지 않아서 찾는 사람 하나 없고, 동식물도 없으니 적막한 기분이 들 것이다.

이 체질의 경우에는 우선 숲을 이루어야 한다. 그러기 위해서는 나무를 심고 물을 주어야 한다. 그리고 꽃과 열매를 모으고 시원한 쉼터도 만들어, 새와 나비가 찾아오도록 해야 할 것이다. 하지만 그렇게 숲을 이루려면, 일단 사람을 모아야 한다. 사람을 모이게 하려면 자신의 장점을 키우는 데 힘써야 한다. 자신을 제대로 이해하다 보면 운도 따르고, 좋은 결과도 얻을 수 있을 것이다.

동료들의 협조가 절실하다

목양복합토체질에 대해 또 다른 비유를 해보면, 산사태로 인해 흙더미가 무너져 내려와 큰 나무의 윗부분까지 흙이 쌓여 있는 형상이라 할 수 있다. 나무는 계속해서 위로 자라고자 하는데, 자꾸 흙더미에 치여 부러질 수도 있는 상황이다. 또한 이 모습은 넓은 땅에 나무 한 그루만 덜렁 심어놓은 모습과도 유사하다. 혼자 남았기에 경쟁의 기질을 잃어버린 이 나무는 외롭고 사는 재미도 없다.

흙의 입장에서도 나무를 키워내지 못하고 점차 황무지로 변하니 좋을 리가 없다. 적당히 나무가 심어져 있어야 흙도 보람을 얻고, 비옥한 땅을 유지할 수 있는 법이다. 결국 땅은 땅대로 너무 넓어서 불만이고, 나무는 나무대로 너무 적어서 불만인 상황이다. 남성에게 있어 '흙'은 돈과 여자에 해당된다. 돈을 좇다가는 낭패를 보기 쉽고, 여자관계가 복잡하면 일을 그르칠 수도 있다. 이성관계는 깔끔할수록 유리한 법이다.

이 체질의 사람들은 부모나 윗사람의 협조와 조언을 구하는 것이 좋다. 또한 동료의 말에 항상 귀 기울이는 것이 필요하며, 이들의 협조를 잘 이끌어 낸다면 좋은 기회를 얻을 수도 있다. 하지만 너무 많은 조언을 구하다가, 지나치게 신중해지거나 깊은 고민에 빠져 허우적댄다면 추진력이 약해질 수도 있음을 주의해야 한다. 그 외에도 목양·목음체질과 목양과·목음과체질, 복합목체질 등의 도움을 받을 수 있다면 유리한 점들이 많다.

이로운 음식과 한약재 ─────────

· 이로운 음식 : 밀, 팥, 보리, 사과, 자두, 매실, 부추, 깻잎, 닭고기, 개고기, 땅콩, 들깨, 잣, 식초, 참기름, 유자차, 포도, 미나리, 귤, 메밀, 계란, 파인애플.
· 체질 한약재 : 백작약, 시호, 복분자, 천궁, 인진, 향부자, 산수유, 오미자, 모과, 산사, 결명자.

흙보다는 나무와 가까워지도록 노력해야 한다. 집 안에 화초를 기르고, 언덕 위의 집은 피하는 것이 좋다. 집 주위에는 나무를 많이 심자. 마찬가지로 흙으로 된 물건은 최대한 멀리해야 한다. 파란색과 초록색이 좋은 기운을 만들어주며, 노란색과 갈색은 피하는 것이 유리하다.

목양복합토체질의 상징

목양복합토체질의 행운의 동물은 12지지 중 호랑이다. 시험을 볼 때는 쥐가 좋다. 문구를 포함한 의류, 소품 등에 이 동물 캐릭터를 잘 활용하면 도움이 될 것이다.

전반적으로 목양복합토체질은 목양체질의 기질보다 복합토체질의 기질이 강하게 나타난다. 따라서 자신의 성향보다는 복합토체질의 기질을 더 많이 갖게 된다. 건강도 위장과 관련된 질환을 주의해야 하고, 신경이 너무 예민해지지 않도록 주의하자. 그 외에도 신경성 질환과 간, 담낭, 근육, 자궁과 관련된 질환에 유의해야 한다.

어렸을 때부터 돈을 철저하게 관리하는 습관을 가르치자

나무에게 흙은 자신을 지탱해주는 근간이 된다. 하지만 흙이 지나치게 많을 경우 오히려 뿌리를 제대로 내리지 못할 수도 있다. 목양복합토체질은 경제활동의 결과물인 흙이 적당량보다 많은 형국에 해당된다. 이는 감당하지 못할 성공을 의미하는 게 아니라, 성공을 하기 어려운 지경이라고 볼 수 있다. 그 많은 흙을 챙기기 위해 독선적으로 행동하거나, 독불장군이 되어버리기 때문이다. 또한 이들은 일을 시작하기도 전에 자신이 얻을 수 있는 결과물부터 먼저 계산한다. 혹은 아직 시작도 안 해놓고선 성공을 다 이룬 것마냥 환상에 빠져 즐거워한다. 이러니 잘될 일도 허사가 되고 마는 경우가 많다.

이를 방지하기 위해 목양복합토체질의 사람들은 공부하는 자세가 몸에 배도록 해야 한다. 철저하게 계획을 수립하는 자세도 필요하다. 또한 동료들을 존중할 줄 아는 사람이 되어야 한다. 반면에 우두머리 기질을 앞세우는 것은 자중하는 것이 좋다. 항상 겸손한 자세로 의견을 수렴한다면 성공에 한층 더 가까워질 것이다.

성공은 자신에게 필요한 기운을 어떤 좋은 방법으로 활용하느냐에 따라 판가름 나는 법이다. 목양복합토체질의 사람에게는 일찌감치 올바른 경제관념을 심어줘야 한다. 이들은 기본적으로 추진력이 있고 보스 기질을 타고났다. 게다가 돈에 민감한 편이어서 사업가가 될 성향이 짙다. 그러므로 유년기부터 돈을 제대로 관리하는 습관을 키워주는 것이 좋다.

참고로 목양복합토체질의 남성은 이성에 대한 관심이 높지만, 상대를 배려할 줄 모르는 경우가 많다. 주위에 이성이 너무 많아서 그런 것이다. 또한 반대로 주위에 이성은 많은데, 정작 자신을 필요로 하고 좋아해주는 이성은 드물 수도 있다. 과한 것은 부족한 것만 못하다고 했다. 상대의 탓으로 돌리지 말고, 스스로의 성향을 간파하지 못한 자신의 잘못으로 받아들이고 이해해야 한다. 이성을 낮추어 보지도 말고, 너무 매달리지도 말라. 서로 존중해줄 수 있는 여성을 만나는 것이 가장 좋다. 목양복합토체질의 경우 돈과 이성에 집착하면 둘 다 놓치고 수중에는 어느 것 하나 남지 않게 될 수 있다.

목양복합금체질: 쇠보다는 나무와 물을 가까이하자

    기본 목양체질에 금의 성질이 강하게 작용하는 체질이다. 경사진 바위산에 몇 그루의 나무가 있다. 그때 크고 작은 여러 바위들이 이 나무들을 향해 굴러 떨어진다. 잘못하면 나무 전체가 부러질 가능성도 있어 보이니 마음이 영 편치 않고 불안정하다. 특히 직장문제에 관해 고민이 많고, 신경도 쉽게 예민해진다.

    남성에게 있어 크고 작은 바위는 직업과 명예에 해당된다. 따라서 이 바위들을 지혜롭게 이겨내는 목양복합금체질은 명예를 얻을 것이다. 반대로 처신을 올바르게 하지 않는 사람은 명예가 실추되거나, 직업을 오래 유지하기 힘들 가능성이 농후하다. 여성일 경우에는 남성에게 시달리게 될 가능성이 있을 것으로 예상된다.

자신감을 불러일으키는 생각

나무마다 대못이 수십 개씩 박혀 있는 형상을 생각해보면 이 체질을 이해하는 데 도움이 될 것이다. 대못이 박혔으니 나무들은 곳곳에 깊은 상처를 입은 상태라 할 수 있다. 이렇듯 목양복합금체질의 사람들에게는 신경 쓸 일들이 자주 생겨난다. 일단 건강과 안전사고에 각별히 유의해야 한다. 또한 이들은 원리원칙을 따지는 성격이라 지나치게 고지식하게 굴다가 일을 망치는 경우도 있다. 따라서 때에 따라서는 적당히 융통성을 발휘하는 것도 필요하다. 항상 마음이 위축되지 않도록 자신감을 북돋우는 데 신경 쓰자.

목양복합금체질은 자신의 장점을 배양하는 데 힘써서 날카로운 바위들을 물처럼 부드럽게 쓰다듬어 둥글둥글하게 만들어야 한다. 바위들과 충돌하더라도 상처 입지 않도록 큰 산을 모두 나무로 채우거나 칼을 없애면 좋겠다. 아니면 물로 칼을 아예 녹슬게 하여 기운을 빼버리는 방법도 고려해볼 수 있다.

여기서 칼을 약하게 한다는 것은 항상 책을 가까이하고 공부를 하는 것이며, 이는 스스로 두려움을 갖지 않게 하는 트레이닝이고, 좀 더 지혜로워지는 것이다. 그리고 부드러운 말씨를 사용하는 습관도 바위나 칼을 약하게 하는 힘이 된다. 준비한 대로 이뤄지면 명예를 얻게 되고, 직장생활도 순탄해질 것이며 높은 직위에도 오를 수 있게 된다.

부모나 윗사람의 협조와 조언을 구하는 것이 좋다. 동료와 부모, 윗사람의 말에 항상 귀를 기울이는 것이 필요하며, 이들의 협조도 이끌어낼 수만 있다

이로운 음식과 한약재

· 이로운 음식 : 수수, 살구, 은행, 근대, 냉이, 상추, 쑥갓, 쑥, 영지, 참새, 초콜릿, 영지차, 쑥차, 팥, 보리, 우유, 당근, 연근, 홍차, 수박, 염소고기, 고들빼기, 작설차, 자몽.
· 체질 한약재 : 당귀, 산조인, 황련, 원지, 연자육, 백복령, 백복신, 치자, 연교, 현삼, 목통, 익모초, 백자인.

면 좋은 기회를 얻을 수 있다. 수양·수음체질, 수음

과·수양과체질, 복합수체질, 화양·화음체질, 화양

과·화음과체질, 복합화체질 등의 도움을 얻는 것이

좋다.

목양복합금체질의 상징

목양복합금체질의 행운의 동물은 12지지 중 쥐다. 시험을 볼 때도 쥐가 좋다. 문구를 포함한 의류, 소품 등에 이 동물 캐릭터를 잘 활용하면 도움이 될 것이다.

집 안에서 화초를 기르는 것도 좋고, 집 주위에 나무를 많이 심어두면 도움이 된다. 큰 돌이나 큰 금속으로 된 물건은 가까이에 두지 않는 것이 좋다. 실내를 물과 관련된 것으로 장식하고, 그중에서도 반드시 수족관은 설치해두는 것이 좋겠다.

집 주위에 물이 있으면 더욱 유리하다. 검은색은 좋은 기운을 만들어주고, 반면 흰색의 사용은 피하는 것이 바람직하다.

목양복합금체질은 목양체질의 기질보다 복합금체질의 기질이 강하게 나타난다. 따라서 건강도 호흡기나 대장, 피부와 관련된 질환에 조심해야 한다. 또한 신경이 너무 예민해지지 않도록 하며, 신경성 질환과 간, 담낭, 근육, 자궁에 관련된 질환에 유의하도록 하자.

융화는 성공의 밑거름이다

조각도로 나무를 깎아 공예작품을 만들어내듯, 복합금체질이 결합되었기에 자신의 가치가 다듬어져 격상된다고 볼 수 있다. 이는 이름이 알려지고 관직에 나갈 수 있음을 나타내는 것이다. 하지만 이렇게 명예에 관심이 높다보니 법이 정한 범위와 규칙 안에서만 움직이려 든다. 이것이 지나치면 원칙주의자라는 말을 듣거나 융통성이 없다는 평을 듣는다.

반면 복합금체질의 장점과 결합되지 않는다면 오히려 칼 때문에 나무에 흠집만 나는 꼴이 될 수도 있다. 이때는 자신이 발언한 옳은 말들도 남들에게 는 짜증을 불러올 수 있다.

따라서 목양복합금체질인 사람은 언행에 있어 절제할 줄 알아야 한다. 대화할 때도 명확한 논리를 준비해야 한다. 그리고 주변 사람들과의 융화에도 신경 쓰면 좋다. 이들이 그런 환경을 제대로 만들어낸다면 성공은 따 놓은 당상이다.

목양복합수체질 : 물보다는 흙, 태양과 가까워지자

목양체질을 기본으로 수의 성질이 강하게 작용하는 체질이다. 드넓은 호숫가에 외로이 서 있는 한 그루의 큰 버드나무를 연상해보자. '주위에 버드나무가 더 있다면 풍경이 훨씬 더 좋아져서 많은 사람이 찾아올 텐데' 하는 아쉬움이 생긴다. 따라서 나무를 더 많이 심는다면 도움이 될 것이다. 나무가 물에 잠겨 있는 모습을 상상할 수도 있는데, 이때는 흙으로 둑을 막아서 물길을 돌려주면 나무를 구할 수 있을 것이다.

노력을 해야 답이 나온다

나무에게 비는 절대적으로 필요한 존재다. 그러나 비가 지나치게 많이 내린다면 나무는 태양빛을 볼 수 없고 열매를 맺을 수도 없다. 또한 비가 너무 많이 와서 물속에 오래 잠겨 있으면 뿌리가 썩거나 병충해가 발생할 위험성도 높다. 이 상황에서는 할 수만 있다면 비를 그치게 하는 것이 가장 좋은 대안이다. 그래야 구름이 걷히고 태양이 고개를 내밀어 젖어 있던 나무를 말려 줄 수 있지 않겠는가.

그 외에도 빗물이 잘 빠질 수 있게끔 흙을 잘 관리해주어야 할 것이며, 태양빛을 이용해 살균도 해야 한다. 목양복합수체질은 이렇듯 해야 할 일이 많으나, 생각만 하고 실천하지 않는 경우가 많다. 실천이 반드시 따라줘야 무엇이든 이루어지고, 노력을 해야 무언가를 얻을 수 있는 법이다. 무엇보다도 자신이 얼마나 열심히 활동하는가에 달려 있다. 생각만 하지 말고 몸도 같이 움직여줘야 효율이 높아진다는 것을 명심하자.

목양복합수체질에게 태양은 자신의 노력이 포함되어 있는 것이다. 그리고 이들에게는 마음이 맞는 친구나 아랫사람과의 융화가 중요하며 그 과정에서 많은 도움을 받는다. 여성의 조언을 따르는 것도 좋은 결과를 가져다주는 경우가 많다. 반면 부모나 윗사람의 말에는 종종 저항하는 편이다. 따라서 부드러운 언행과 밝은 미소를 가지고 생활하는 것이 중요하겠다.

그 외에도 여성은 돈 관리를 제대로 못하거나, 가진 재산이 적을 경우에는 일이 꼬이는 경우가 많으니 주의하도록 하자. 남성은 재산관리와 더불어 여성에게 성의를 다하는 것이 좋은 운을 부르는 방법이다. 전반적으로 목양복합수체질은 주위에 화양·화음체질이나 토양·토음체질, 화양과·화음과체질, 토양과·토음과체질, 복합화체질, 복합토체질 등이 많으면 좋다.

이로운 음식과 한약재

- 이로운 음식 : 콩, 깨, 찹쌀, 설탕, 꿀, 대추, 율무, 콩나물, 쇠고기, 고구마, 호박, 기장, 참외, 감, 시금치, 호박, 쇠고기, 토끼고기, 고구마, 연근, 인삼차, 칡차, 식혜, 대추차, 엿.
- 체질 한약재 : 백출, 감초, 사인, 익지인, 갈근, 홍삼. 산약, 신곡, 맥아, 천마, 진피.

생활공간은 최대한 밝게 꾸미고, 집 주위에는 물이 없는 것이 좋다. 집 안에도 물과 관련된 물건이나 그림은 치우도록 하자. 언덕 위에 볕이 잘 드는 집이라면 최고의 기운을 가져다주는 곳이다.

집의 내부 인테리어도 밝고 화려한 스타일이 좋으며, 흙을 이용한 소품을 많이 갖고 있는 것도 유리하다. 붉은색과 노란색, 갈색 등은 좋은 기운을 가져다주고, 반면 검은색, 흰색은 좋지 않다.

목양복합수체질의 상징

목양복합수체질의 행운의 동물은 12지지 중 호랑이다. 시험을 볼 때는 쥐가 좋다. 문구를 포함한 의류, 소품 등에 이 동물 캐릭터를 잘 활용하면 도움이 될 것이다.

복합수체질의 영향으로 신장, 방광, 생식기, 척추와 관절에 관련된 골격계 질환에 주의해야 한다. 또한 신경이 너무 예민해지지 않도록 주의하고, 간이나 담낭, 근육, 자궁과 관련된 질환에 주의를 기울여야 한다.

반드시 몸으로 실천해봐야 한다

뿌리 뽑힌 나무가 물에 둥둥 떠내려가는 형국이다. 어디로 떠내려갈지 나무 스스로도 알 길이 없다. 따라서 목양복합수체질인 사람은 꾸준히 자신의 전공을 살려서 이어가는 경우가 드물다. 머릿속에 생각이 많아도 잘 표현하지 못한다. 일할 때는 묘수가 없어 고민만 하면서 시간을 보낸다. 그렇다 보니 일이 잘 풀리지 않는 경우가 종종 생긴다.

정말 고민스럽다면 여행을 통해 해답을 찾아보는 것도 좋다. 여행을 하면서 이제껏 알지 못했던 다양한 세상과 소통하면서 자신의 기운이 바뀌게 되고, 그 속에서 기가 막힌 아이디어가 떠오르기도 한다. 또한 여행을 통해 생각의 매듭이 풀릴 수도 있다.

목양복합수체질인 사람은 머뭇거리는 것이 문제가 될 수 있기 때문에 무슨 일이든 일단 행동부터 하는 것이 좋다. 운동화 끈을 고쳐 묶는 순간이 여행의 시작인 셈이다.

또한 이들은 윗사람보다 아랫사람의 말에 귀를 기울이는 것이 유리하다. 그들의 말이 피와 살이 될 수 있으니 하찮게 여길 필요가 없다.

목양복합수체질은 오행의 구조 상 화의 기운을 이용하는 것이 좋다. 물의 기운을 증발시켜야만, 나무가 흙에 뿌리를 내릴 수 있기 때문이다. 화의 기운을 불러일으키기 위해서는 우선 예의를 갖추고 웃는 얼굴과 다정다감한 언행으로 사람들을 대해야 한다. 또한 분명한 발음으로 또박또박 말하는 연습을 하는 것도 도움이 된다.

그리고 매사에 부지런해야 한다. 목양복합수체질은 밥을 배부르도록 먹어 움직이기조차 싫은 상태로 비유할 수 있다. 따라서 가능하면 최대한 몸을 많이 움직이는 것이 좋다. 이들에게는 사무실에서 가만히 앉아서 하는 일이 재미없게 느껴질 것이다. 그런 일은 발전가능성도 적다. 활동적인 일을 해야 스스로도 재미를 느끼고, 결과물도 손에 쥘 수 있다. 바쁘게 돌아다니는 것만으로도 이로운 것들을 많이 모을 수 있는 체질이다.

실천은 말로 하는 것이 아니라 몸으로 하는 것이다. 목양복합수체질인 사람은 이 말을 가슴에 새겨야 할 것이다. 이들은 생각을 많이 한다고 해서 좋은 답이 나오는 유형이 아니다. 그러니 반복적인 일이라도 부지런히 움직이면 소기의 성과를 얻어 성공할 수 있다.

목음응용체질

초목 본연의
끈기와 인내를
되찾아라

목음과체질 : 넝쿨 사이에 숨겨진 꽃을 찾아내라
목음불급체질 : 시든 화초도 노력하면 되살아날 수 있다
목음복합화체질 : 물을 만나면 이내 생기를 되찾는다
목음복합토체질 : 화초가 흙 속에 파묻힌 격이다
목음복합금체질 : 끈기와 인내 속에 성공의 꽃이 핀다
목음복합수체질 : 중요한 것은 생각이 아니라 행동이다

木陰應用

목음과체질:
넝쿨 사이에 숨겨진
꽃을 찾아내라

木
陰
應
用

목음의 기운이 강하니 사방에 넝쿨과 풀들이 이리저리 엉켜 있는 격이다. 이런 상황이니 정신없고 혼란스럽기만 하다. 또한 눈에 보이는 건 넝쿨과 풀밖에 없기에 다양한 것을 접하지 못해 상황을 판단하는 사고의 폭이 협소하고, 이로 인해 외골수적인 기질을 나타내기도 한다. 엉킨 것을 풀고 가지런히 정리하려면 조경용 가위가 필요하다. 가위로 넝쿨을 잘 다듬고 나면 그제야 숨겨진 꽃들이 나타나 남들의 주목이나 사랑을 받을 수 있겠다. 이는 단점을 노력으로 돌파해서 장점으로 전환시킨 모습이라 볼 수 있다.

덜어내고 채우는 작업을 반복하자

목음과체질이 성공하기 위해서는 두 가지가 필요하다. 우선 자신에게 주어진 것들 중에서 과도한 부분은 덜어내야 한다. 그 후 모자란 부분을 찾아내서 노력으로 채워야 할 것이다. 이렇게 덜어내고 채우는 과정을 반복하면 성공할 확률이 높아질 것이다.

넝쿨과 풀들로 인해 마음이 혼란스럽다면 간이나 쓸개, 근육, 자궁에 관련된 질환에 유의해야 한다. 또한 어깨, 고관절 부위의 질환을 주의해야 한다. 목음과체질은 간혹 땅의 기운이 별로 없을 수도 있다. 위장에 해당하는 흙이 넝쿨에 시달린 격이므로 신경성 위장병 같은 위장 관련 질환으로 고생할 가능성이 있다.

목음과체질의 상징

목음과체질의 행운의 동물은 12지지 중 닭이다. 시험을 볼 때는 돼지가 좋다. 문구를 포함한 의류, 소품 등에 이 동물 캐릭터를 잘 활용하면 도움이 될 것이다.

목음과체질은 집 안에서 화초를 기르는 것이 별로 도움이 되지 않는다. 넝쿨의 기운이 워낙 강하기 때문이다. 너무 강한 나무의 기운을 꺾기 위해서는 도끼(금)의 기운이 필요하다. 따라서 금속 액세서리를 착용하거나 금속 소재의 장식물을 집 안에 배치하면 좋겠다.

대인관계에서도 금의 기운을 가지고 있는 금음·금양체질, 금양과·금음과체질, 복합금체질 등과 협조하면 도움이 될 것이다. 마찬가지로 풀의 색인 파란색과 초록색도 가급적 자제하자. 대신 흰색을 많이 사용하면 좋다.

독립심이 강하다

화초나 넝쿨의 기운이 강하면 큰 나무(목양)와 비슷한 성향을 찾아볼 수 있다.

목음과체질에게 흙은 재물을 상징한다. 사실 화분 속의 화초는 그다지 많은 양의 흙이 필요한 것은 아니다. 그래서 목음의 성향을 가진 사람들은 재물에 큰 욕심을 부리지 않는다. 하지만 목음과체질은 목양체질의 성향도 나타나기 때문에 재물 욕심을 부리는 경우도 종종 있다.

또한 목음기본체질은 갈대처럼 바람에 온전히 몸을 맡기는 성향이 있는데, 목음과체질은 기본체질보다 성격이 강인한 편이어서 유연하지 못하고 과욕을 부릴 수도 있다. 간혹 자신의 능력을 과대평가하는 경우도 있다. 이런 점은 대인관계에서도 문제가 될 수 있다. 이런 이유 때문에 목음과체질의 자녀는 일찍부터 가정에서 독립하려고 든다.

이로운 음식과 한약재 ─────────────

· 이로운 음식 : 현미, 율무, 배, 복숭아, 배추, 말고기, 생선, 박하, 생강, 파, 양파, 마늘, 생강차, 율무차, 땅콩, 더덕, 도라지, 무, 미역, 밤, 겨자, 감, 닭고기, 조개, 고추.
· 체질 한약재 : 향부자, 진피, 지각, 길경, 맥문동, 상백피, 황기, 홍삼, 석창포, 오가피, 형개, 신이화, 박하.

목음불급체질:
시든 화초도 노력하면
되살아날 수 있다

목음불급체질은 금방이라도 꽃잎이 떨어져버릴 것 같은 시든 화초를 떠올리면 된다. 물만 주면 다시 푸릇푸릇하게 생기를 찾을 수도 있을 것 같은데 그 물을 구하는 게 쉽지가 않다. 목음불급체질은 서로 기댈 수 있는 친구가 있다면 큰 힘이 될 것이다.

성공을 위해선 나무와 물이 필요하다

목음불급체질은 어떤 어려움이 닥치더라도 꿋꿋하게 버텨내는 기질을 가지고 있다. 이런 성향을 기반으로 해서 자신에게 맞는 성공을 꿈꾸어야 한다. 일단 이들에게 필요한 가장 중요한 생활태도는 '책을 가까이하는 것'이다. 그리고 공부를 열심히 하는 것도 시들어가고 있는 화초를 싱싱하게 만드는 일이다. 볼 시간이 없어도 항상 책을 가지고 다니도록 하자.

목음불급체질이 부모와 대립하게 되면 기운이 지나치게 소진되고 형세가 불리해진다. 따라서 부모의 의견에 순종하는 것이 인생에 큰 도움이 될 것이다. 그리고 형제나 친구, 동료와도 잘 지내는 것이 좋다. 특히 수양·수음체질, 목양·목음체질, 수양과·수음과체질, 목양과·목음과체질, 복합수체질, 복합목체질의 도움이 필요하다.

집 주위에는 나무가 많거나 물이 있으면 좋은 기운을 가져다줄 것이다. 집 안에도 화초를 기르거나 나무로 된 물건을 비치해두면 좋다. 수족관도 좋고, 물과 나무가 어우러진 산수화 같은 그림을 걸어두면 좋은 기운을 가져다준다. 그 외에도 검은색과 초록색, 파란색이 좋고 흰색은 멀리하는 것이 좋다.

모든 것은 내 안에서 시작한다

유연한 사고와 부지런함이 목음불급체질의 최대 장점이다. 그러나 남에게 의존하는 성향이 커지면 그러한 장점을 발휘하지 못한다. 주도성과 주체의식뿐만 아니라 의욕 자체가 아예 사라질 수 있다. 이렇게 되면 이들은 스스로 삶의 기초를 닦는 데 어려움을 느낀다.

문제는 이들이 자력으로 무언가를 해보려고 시도하지 않는다는 것이다. 시도도 해보지 않은 채 지레 겁부터 먹고는 자신을 구원해줄 무언가를 계속 찾아다니기만 한다. 게다가 그것마저도 지치면 쉽게 포기해버린다. 이런 일이

이로운 음식과 한약재

· 이로운 음식 : 밀, 팥, 보리, 사과, 자두, 매실, 부추, 깻잎, 닭고기, 개고기, 땅콩, 들깨, 잣, 식초, 참기름, 유자차, 포도, 미나리, 굴, 메밀, 계란, 파인애플.
· 체질 한약재 : 백작약, 시호, 복분자, 천궁, 인진, 향부자, 산수유, 오미자, 모과, 산사, 결명자.

자꾸만 반복되니 성격은 태만해지고, 성과는 전혀 나오지 않는다.

의존성이 강하면 신경도 예민해지고 타인에 대한 의심까지 깊어진다. 이로 인해 일에 대한 집중력이 저하되고, 결국에는 신경성 질환으로 고생할 수 있다.

이를 방지하기 위해서 목음불급체질에게는 도전정신이 절대적으로 필요하다. 도전하기 위해서는 먼저 자기 자신을 믿는 태도를 가져야 한다. 미래에 대한 걱정과 불안을 지혜롭게 이겨낼 수 있는 힘이 자기 안에서 나온다는 사실을 분명하게 인지해야 한다. 주위를 돌아보기 전에 먼저 자기 자신을 돌아보는 자세가 필요하다.

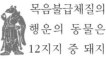

목음불급체질의 상징

목음불급체질의 행운의 동물은 12지지 중 돼지다. 시험을 볼 때도 돼지가 좋다. 문구를 포함한 의류, 소품 등에 이 동물 캐릭터를 잘 활용하면 도움이 될 것이다.

목음복합화체질:
물을 만나면
이내 생기를 되찾는다

木陰應用

　기본체질은 목음체질이지만 화의 기운이 자신의 체질보다 강하게 작용하는 체질이다. 목음은 큰 나무가 아니라 화초나 덩굴 식물, 갈대 등을 일컫는데, 목음복합화체질은 목음에 태양이나 용광로가 연상되는 강한 화의 기운이 들어와 있는 상태라고 볼 수 있다.

　연약한 풀이 강렬한 태양빛이나 용광로의 열기를 이겨내기 위해서는 물이 필요하다. 물이 있어야만 더운 열기를 잡을 수가 있고, 더운 열기를 잡아야만 풀도 말라 죽지 않고 자랄 수 있는 법이다.

　태생적으로 풀은 쉽게 쓰러지지 않는다. 사람들에게 이리저리 밟히고 짓이겨지더라도 비를 만나면 다시 새로운 활기를 찾는 게 풀의 속성이다. 특히 풀은 물을 만나면 강해진다.

폭염 속에서 살아남는 것은 작은 풀들이다

경우에 따라 작은 넝쿨 식물이나 풀들이 큰 나무보다 오히려 더위에 더 강한 면을 보이기도 한다. 폭염이 계속되는 여름날, 도로 위에 기세등등하게 올라와 있는 풀들은 본 적이 있는가? 물론 거목은 폭염에도 잘 죽지 않는다. 하지만 풀이 가진 강인한 생존력은 어지간한 작고 여린 나무보다 낫다.

아무리 생존력이 강해도 풀이 생존하려면 비가 와주거나 주위에 물이 있어야 한다. 여기에서 물은 부모를 의미한다. 특히 이들에게는 어머니의 역할이 중요하다. 부모나 윗사람의 도움을 받아가며 공부를 한다면 목음복합화체질은 성공에 좀 더 가까워질 수 있다.

목음체질은 난초처럼 섬세하고 예민한 특성을 가졌다. 남들이 보기에는 조금 과하다고 느낄 수도 있다. 그래서 목음불급체질을 가진 사람들 중에는 예술가적 기질을 가진 경우가 많다. 그리고 이들이 수의 기운을 만나면 섬세함이라는 장점이 극대화되고, 누구나 수긍할 수밖에 없을 정도로 표현력이 좋아지면서 사람들의 인기를 독차지하게 된다.

반대로 기본체질인 목음이 아니라 복합화체질의 기운만 상승하는 경우도 있다. 그러면 신경은 더 예민해지고 몸은 약해지며 쉽게 피로해진다. 원래 이 체질은 움직임이 많다. 따라서 이런 경우에는 무조건 쉬는 것이 좋고, 물가에서 명상을 하거나 책을 가까이 하는 것도 도움이 된다. 책이란 목음복합화체질에게 너무나 중요하고 필요한 것이다. 책을 통해 얻는 지식과 지혜는 물처럼 중요한 삶의 가치로 다가올 것이다.

목음복합화체질은 물의 기운이 많이 필요하기 때문에 집 안에도 수족관이나 어항을 반드시 두는 것이 좋다. 집의 위치도 물과 가까운 곳이 좋다. 대신 남향인 집은 피하도록 한다. 검은색과 흰색이 이롭고 빨간색은 멀리하는 것이 좋다. 실내 인테리어나 의류, 자동차에도 검은색과 흰색을 많이 이용하는 것이 좋다. 사람에 따라 다르지만, 빨간색 옷을 입은 사람을 만나면 은연중에 기운이 빠져나가는 느낌을 받을 수도 있다.

대인관계에 있어 복합화체질이 강하다는 것은 아랫사람에게 시달림을 많이 받는다는 것을 의미한다. 따라서 아랫사람과 관련된 일이라면 사소한 것이라도 실수하지 말고 신중하게 처신해야겠다. 부모에게는 크게 신경 쓰지 않아도 저절로 도움을 받는 경우가 많을 것이다. 그렇다 해도 부모에게 소홀히 하면 안 된다.

이런 체질의 경우 효孝를 다 할수록 자신의 기운도 성장하고 부모의 기운도 커진다. 그래서 무언가를 결정할 일이 있으면 가장 먼저 부모님께 의견을 물어보고, 웬만하면 순종하는 편이 이롭다. 그런 삶의 태도가 목음복합화체질을 성공으로 이끌 것이다. 그 외에도 수음·수양체질과 수양과·수음과체질, 복합수체질 등에게 도움을 받을 수 있다면 유리한 점들이 많다.

이들은 성급하게 결정하고 행동하다가 낭패를 보는 경우가 많다. 무슨 일이든 행동하기 전에 항상 한 번 더 숙고하는 태도가 필요하다. 또한 목음복합화체질은 불만을 쌓아두었다가 폭발시키는 경우가 많다. 게다가 마음이 상하면 아주 오랜 시간이 지나야 풀리는 경향도 있다.

이런 성격은 건강에도 나쁜 영향을 미칠 수 있는데 특히 중풍에 유의해야 한다. 그러므로 급한 성질을 최대한 누그러트리고 여유 있게 생활하는 마음 자세가 필요하다. 그 외에도 목음체질의 기질보다 복합화체질의 기질이 강

이로운 음식과 한약재 ─────────

· 이로운 음식 : 검은콩, 쥐눈이콩, 밤, 수박, 각종 해초류(미역, 다시마, 김, 파래 등), 소금, 된장, 두부, 두유, 차조, 호두, 잣, 돼지고기, 젓갈류, 해삼.
· 체질 한약재 : 숙지황, 구기자, 토사자, 복분자, 택사, 황백, 두충, 육종용, 산수유, 오미자.

하게 나타나면 심장과 관련된 질환에 주의해야 한다. 신경이 너무 예민해지지 않도록 주의하고 간과 담낭, 근육, 자궁과 관련된 질환에 유의하자.

숫자로는 수의 기운을 상징하는 1과 6이 좋고, 2와 7은 가급적 사용하지 않는 것이 바람직하다.

목음복합화체질의 상징

목음복합화체질의 행운의 동물은 12지지 중 용이다. 시험을 볼 때는 돼지가 좋다. 문구를 포함한 의류, 소품 등에 이 동물 캐릭터를 잘 활용하면 도움이 될 것이다.

손에서 책을 놓지 말라

능력을 인정받는 목음복합화체질에게 발견되는 공통적 특징은 성격이 급하지 않고 차분하다는 것이다. 성급함이라는 단점을 수의 기운을 통해 보완했기 때문이다. 이들은 애초부터 준비성과 융통성, 표현력이 좋다. 단점을 줄이고 장점을 드러냈으니 실력은 향상되고 인기도 덩달아 높아지는 것이다.

반면 능력을 인정받지 못하는 목음복합화체질은 주로 불의 기운이 강하다. 불의 기운이 강하니 성질이 급하고, 일할 때 실수가 잦다. 성급하게 결정해서 손해도 많이 보고, 행동보다 말이 앞서게 된다. 그래서 남들에게 허풍쟁이라는 소리까지 들을 수 있다. 스스로 손해 볼 일을 만드는 꼴이라 할 수 있다.

결국 목음복합화체질은 불의 기운을 억제하고 물의 기운을 받아야 한다. 그러기 위해서는 끊임없이 배워야 한다. 많이 생각하고 배울수록 물의 기운이 많아지는 법이다. 이들에게 추천해주고 싶은 인생의 좌우명은 '수불석권 手不釋卷', 즉 손에서 책을 놓지 않는 것이다. 자신의 능력보다 더 많은 것을 끊임없이 계발해야 한다. 그래서 사업을 할 때도 물과 관련된 업종이 좋다. 또한 쇠나 돌과 관련된 사업을 통해 넘치는 불의 기운을 잘 활용하는 것도 한 가지 방법이다.

목음복합토체질:
화초가 흙 속에
파묻힌 격이다

목음체질의 성향보다 복합토체질의 기질이 강하게 나타난다. 이는 화초가 흙 속에 파묻힌 격인데, 빨리 흙을 걷어내지 않으면 살 수가 없다. 건강에 관해서도 위장이나 허리와 관련된 질환을 조심해야 한다. 그리고 신경이 너무 예민해지지 않도록 주의하고 간이나 담낭, 근육, 자궁에 관련된 질환에 유의하도록 하자.

돈에 연연하지 않으면 돈이 저절로 들어온다

흙 속에 묻혀 있는 풀일지라도 그 생명력은 강하다. 흙만 걷어낼 수 있다면 다시 성장할 수 있다. 흙은 돈에 해당되기 때문에 돈을 좇으면 계속 흙 속에 파묻혀 있는 격이 된다. 그러므로 돈을 좇기보다는 돈이 저절로 들어오도록 해야 한다. 인생의 목적을 돈에 두면 절대로 안 된다는 말이다. 목양복합토체질이 큰돈에 집착한다면 목음복합토체질은 작은 돈에 집착하기 쉽다. 그래서 다른 체질들에 비해 신경성 질환으로 고생할 가능성이 높다. 매사에 지나치게 세심하고 꼼꼼하게 따지는 태도를 바꾸는 편이 좋다.

또한 흙 속에 묻혀 있다 보니 마음속으로 얼마나 짜증이 많이 나겠는가? 목음복합토체질은 마음속에 있는 감정의 응어리들을 잘 풀어내야 한다. 속에 나쁜 감정이 많이 쌓이면 건강에도 문제를 일으킬 수 있다. 그렇게 되지 않도록 예방하려면 동료와 친구들의 도움이 절실하다. 큰일을 결정해야 한다면 반드시 친구들에게 물어보고 조언을 구하자. 남성의 경우 이성관계가 너무 복잡하면 일을 그르칠 우려가 있다.

목음복합토체질은 일상생활에서 가급적 노란색과 갈색을 피하는 것이 좋다. 대신 목의 기운을 강하게 만들어주는 파란색과 초록색을 많이 이용하면 자신에게 유리한 기운이 생긴다. 숫자로는 목을 상징하는 3과 8이 어울린다. 되도록 5와 10은 사용하지 않도록 하자. 집에는 항상 화초를 가꾸는 것이 좋다. 마당에 큰 나무가 있으면 더 이롭고, 휴식을 취할 때도 나무 곁에서 취하도록 하자.

목음복합토체질의 상징

목음복합토체질의 행운의 동물은 12지지 중 토끼다. 시험을 볼 때는 돼지가 좋다. 문구를 포함한 의류, 소품 등에 이 동물 캐릭터를 잘 활용하면 도움이 될 것이다.

친화력과 융통성이 해답이다

토는 산을 의미하기도 한다. 그렇다면 목음복합토체질은 큰 산에 갈대만 듬성듬성 나 있는 형상이라 할 수 있겠다. 그나마 갈대가 무성하기라도 하면 갈대 축제라도 할 텐데, 복합토체질의 성향이 너무 강해 넓은 공간에 갈대가 듬성듬성 보이는 형국이다. 울창한 산들 사이로 휑한 민둥산 하나는 애처롭기 그지없다. 볼품도 없고 인기도 없다.

원래 목음복합토체질은 무리지어 살기를 좋아한다. 그럼에도 이런 상황이니 무엇보다 풀 한 포기가 아쉬운 지경이다. 하지만 넓은 토지는 돈을 의미한다. 녹초를 더 심기만 한다면 다시 생기를 도모할 수 있다. 즉 친구와 의기투합만 잘하면 주인 없는 넓은 황무지를 온통 초원으로 가꿀 수 있다는 것이다. 그래서 이들은 목양·목음체질, 목양과·목음과체질, 복합목체질들과 협조해야 한다.

녹초를 늘리기 위해서는 자신의 마음가짐도 바뀌어야 한다. 일을 시작하기도 전에 성공이라도 한 것처럼 의기양양해 하며 성취감에 젖어 있는 태도를 버려야 한다.

행동이 마음을 따라가지 못하는 모습도 보여서는 안 된다. 그리고 매사에 공부하는 자세를 기르고, 동료를 존중할 줄 아는 마음가짐도 가져야 한다. 융통성과 친화력도 필요하다.

이로운 음식과 한약재

· 이로운 음식 : 밀, 팥, 보리, 사과, 자두, 매실, 부추, 깻잎, 닭고기, 개고기, 땅콩, 들깨, 잣, 식초, 참기름, 유자차, 포도, 미나리, 귤, 메밀, 계란, 파인애플.
· 체질 한약재 : 백작약, 시호, 복분자, 천궁, 인진, 향부자, 산수유, 오미자, 모과, 산사, 결명자.

목음복합금체질 :
끈기와 인내 속에 성공의
꽃이 핀다

목음체질의 성향보다 복합금체질의 기질이 강하게 나타난다. 산처럼 거대하게 쌓여 있는 바위 더미 사이로 연약하게 피어 있는 화초의 모습이라 할 수 있다. 화초는 바위가 하나라도 굴러 떨어지면 어쩌나 하는 두려움으로 살아가게 된다.

원리원칙을 포용하는 융통성이 필요하다

항상 두려움을 안고 사는 경향이 있어 목음복합체질은 신경이 예민하고 사소한 일에도 근심이 많다. 그러니 건강 역시 좋을 리가 없다. 하지만 물의 기운을 이용하면 이러한 불안감을 떨쳐낼 수 있다. 물이 흐르는 곳에 있는 바위는 애초부터 모나지 않고 둥글둥글하다. 그래서 화초가 자라는 데 상처를 주지는 않는다. 또한 물이 흐르니 화초가 성장하는 데 도움이 될 것이다. 계곡 주변의 바위 틈 사이에서 잘 자라는 풀들을 보면 목음복합금체질에게 얼마나 물이 절실한지 알 수 있을 것이다. 수는 목과 금의 오행의 흐름을 자연스럽게 순환시켜주는 역할도 담당한다.

또 다른 관점에서 목음복합금체질을 살펴보자. 거대한 철광석 더미에 피어 있는 여린 화초라고 생각해볼 수도 있다. 이런 곳은 절대 화초가 잘 자랄 수 있는 환경이 아니다. 이들은 자신의 능력을 마음껏 발휘하지 못하고 위축되어버린다. 본래 목음체질은 어디서든 환경에 잘 적응하는데, 자신이 가진 이런 장점을 전혀 살리지 못하고 있는 상황이다.

스스로 틀을 만들어놓고 그 속에서 빠져나오지 못하고 얽매여 혼자 헉헉거리며 살기 쉽다. 이때는 불의 기운을 이용해서 철광석을 녹이는 방법을 고민해야 한다. 여기서 불은 끈기와 인내를 상징한다. 사실 목음체질의 내면에 담긴 기질 중 하나가 끈기와 인내다. 또한 부드러운 말씨와 밝은 미소 역시 불의 기운을 자신에게로 끌어당기는 방법이다. 이와 함께 원리원칙에 지나치게 얽매이지 말고 융통성 있는 자세를 가져보자. 반드시 자신의 좋은 운을 다시 끌어들일 수 있을 것이다.

목음복합화체질은 부모님의 의견에 절대적으로 순종하는 것이 좋다. 만약 부모님과 마찰이 일어나면 자신에게도 어려운 상황이 생길 가능성이 높다. 또한 형제나 동료, 친구의 의견을 존중하는 것도 좋은 기운을 만들어준다. 주위에 화양·화음체질, 화양과·화음과체질, 복합화체질, 수양·수음체질과 수양

이로운 음식과 한약재 ──────────────

· 이로운 음식 - 수수, 살구, 은행, 근대, 냉이, 상추, 쑥갓, 쑥, 영지, 참새, 초콜릿, 영지차, 쑥차, 팥, 보리, 우유, 당근, 연근, 홍차, 수박, 염소고기, 고들빼기, 작설차, 자몽.
· 체질 한약재 - 당귀, 산조인, 황련, 원지, 연자육, 백복령, 백복신, 치자, 연교, 현삼, 목통, 익모초, 백자인.

과·수음과체질, 복합수체질 등의 도움을 받으면 좋다.

집 안에도 오행의 순환을 위해서 물과 관련된 물건을 많이 두는 것이 좋다. 수족관이 가장 효과적이다. 집 주위에 물이 있어도 좋고, 사는 동네의 지명이 물과 연관성이 있다면 좋은 기운이 생길 것이다. 흰색은 지양하고 검은색을 활용하는 게 바람직하다. 호흡기와 간, 담낭, 자궁, 대장, 피부와 관련된 질환에 주의하고, 신경이 너무 예민해지지 않도록 주의하자.

목음복합금체질의 상징

목음복합금체질의 행운의 동물은 12지지 중 돼지다. 시험을 볼 때도 돼지가 좋다. 문구를 포함한 의류, 소품 등에 이 동물 캐릭터를 잘 활용하면 도움이 될 것이다.

명예를 얻고 싶다면 배포를 키우고 대범해지자

목음복합금체질은 명예 지향형 인간이다. 그래서 이들은 공직생활을 하는 것이 가장 바람직하다. 크고 작은 모임에서도 중요한 직책을 맡는 경우가 많다. 사람들에게는 언제나 부드럽고 다정하며, 일 처리에 있어서는 허튼짓 한 번 안 하고 원리원칙에 충실한 이들의 성격 때문이다.

복합금체질의 성질이 강해 옳지 않은 일을 봤을 경우에는 칼같이 개혁하려고 든다. 하지만 지나치게 원칙만 강조하는 경우 일을 진행하는 과정에서 융통성 없고 냉정한 모습으로 일관할 때도 종종 있다. 물론 이쯤 되면 모임의 분위기가 경직되고 사람들의 불만도 커진다.

목음복합금체질이 이런 자신의 단점을 보완하지 못한다면 명예를 잃을 수 있다. 그렇게 되면 이들은 아예 위축된 모습으로 살아가게 될 수도 있는데, 그렇게 되면 주관을 잃어버린 채 사람들의 눈치만 보고, 자신감이 바닥에 떨어져 매사에 일을 진행하는 속도도 더뎌질 것이다. 일이 잘 풀리지 않으니 자연히 몸도 마음도 괴로워진다.

목음복합수체질:
중요한 것은 생각이 아니라
행동이다

木陰應用

　기본 목음체질에 수의 성질이 강하게 작용하는 체질이다. 넓은 호수에 핀 작은 연꽃이라 할 수 있다. 연꽃이 어느 정도 무리 지어 있으면 보기도 좋고 인기도 많을 텐데, 단 한 송이뿐이라 관심의 대상이 되지 못하는 상황이다.

물의 기운은 줄이고 태양과 흙의 기운을 채우자

　비와 태양은 공존하지 않는다. 비가 계속 내리니 해를 보기 힘들고, 화초의 뿌리는 썩을 지경이 되어버린다. 뿌리가 썩으니 이것저것 아는 것은 많은데 실행은 못하고 주저한다. 생각이 많지만 실제로 행동으로 옮기지 못하는 경우도 많다.

　따라서 이들은 태양의 빛이 간절하다. 그래야만 자신의 가치를 높일 수 있기 때문이다. 주위에 화양·화음체질과 화양과·화음과체질, 복합화체질이 있다면 도움이 된다. 또한 비가 그치면 씻겨 내려간 화단의 흙을 채워줘야 한다. 그래서 토양·토음체질과 토양과·토음과체질, 복합토체질에게도 도움을 받을 수 있다.

목음복합수체질의 상징

목음복합수체질의 행운의 동물은 12지지 중 호랑이다. 시험을 볼 때는 돼지가 좋다. 문구를 포함한 의류, 소품 등에 이 동물 캐릭터를 잘 활용하면 도움이 될 것이다.

목음복합수체질은 어디에서나 잘 적응하고 조화를 잘 이루어낸다. 하지만 부모님의 말을 잔소리로 여기고 충돌하는 경우가 종종 발생한다. 그러므로 차라리 부모님이나 상사, 선배와 같은 윗사람보다는 배우자나 친구, 동료의 의견을 듣는 것도 대안이 될 수 있다. 항상 자신이 말한 것, 생각한 것을 실천해낼 수 있는 능력을 고양해야겠다.

볕이 잘 드는 집이 도움이 되고, 내부는 밝고 화려하게 꾸미는 것이 좋다. 다만 집 주위에 물이 많은 것은 피하는 것이 좋다. 물의 기운이 이미 차고 넘치기 때문이다. 붉은색과 노란색, 갈색 등이 자신에게 도움을 주는 기운이며, 검은색은 사용하지 않는 게 좋다. 숫자로는 목을 의미하는 3과 8, 화를 의미하는 2와 7이 자신에게 유익한 기운을 불러주며, 수를 의미하는 1과 6은 피하도록 하자.

복합수체질의 기질이 강하면 신장이나 방광, 생식기, 척추와 관절에 관련된 골격계 질환에 주의해야 한다. 또한 신경이 예민해지지 않도록 신경 쓰자. 그 외에도 간이나 담낭, 근육, 자궁에 관련된 질환에도 관심을 기울이자.

생각을 멈추고 몸을 많이 움직이자

복합수체질은 홍수를 상징하기도 한다. 홍수에 휩쓸려나간 자리는 아무것도 남은 게 없다. 그만큼 물은 무섭다. 그래서인지 일이 잘 안 풀릴 때 목음복합수체질은 아주 쉬운 일조차 제대로 해내지 못한다. 머릿속에서는 온갖 계획이 난무하는데 행동으로 옮기질 못하니 결과는 공허해지기 쉽다. 자기 손에 쥐어지는 결과물이 없으니 답답하기만 하다. 그리고 표현력도 부족하여 일의 능률까지 떨어진다. 스스로 지쳐 포기하는 경우도 종종 발생한다. 원인이 무엇일까? 모든 원인은 자신에게 있다.

하지만 물이 많은 곳에서 자라는 식물도 많다. 대표적으로 미역은 바다 속에서 오히려 더 잘 자란다. 목음체질의 장점을 살린다면 복합수체질의 단점을 이겨낼 수 있는 것이다.

목음체질은 태생적으로 융통성이 뛰어나고 환경에 대한 적응력이 탁월하다. 지구력과 실천력도 강해 어떤 환경에서도 자신의 본분을 잘 지켜나가는 강직함을 보인다. 이러한 장점들을 지켜낸다면 홍수라는 악조건도 이겨낼 수 있는 것이다.

그 외에도 목음복합수체질이 성공하기 위해서는 굼뜬 행동이나 서툰 일처리를 부단한 노력으로 극복해내야 한다.

결론적으로 이들은 머릿속에 담긴 많은 생각들을 행동으로 옮기는 요령이 없다. 사실 많고 많은 생각들 중에는 쓸모없는 공상만 잔뜩 있고 정작 필요한 것은 없을 수도 있다. 어쨌거나 잠시 생각을 멈추고 몸을 움직이자. 작은 것이라도 실천하는 것만이 성공의 지름길이다.

이로운 음식과 한약재

· 이로운 음식 : 기장, 찹쌀, 참외, 감, 시금치, 호박, 쇠고기, 토끼고기, 고구마, 연근, 꿀, 인삼차, 칡차, 식혜, 대추차, 콩, 깨, 설탕, 대추, 율무, 콩나물, 엿.
· 체질 한약재 : 백출, 감초, 사인, 익지인, 갈근, 홍삼. 산약, 신곡, 맥아, 천마, 진피.

三

화양응용체질

태양의 빛과 열은
대의를 위해
사용하라

火陽應用

화양과체질:
넘쳐나는 태양의 열기를
지혜롭게 활용하라

火
陽
應
用

태양이 너무 강렬하여 모든 것을 다 태워버릴 듯한 기세로 다가온다. 이토록 뜨거운 열기를 내뿜는 태양 앞에 남아나는 게 있을 리 없다. 아무리 에너지원일지라도 지나치게 많으면 없느니만 못하다. 화양의 기질이 지나치게 강한 화양과체질은 넘쳐나는 태양의 열기를 어떻게 지혜롭게 활용하느냐가 관건이라 할 수 있다.

삶의 진정성을 통해 모난 부분을 무디게 하라

이들은 성공과 실패의 편차가 상당히 큰 편이라 할 수 있다. 성공한 사람은 주로 화양체질의 장점을 극대화시켜 개발한 사람일 것이다.

화양과체질에게 보이는 것은 태양이 전부라 해도 과언이 아니다. 열대지방 사람에게 눈과 얼음에 관해 이야기하면 도저히 못 알아듣듯이 생각이 한쪽으로만 쏠려 있는 경우가 많다. 그러다 보니 고집스런 성향이 있다. 융통성을 발휘하지 못하고 지나친 공명심을 내세울 때도 많다. 때로는 쓸데없는 논쟁에 휘말려 인심을 잃는 경우도 보인다. 이런 성향이 심해질 경우 주위 사람들조차 피곤해질 수 있다. 이런 모나고 날 선 행동들은 다양한 삶의 경험으로 다듬어지고 무뎌질 수 있다. 화양과체질은 다양한 환경에서 삶의 진정성을 배운다면 성공에 좀 더 가까워질 것이다.

화양과체질의 상징

화양과체질의 행운의 동물은 12지지 중 용이다. 시험을 볼 때는 토끼가 좋다. 문구를 포함한 의류, 소품 등에 이 동물 캐릭터를 잘 활용하면 도움이 될 것이다.

자신의 뜨거운 열기를 식혀주고 받쳐줄 지지자들이 있다면 더 큰 무기가 된다. 지지자들은 추진력을 보태주고 더 큰 성공으로 이끌어주기 때문이다. 열기를 식히기 위해서는 물이 먼저 필요하다. 그래서 수양과·수음과체질, 복합수체질, 수양·수음체질의 사람을 만나야 한다. 또한 태양을 받쳐주는 힘은 흙에서 나온다. 따라서 토양과·토음과체질, 복합토체질, 토양·토음체질의 도움을 받아도 좋다.

집안을 밝고 화려하게 꾸미는 것은 좋지 않다. 대신 수족관이나 물과 관련된 장식물은 무엇이든지 좋다. 집 주변에도 물이 있는 것이 좋다. 붉은색은 가급적 사용하지 말자. 대신 흰색과 검은색을 많이 사용하는 편이 유리하다. 이로운 숫자로는 물을 상징하는 1과 6이 가장 좋다. 반면 불을 상징하는 2와 7은 도움이 되지 않는다. 신체적으로는 심혈관계 질환에 유의하고 비뇨기, 생식기 질환이나 신경성 위장병과 관절 질환에도 신경을 써야 한다.

지식을 근육으로 단련시켜라

화양과체질은 적당한 선에서 자신을 통제할 수 있는 능력이 필요하다. 세상일을 흑과 백으로만 구분하려 들지 말아야 한다. 자랑 삼아 한 말이 자칫 자신을 겨누는 비수가 될 수도 있으니 입단속에 신경 써야 한다. 또한 자신의 계획이 남들에게 노출되어 일이 그르치게 되는 것을 항상 경계해야 한다.

지나친 열기는 성질을 급하게 만들고, 반면 몸은 지치게 해서 더 게을러질 수도 있다. 더위 먹은 사람들은 조금 전까지 생각했던 것도 금세 잊어버린다. 판단력도 떨어져 실수하는 경우가 많다.

이런 단점을 극복하기 위해서는 지식을 숙련시키는 방법밖에 없다. 근육을 단련시켜 강하게 만들듯이 지식도 근육처럼 단련시키면 임기응변이 필요한 상황에서도 적절하게 판단할 수 있고, 실수도 줄일 수 있을 것이다.

무조건 많이 배우고 많이 움직이자. 넘치는 태양의 에너지를 공부에 투자하자. 원래 태양은 지능의 신이 아닌가. 공부를 열심히 하면 자신의 진정한 가치도 인정받을 수 있다.

이로운 음식과 한약재

· 이로운 음식 : 검은콩, 쥐눈이콩, 밤, 수박, 각종 해초류(미역, 다시마, 김, 파래 등), 소금, 된장, 두부, 두유, 차조, 호두, 잣, 돼지고기, 젓갈류, 해삼.
· 체질 한약재 : 숙지황, 구기자, 토사자, 복분자, 택사, 황백, 두충, 육종용, 산수유, 오미자.

화양불급체질:
태양은 가려져 있을 뿐
사라지지 않는다

구름이 태양을 가리고 있는 격이다. 한낮인데도 어둡다. 태양빛을 받을 수 없으니 몸조차 축 늘어진다. 날이 청명하지 않으니 하는 일도 손에 잘 잡히지 않는다. 어떻게 하면 구름을 걷어낼 수 있을까? 어떻게 하면 태양빛을 받을 수 있을까?

태양과 나무의 기운이 구름을 걷어내리라

혼자 힘으로는 구름을 걷어낼 수 없다. 이미 몸도 지쳤고, 머리도 굳어져 있기 때문이다. 이때는 주위 사람들에게 도움을 청하자. 화음불급체질은 태양의 기운이 부족하기 때문에 화양·화음체질, 화양과·화음과체질, 복합화체질과 함께하면 대안이 될 수 있다.

그리고 나무의 기운을 받아도 다시 생기를 찾을 수 있다. 나무를 성장시키기 위해서라도 자신의 숨겨진 능력을 끄집어내기 때문이다. 목양·목음체질, 목양과·목음과체질, 복합목체질과 함께하면 자신의 능력이 한층 성장할 것이다.

부모님과 대립하면 화양불급체질은 기운이 급속도로 약화된다. 이때에는 형제나 친구, 동료를 통해 다시금 기운을 되찾아야 한다.

집 주위에 나무가 많거나 볕이 잘 드는 곳이면 좋다. 집 안에서도 화초를 기르거나 나무로 된 물건으로 장식하면 도움이 된다. 주변을 최대한 밝고 화려하게 꾸미도록 하자. 조명도 밝은 것으로 교체해 집 안 분위기를 밝게 하자. 그러면 좋은 기운을 만들어질 것이다. 태양과 나무가 어우러진 그림을 걸어두어도 힘이 된다. 붉은색과 초록색, 파란색 등 태양과 나무를 상징하는 색을 많이 이용하자. 대신 검은색은 멀리하는 것이 좋다.

화양불급체질은 화양체질의 장점을 더 많이 개발해야만 노력의 결실을 많이 거두고 더 크게 성공할 수 있다.

성공의 근간은 건강이고 방법은 공부다

화양불급체질은 태양이 구름에 가려져 제 역할을 못하고 있으니 속이 타고 마음은 소심해진 상태다. 불확실한 상황이 계속되니 과감하게 판단을 내리기조차 어렵다.

이로운 음식과 한약재 ─────────────

· 이로운 음식 : 수수, 살구, 은행, 근대, 냉이, 상추, 쑥갓, 쑥, 영지, 참새, 초콜릿, 영지차, 쑥차, 팥, 보리, 우유, 당근, 연근, 홍차, 수박, 염소고기, 고들빼기, 작설차, 자몽.
· 체질 한약재 : 당귀, 산조인, 황련, 원지, 연자육, 백복령, 백복신, 치자, 연교, 현삼, 목통, 익모초, 백자인.

태양은 '지능의 신'임을 기억하자. 이 지능을 발휘할 수 있는 방법에는 지름길이 없다. 더 열심히 공부하는 것뿐이다. 공부를 열심히 하고 책을 가까이 한다면, 화양불급체질도 구름을 걷어내고 다시 태양을 볼 수 있을 것이다. 읽을 시간이 없더라도 항상 책을 가지고 다니도록 하자.

이들의 경제적 성공은 건강 사이클과 비슷하게 흐른다. 신경이 예민하고 몸이 힘들어지면 경제적으로도 잘 풀리지 않는다. 반면 건강이 회복되면 경제 사정도 좋아진다. 때문에 건강에 유의해야 할 필요가 있다. 특히 불안증과 심혈관계 질환에 주의하자. 성공의 근간은 건강임을 잊지 말자.

화양불급체질의 상징

화양불급체질의 행운의 동물은 12지지 중 토끼다. 시험을 볼 때도 토끼가 좋다. 문구를 포함한 의류, 소품 등에 이 동물 캐릭터를 잘 활용하면 도움이 될 것이다.

화양복합목체질:
울창한 나무에 가려진
태양을 보라

기본 화양체질에 목의 성질이 강하게 작용하는 체질이다. 숲에 큰 나무들
이 지나치게 많은 상황이다. 서로 태양빛을 받기 위해 경쟁하는 나무의 모습
이다. 이런 경우에는 중간중간에 벌목을 해주거나 땅의 면적을 넓혀주는 것
이 좋다. 적어도 나무끼리 태양을 가리는 것은 막아주어야 한다. 벌목을 하
기 위해서는 도끼가 필요하다. 따라서 금양체질, 금양과체질, 복합금체질의
도움이 있다면 좋겠다. 그리고 땅을 넓히기 위해서는 토양·토음체질과 토양
과·토음과체질, 복합토체질과 협조하면 성과가 보일 것이다.

자의식을 걷어내고 사람이 들어오게 하자
화양복합목체질은 칡넝쿨이 복잡하게 엉켜 있어 태양빛이 접근조차 못하
는 상황을 연상할 수 있다. 여기서 엉킨 덩굴이 상징하는 것은 신경이다. 따

라서 신경이 극도로 예민하고 작은 일에도 마음을 놓지 못한다. 그러니 아는 것이 많아도 실천은 장담할 수가 없고, 표현력은 위축된다. '목화통명'이라 하여 머리가 좋고, 공부를 잘하는데 능력을 드러내지 못하는 격이다. 그렇다면 어떻게 해야 엉킨 덩굴을 정리할 수 있을까?

화양복합목체질의 상징

화양복합목체질의 행운의 동물은 12지지 중 용과 개다. 시험을 볼 때는 토끼가 좋다. 문구를 포함한 의류, 소품 등에 이 동물 캐릭터를 잘 활용하면 도움이 될 것이다.

우선 자신이 갖고 있는 지나친 경쟁의식이나 자기 우월주의를 경계하자. 이로 인해 사람들의 접근이 어려워진 것이고, 스스로 인복을 차버린 셈이기 때문이다. 남을 대할 때는 항상 웃는 얼굴과 부드러운 말씨를 쓰자. 절대 남을 아래로 내려다보는 말투를 써서는 안 된다. 쓸데없이 고집 부리는 것도 경계하자. 생각보다 실천이 더 중요하다는 사실을 가슴에 새기자. 아마 평소에 부모님이나 윗사람의 말에 자주 반항했을 텐데, 이를 반성하고 위아래 두루두루 좋은 관계를 형성하는 데 신경 써야 한다. 특히 여성의 말을 따르면 좋은 기운이 모아진다.

그 외에도 돈 관리를 제대로 못하거나 재산이 없는 경우에는 모든 상황이 꼬일 수 있다. 젊었을 때부터 저축하는 습관을 길러두자.

흰색과 노란색, 갈색 등이 좋은 기운을 모아줄 것이다. 반면에 파란색과 초록색은 시험 보는 날 외에는 좋지 않다. 간과 담낭, 근육, 자궁에 관련된 질환 및 심혈관계 질환에 주의하자.

한 우물을 파자

목체질은 원래 시작과 의지, 실천을 의미한다. 하지만 이 기질이 화양체질과 결합했으니 마음만 커지고 몸의 움직임은 둔해져버렸다. 나무가 너무 많으니 그 속을 헤집고 들어가기 어려워진 것이다. 사공이 많으면 배가 산으로 가듯이, 복합목체질 때문에 협조가 잘 이루어지지 않는다. 일이 생기면 '다른 사람이 하겠지'라며 짐짓 뒤로 물러서버린다. 하지만 남의 일에 참견하는 것은 좋아한다. 워낙 주위의 경쟁자들을 많이 의식하기 때문이다.

또한 화양복합목체질은 실현 가능성 없는 공상을 하는 데 지력을 허비하는 경우가 많다. 하나가 흥하면 하나가 쇠하는 게 세상의 이치인데, 이들은 쇠하는 이치만 따르고 있는 것이다.

남보다 생각은 앞서나가지만 너무 앞서다 보니 실현 가능성이 떨어진다. 이로 인해 사업을 하더라도 만족스러운 결과를 얻지 못한다. 어떤 때는 화양체질의 명석한 두뇌와 목양체질의 철두철미한 기획력이 잘못 만나 독불장군식의 기질을 보이기도 한다. 목양의 강한 성향을 절제하지 못해서 생기는 일이다.

그러나 이들은 기본적으로 아이디어가 넘쳐나는 체질이다. 이 아이디어를 현실화시킬 수 있는 재주를 길러낸다면 단점을 곧바로 장점으로 승화시킬 수 있다.

화양복합목체질의 사고는 우물을 파는 것과 같다. 넓은 수영장보다 깊은 우물이 필요하다. 여러 주제를 한꺼번에 생각하지 말고, 한 번에 한 가지만 깊이 고민하는 습관을 기르자. 그러면 생각이 공상의 틀을 깨고 나갈 것이다.

또한 상대방을 존중하는 마음으로 말과 행동에 주의를 하자. 예의 바른 태

이로운 음식과 한약재 ─────────────

· 이로운 음식 : 현미, 율무, 배, 복숭아, 배추, 말고기, 생선, 박하, 생강, 파, 양파, 마늘, 생강차, 율무차, 땅콩, 더덕, 도라지, 무, 미역, 밤, 겨자, 감, 닭고기, 조개, 고추.
· 체질 한약재 : 길경, 맥문동, 상백피, 황기, 홍삼, 석창포, 반하, 오가피, 형개, 신이화, 박하.

도는 강한 목양의 성향을 절제시켜줄 것이다. 불같이 급한 화양체질의 성질을 절제하기 위해서는 차분함이 요구된다. 차분함은 건강까지도 좋아지게 만들 것이다.

화양복합목체질에게 가장 필요한 기운은 흙이다. 토가 곁에 있다면 이들이 신중하게 처신하는 데 도움을 주고 중심을 잡아줄 것이다.

화양복합토체질: 산에 가려진 태양을 들어올리자

기본 화양체질의 기질보다 복합토체질의 성향이 더 강하게 나타난다. 산이 너무 커서 태양을 가리고 있는 격이다. 산에 가려져 있으니 태양빛이 무용지물이다. 온 세상을 비추는 자신의 역할을 다하지 못하는 태양이라 할 수 있다. 에베레스트 산에 가보면 태양이 비춰도 1년 내내 얼음이 녹지 않는다. 산의 위세가 지나치게 강해 태양이 제 역할을 못하고 있는 셈이다. 화양복합토체질도 그런 상황을 연상해보면 이해하기 쉬울 것이다.

나무는 하늘과 땅을 연결한다

아무리 땅이 기름져도 바닥이 평평하지 않아 그늘이 드리워진 밭을 연상해보자. 필시 이곳은 곡식이 제대로 자라지 않을 것이고, 그 기름진 땅조차 결국에는 황무지로 변해가리라. 밭은 밭대로 빛이 전체를 다 비춰주지 않는다고 태양에게 불만을 가질 것이고, 태양은 태양대로 일해주고도 욕을 먹으니 지치고 짜증이 난다. 밭과 태양이 서로를 믿지 못하는 것처럼 화양복합토체질은 자신의 본성과는 다르게 지나치게 신중해져 매사에 판단을 못 내릴 때가 많다. 그리고 다른 사람들의 이야기가 귀에 들어오지 않는 모습도 발견될 것이다.

화양복합토체질의 행운의 동물은 12지지 중 토끼다. 시험을 볼 때도 토끼가 좋다. 문구를 포함한 의류, 소품 등에 이 동물 캐릭터를 잘 활용하면 도움이 될 것이다.

　태양과 흙을 화해시키기 위해서는 나무가 필요하다. 이 둘 사이에 존재하는 것이 나무이기 때문이다. 목양·목음체질, 목양과·목음과체질, 복합목체질 등과 어울리도록 하자. 그리고 사람들을 만날 때 쓸데없이 말을 많이 하지 말자. 도움이 되지 않는 아랫사람과의 충돌도 최대한 줄이는 게 좋다. 아랫사람과 일하는 것보다 부모나 윗사람, 혹은 동료와 상의하는 것이 좋다.

　화양복합토체질은 흙을 가까이 하는 것이 별로 도움이 되지 않는다. 대신 나무나 잔디 위를 걷는 것이 좋다. 집의 마당에는 나무를 심고 잔디를 깔아보자. 집 안에도 화초를 많이 기르는 것이 좋은 기운을 불러온다. 나무를 이용한 소품도 도움이 된다. 파란색, 초록색, 붉은색이 이로운 색깔이니 주변에 응용하자. 반면 노란색이나 갈색은 되도록 사용하지 않는 것이 좋다. 건강은 위장과 관련된 질환이나 심혈관계 질환에 주의해야 한다.

'자강불식'을 가슴에 새겨라

　복합체질은 두 가지 체질의 장점을 그대로 이어받을 수도 있고, 서로 보완할 수도 있으며, 아예 단점만 나타날 수도 있다. 화양복합토체질의 경우 화양의 조급함이 남아 있다면 사업이 잘 풀리지 않을 때 얼굴에 먼저 표가 날 것이다. 생각보다 말이 먼저 나오는 경향도 보인다. 행동은 진득하기보다 가벼울 때가 더 많다. 반면에 토가 지나치게 강해지면 자칫 융통성이 부족해지거나, 자만심이 커질 수도 있다. 그러면 과거에 집착하고 자신의 판단을 과신하여 아집과 독선으로 일을 처리하는 경우도 많아진다. 복합체질을 가진 사람들은 자신에게 해당하는 두 가지 체질의 단점을 주시하고 보완하도록 노력해야 한다.

화양복합토체질의 경우, 장점은 머리가 좋고 표현력이 우수하다는 점이다. 또한 다양한 분야에서 재능을 뽐낼 수 있는 능력을 타고났다. 제품을 홍보하거나 대중에게 이해시키는 능력이 탁월하다. 그러므로 어떤 직종이든 인정받기 쉽다.

하지만 너무 쉽게 배우고 이를 막힘없이 표현해내니 자칫 자만하게 될 수 있다. '자강불식自强不息'의 마음을 항상 마음에 새기고 배우는 일을 게을리하지 말아야 한다. 배움에 열을 다하여 소양을 넓히는 것이 말 속에 진실을 담을 수 있는 방법이기도 하다. 또한 이들은 자신이 얻어낸 결과물들이 금金의 기운으로 나타나기 때문에 쉽게 허물어지지 않을 것이다.

이로운 음식과 한약재 —————————————————————

· 이로운 음식 : 밀, 팥, 보리, 사과, 자두, 매실, 부추, 깻잎, 닭고기, 개고기, 땅콩, 들깨, 잣, 식초, 참기름, 유자차, 포도, 미나리, 귤, 메밀, 계란, 파인애플.
· 체질 한약재 : 백작약, 시호, 복분자, 천궁, 인진, 향부자, 산수유, 오미자, 모과, 산사, 결명자.

화양복합금체질:
눈부신 보석에
현혹되지 말라

기본 화양체질에 금의 성질이 강하게 작용하는 체질이다. 큰 무쇠덩어리들이 산처럼 쌓여 있는데, 태양빛만 쏟아지고 있는 형국이다. 쇠는 전혀 활용되지 못하고 녹만 슬고 있다. 머릿속에 '이것이 큰돈이 될 텐데…' 하는 생각은 가득하나 실천은 못하고 있는 상황이다.

이성과 돈을 멀리하라

태양의 힘만 가지고는 무쇠를 녹이기 힘들다. 태양도 좋지만 용광로가 되어줄 화음의 합세도 간절하다. 그래서 화양·화음체질과 화양과·화음과체질, 복합화체질 등이 도움이 된다.

태양빛을 받아서 번쩍이는 보석이 너무 많다고 생각해보자. 눈이 부셔 앞을 제대로 볼 수 없다. 보석이 많으니 이성이나 재물과의 조합은 환상적이지만 너무 과하면 화를 부른다. 눈을 제대로 못 뜨니 재물이나 이성에 마냥 끌려다닐 수 있다. 결국 모든 것이 허사가 될 수도 있다. 눈을 뜨기 위해서는 지식과 지혜를 길러야 한다. 늘 공부하고 책을 가까이 하면 눈이 떠질 것이다.

화양복합금체질은 동료나 친구, 그리고 윗사람과의 화합이 중요하다. 돈과 이성에 지나치게 얽매이면 안 된다. 부드러운 말씨로 남을 배려하고, 자신의 행동으로 열기를 만들 수 있다. 여성의 경우에는 특히 돈에 얽매이지 않도록 해야 한다. 남성의 경우라면 자신을 진정으로 위해줄 한 명의 여성을 만나는 것이 좋다. 그 외의 여성은 모두 친구로만 지내도록 하자.

집 안은 밝고 화려하게 꾸미는 것이 좋다. 색깔은 붉은색이 가장 잘 어울린다. 큰 나무를 키운다면 좋은 기운을 받을 것이다.

화양체질의 기질보다 복합금체질의 기질이 강하게 나타나니 건강에 유의해야 한다. 호흡기나 대장, 피부와 관련된 질환을 주의하자. 심혈관계 질환에도 주의해야 한다.

결과에 집착하지 말고 과정에 신경 써라

화양체질의 영향으로 성격이 급하다. 충분히 심호흡을 한 후 시작해도 될 일을 결과가 궁금해 서두르다 보니 손해로 이어질 가능성이 높다. 장사를 하는 과정에서도 물건을 팔 생각보다는 미리 수익만 계산하고 있는 상황이다.

이로운 음식과 한약재

· 이로운 음식 : 수수, 살구, 은행, 근대, 냉이, 상추, 쑥갓, 쑥, 영지, 참새, 초콜릿, 영지차, 쑥차, 팥, 보리, 우유, 당근, 연근, 홍차, 수박, 염소고기, 고들빼기, 작설차, 자몽.
· 체질 한약재 : 당귀, 산조인, 황련, 원지, 연자육, 백복령, 백복신, 치자, 연교, 현삼, 목통, 익모초, 백자인.

물건을 파는 일에만 전전긍긍하니 손님들과 친해지기도 힘들고, 단골이 생길 리도 없다. 결산을 할 때 미리 예상한 수익금보다 부족하면 가슴이 답답해진다. 이처럼 이들은 결과에 지나치게 집착한다. 따라서 결과에 대한 집착을 잠시 놓아버리고, 최선을 다하는 과정이 소중하다는 마음가짐을 가져야 한다. 그래야만 일도 잘 풀리게 될 것이다.

많은 생각과 만반의 준비 끝에 일을 시작하면 성공은 보장되어 있다. 그리고 그 성공은 쉽게 허물어지지 않는다. 만반의 준비란 충분히 배우는 과정을 말하고, 좋은 동료들과 교류하는 것을 일컫는다. 결과에 너무 집착하지 말고 과정에 충실하며, 동료들과 잘 지낼수록 화양복합금체질은 성공에 가까워진다.

화양복합금체질의 상징

화양복합금체질의 행운의 동물은 12지지 중 뱀이다. 시험을 볼 때는 토끼가 좋다. 문구를 포함한 의류, 소품 등에 이 동물 캐릭터를 잘 활용하면 도움이 될 것이다.

화양복합수체질:
바다가 은빛 물결을
만들어내고 있다

火陽應用

기본 화양체질에 수의 성질이 강하게 작용하는 체질이다. 큰 바다에 태양이 떠서 은빛 물결을 만들고 있는 형상이다. 참으로 아름다운 조합이 아닐 수 없다. 꿈이 크고 명예에 대한 관심이 높다. 그러나 태양의 힘이 적고 바다가 너무 넓으니 이것이 아쉬운 점이다. 태양이 빛을 발하기 위해서는 항상 책을 가까이하는 습관을 가져야 한다. 공부를 하지 않으면 자신의 빛이 더 약해질 수 있다.

물을 흡수해줄 존재가 필요하다

태양은 떴지만 비가 계속 내리는 모습을 상상해보자. 맑은 하늘을 보기가 힘든 격이다. 태양 역시 자신의 능력을 제대로 발휘하기 힘들다. 이때는 물을 머금어줄 존재가 필요하다. 우선 흙이 물을 흡수해줄 수 있다. 그래서 토양·토음체질과 토양과·토음과체질, 복합토체질에게 도움을 받는 것이 좋다. 또한 나무도 물을 머금어준다. 그리고 나무는 물을 먹고 자신도 성장한다. 그래서 목양·목음체질과 목양과·목음과체질, 복합목체질과는 상당히 잘 어울린다.

화양복합수체질의 상징

화양복합수체질의 행운의 동물은 12지지 중 호랑이다. 시험을 볼 때는 토끼가 좋다. 문구를 포함한 의류, 소품 등에 이 동물 캐릭터를 잘 활용하면 도움이 될 것이다.

파란색과 초록색을 이용한 인테리어가 좋다. 반대로 검은색은 사용하지 않는 편이 좋다. 특별히 신경을 써서 키우는 나무가 있다면 더욱 유리하다. 나무는 클수록 도움이 된다. 집은 볕이 잘 들고, 주위에 물이 없는 곳이 좋다. 언덕 위의 집이라면 금상첨화라 할 수 있다.

부모님의 의견을 항상 존중하고 따르는 것이 매사에 이롭다. 그리고 건강이 좋지 않은 경우가 많으니 이를 유의해야 한다. 복합수체질의 기질로 인해 신장이나 방광, 생식기, 척추와 관절 등 뼈와 관련된 질환이 생길 수 있으며, 심혈관계 질환에도 주의해야 한다.

유연함과 융통성이 성공을 가져온다

화양체질은 무엇이든지 분명히 하고 넘어가야 직성이 풀린다. 원리원칙을 강조하는 성향이 수의 결합으로 더 강해졌으니 융통성을 발휘하기가 좀 어렵다. 매사에 원칙만을 고수하니 주변 사람이 피곤하다.

융통성 없이 늘 원리원칙을 고수한다면 건강에도 좋지 않다. 또한 지나치게 명예욕이 큰 것도 건강에 이롭지 못하다. 건강을 돌보는 것이 우선인 체질이다. 명예는 양날의 검과도 같아서 건강에 별 도움이 되지 못한다는 것이 한 가지 아쉬운 점이다.

어려울 때는 윗사람의 의견을 자주 듣고 참고하도록 하자. 열심히 배우는 자세로 살아야 한다. 또한 예의 바른 행동과 말씨, 그리고 밝은 웃음이 화양 복합수체질에게 성공의 기반이 될 것이다. 물의 기운을 머금어주는 목의 기운처럼 계획을 잘 세우고 생각을 많이 하는 것도 중요하다.

이들은 직장에서 최고의 위치까지 오를 수 있는 가능성을 다분하다. 하지만 그러기 위해서는 유연한 사고와 융통성 있는 행동이 필요하다.

이로운 음식과 한약재

- 이로운 음식 : 기장, 찹쌀, 참외, 감, 시금치, 호박, 쇠고기, 토끼고기, 고구마, 연근, 꿀, 인삼차, 칡차, 식혜, 대추차, 콩, 깨, 설탕, 대추, 율무, 콩나물, 엿.
- 체질 한약재 : 백출, 감초, 사인, 익지인, 갈근, 홍삼, 산약, 신곡, 맥아, 천마, 진피.

四

화음응용체질

강점을 키워야
더 큰 가치를
만들어낼 수 있다

화음과체질 : 타오르는 불길을 조절하라
화음불급체질 : 불씨만 살아난다면 더 좋아진다
화음복합목체질 : 연약한 불씨를 키워야 성공한다
화음복합토체질 : 노력만 한다면 반드시 성공한다
화음복합금체질 : 힘을 기르면 화력이 배가된다
화음복합수체질 : 불을 밝혀 낭만을 즐기자

火陰應用

화음과체질:
타오르는 불길을
조절하라

큰불이 나서 접근하기조차 힘들 정도다. 모든 것을 태워버릴 기세다. 이때 가장 절실한 것은 무엇일까? 하늘에서 비가 쏟아지면 고맙지 않을까?

끝까지 해내다 보면 성공에 가까워진다

불을 끄는 데는 물도 있지만 흙도 좋다. 모래를 뿌리면 불은 꺼질 수밖에 없다. 이러한 관점에서 화음과체질은 물이나 흙, 그리고 쇠는 이롭고, 반면에 불 자체나 불에 잘 타는 나무는 덜 이롭다고 할 수 있다. 따라서 수양과·수음과체질, 복합수체질, 수양·수음체질의 협조가 이들에게 가장 큰 힘이 되고, 그 다음으로는 토양과·토음과체질, 복합토체질, 토양·토음체질이 좋다.

화음과체질은 화력이 가장 센 용광로다. 달아오른 용광로의 열기는 두 가지의 상반된 의미를 갖는다. 그 어떠한 쇠도 녹일 수 있으므로 두려움이 없다. 무슨 일을 해도 부가가치를 최대한 높일 수 있다는 것이다. 반면 불길이 너무 커서 작은 쇳덩어리는 아예 흔적도 없이 사라질 수 있다. 이는 다른 사람들의 생각까지 태워버릴 만큼 고집스러운 모습으로 나타난다. 생각이 한쪽으로만 쏠려 있는 경우도 많다.

화음과체질의 상징

화음과체질의 행운의 동물은 12지지 중 용이다. 시험을 볼 때는 호랑이가 좋다. 문구를 포함한 의류, 소품 등에 이 동물 캐릭터를 잘 활용하면 도움이 될 것이다.

따라서 화음과체질은 자기 안에 타오르고 있는 불의 화력을 조절하는 능력을 키워야겠다. 이를 위해서는 자라나는 환경이 아주 중요하다. 또한 다양한 경험을 겪어보면 좋다. 일을 할 때는 추진력을 보여야 도움이 된다. 성공과 실패의 편차가 크다는 사실을 명심하며, 한번 실패하면 재기하기 어렵다는 각오로 살아야겠다.

화음과체질은 불을 상징하는 심혈관계 질환에 유의해야 하고 폐나 대장, 비뇨기, 생식기, 신경성 위장병, 관절 질환에도 주의해야 한다.

물과 관련된 것이라면 무엇이든 좋다. 물이 그려진 그림이나 수족관을 두면 좋은 기운이 생긴다. 집 주위에 물이 있는 것도 효과적이다. 붉은색은 되도록 자제하고 흰색이나 검은색을 많이 이용하자. 숫자로는 물을 상징하는 1과 6이 좋고, 불을 상징하는 2와 7은 별로 좋지 않다.

반 박자만 천천히 가라

용광로는 빛이 아니라 화력을 상징한다. 쇠를 녹이는 재주는 누구도 따라올 자가 없다. 문제는 쇠를 어떻게 조달하느냐다. 일단 쇠를 조달하기만 하면 무쇠의 신분에서 벗어날 수 있다. 얼마나 많은 양의 쇠를 녹일 것인가가 성공의 열쇠다. 시간이 있으면 돈이 없고, 돈이 있으면 시간이 없는 것처럼,

한 가지 조건이 늘 충족되지 못하는 상황이 반복되어 능력에 비해 녹이는 쇠의 양이 적은 경우가 많다.

용광로에 기름을 부은 것처럼 성격이 급해 순간적인 오판을 하는 경우도 있는데, 이는 욕심을 부리다 화를 자초하는 행동이다. 뛰어난 재능을 믿고 적절한 상황이 될 때까지 기다리는 신중함이 필요하겠다.

이로운 음식과 한약재 ─────────────

· 이로운 음식 : 검은콩, 쥐눈이콩, 밤, 수박, 각종 해초류(미역, 다시마, 김, 파래 등), 소금, 된장, 두부, 두유, 차조, 호두, 잣, 돼지고기, 젓갈류, 해삼.
· 체질 한약재 : 숙지황, 구기자, 토사자, 복분자, 택사, 황백, 두충, 육종용, 산수유, 오미자.

화음불급체질: 불씨만 살아난다면 더 좋아진다

화로에 불씨가 얼마 남지 않은 상황이다. 그래서 온기를 제대로 만들어내지 못하고 있으니 자신의 역할을 충분히 발휘하지 못하는 상태다. 스스로도 자꾸만 의지가 약해진다. 어떻게 하면 불씨를 확 키워서 방 안에 온기를 충분히 전달을 할 수 있을까?

주위에 불과 나무의 기운이 모이도록 하자

대장간에 녹여야 할 쇠는 많은데 불길은 계속 잦아들고만 있다. 혼자 힘으로는 불길을 키우기가 어려울 수 있다. 그렇다면 다른 불을 만나야 한다. 그래서 화양·화음체질, 화양과·화음과체질, 복합화체질의 도움이 필요하다. 또한 땔감도 도움이 되므로, 목양·목음체질, 목양과·목음과체질, 복합목체질과 협조하면 불씨를 살릴 수 있다.

책을 가까이하고 열심히 공부하는 것도 불씨를 살리는 방법이다. 읽을 시간이 없어도 책을 항상 가지고 다니자. 부모님과 의견충돌이 생기면 기운이 약해질 수 있다. 부모님을 비롯하여 형제나 친구, 동료와 잘 지내는 것이 도움 된다.

볕이 잘 드는 집이 좋고, 집 주위에 나무가 많으면 좋다. 집 안에서 화초를 기르거나 나무로 된 물건을 가지고 있으면 도움이 된다. 조명을 밝게 해서 화려한 분위기를 만드는 것도 좋은 기운을 만들어준다. 태양과 나무가 어우러진 그림을 걸어두는 것도 좋다. 붉은색과 초록색, 파란색을 많이 이용하는 것이 이롭고, 검은색은 멀리하는 것이 효과적이다.

불씨를 모아 내공을 키우자

촛불은 연약하지 않다. 불씨를 제대로 지키기만 하면 언젠가는 큰불의 역할을 할 수 있는 법이다. 작은 촛불 하나가 산 전체를 태울 수도 있지 않은가. 화음불급체질은 훗날 큰 불길을 일으키기 위해 준비하며 살아야 한다. 이들은 연약해 보여도 끈질긴 근성을 가지고 있기 때문에 내공을 쌓는다면 더 큰 부가가치를 얻을 수 있다.

또한 경제적인 성공을 혼자 힘으로만 이루려고 무리하지 말자. 주위의 도움을 받으면 어떠한 일도 끈기 있게 매진할 수 있다.

이로운 음식과 한약재

· 이로운 음식 : 수수, 살구, 은행, 근대, 냉이, 상추, 쑥갓, 쑥, 영지, 참새, 초콜릿, 영지차, 쑥차, 팥, 보리, 우유, 당근, 연근, 홍차, 수박, 염소고기, 고들빼기, 작설차, 자몽.
· 체질 한약재 : 당귀, 산조인, 황련, 원지, 연자육, 백복령, 백복신, 치자, 연교, 현삼, 목통, 익모초, 백자인.

어린 시절부터 자신과 같은 뜻을 품고 있는 동료들과 꾸준히 교류하는 것이 좋다.

예민한 성격과 심혈관이 약한 성향이 자신에게 걸림돌이 될 수도 있으니 건강관리를 철저히 해야 하겠다.

화음불급체질의 상징

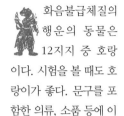

화음불급체질의 행운의 동물은 12지지 중 호랑이다. 시험을 볼 때도 호랑이가 좋다. 문구를 포함한 의류, 소품 등에 이 동물 캐릭터를 잘 활용하면 도움이 될 것이다.

화음복합목체질:
연약한 불씨를 키워야
성공한다

기본 화음체질에 목의 성질이 강하게 작용하는 체질이다. 불씨는 작은데, 커다란 나무를 쌓아올려 놓은 모습이다. 불이 일어나기보다는 꺼질 염려가 더 크다. 이럴 때는 큰 나무를 쪼개서 장작으로 만든 뒤 조금씩 올려주는 것이 가장 좋은 방법이다. 그래서 도끼질이 필요하다. 모든 금체질의 도움이 절실하다.

나무가 여유를 갖도록 능력의 공간을 확장하자

복합목체질은 우두머리 기질과 경쟁의식이 강하다. 하지만 생각과 달리 실천으로 옮기지 못하는 경우도 많고, 반대로 대책 없이 일만 벌여놓고 뒷감당을 못하는 상황도 자주 나타난다.

그리고 우두머리가 되지 못하거나 경쟁에서 패배하는 일이 반복되는 경우에는 곧바로 자신감을 잃어버린다. 자신의 패배를 인정하기 싫은 나머지 노력을 게을리하기도 한다. 실력이 없어서 못하는 것이 아니라, 노력을 안 해서 못한 것이라고 변명하기 위해서다. 즉, 이 기질은 자존심이 최우선의 가치라 할 수 있다.

따라서 화음복합목체질은 자신의 능력을 키우는 게 급선무라 할 수 있다. 불의 기운을 확산해야 한다. 이때 태양이 강렬하게 비추어준다면 모든 것이 수월해진다. 난방장치를 더 들여놓는 것도 도움이 된다. 난방장치를 늘리는 데 드는 비용은 아까워하지 말자.

다른 체질의 도움을 받는 것도 고려해볼 수 있다. 금음체질에게 도움을 받을 경우는 감당할 수 있을 만큼만 지원을 받자. 너무 많은 지원은 부담만 커지고 신경 쓰인다. 적당한 수준의 지원만 받고 여유를 찾는 게 스스로에게 도움이 된다. 양이 많은 것보다는 부가가치가 높은 화초를 알차게 기르는 것이 자신의 능력을 성장시키고 삶도 안정되게 만들어준다.

흙은 나무가 들어설 넓은 공간을 만들어주기 때문에 도움이 된다. 흙은 추위를 이겨내도록 도와주는 이불 역할도 한다. 토양·토음체질이 협조해준다면 화음복합목체질의 경제적인 활동이 원활해지고 머리 회전도 빨라질 것이다.

화음복합목체질의 경우 화초는 많은데 온실의 공간이 너무 좁고 온도를 유지하기가 어려운 상태다. 그래서 이들은 사회적인 환경에 적응을 잘 못하는 경우도 많다. 충분한 공간이 있어야 화초들이 잘 자랄 수 있고, 모든 것이 수월해진다. 많은 화초를 감당하려면 두 배 이상 노력해야 한다.

남성의 경우 여성의 의견을 존중하고 따르는 것이, 실패를 막아주고 좋은 기운을 모으는 데 도움이 된다. 그리고 경제적인 여유가 없다면 다른 체질에 비해 일이 잘 안 풀릴 수 있다. 그러므로 젊은 시절부터 돈을 허투루 쓰지 말고 저축하는 습관을 길러야 한다.

이들은 윗사람의 조언보다 아랫사람과의 논의가 더 이로운 경우가 많다. 스스로도 부모님의 조언은 그다지 중요하게 여기지 않는 경우가 많을 것이다.

목의 기운은 이미 차고 넘치므로 집에서 화초를 많이 기르는 것은 좋지 않다. 대신 흙으로 만들어진 소품을 많이 배치하는 것이 이롭다. 마당에 넓은 바위를 두고 평상처럼 이용하면 좋은 기운이 생길 것이다. 흰색이나 노란색, 갈색 계통의 색들은 이롭지만 초록색은 피하는 것이 좋다.

이들은 복합목체질의 기질이 많기 때문에 간이나 담낭, 근육, 자궁과 관련된 질환에 주의를 해야 하고, 심혈관계 질환도 미리 신경을 써야 한다.

복합목체질의 단점을 줄이고 화음체질이 가진 장점을 부각시킨다면 성공에 가까워질 수 있다.

친목활동이 대안일 수 있다

화음체질과 복합목체질의 결합은 심리적인 환경변화에 민감한 성향의 조합이다. 따라서 신경이 매우 예민할 수밖에 없어 신경성 질환이 우려된다.

화의 기운은 불이 뜨거운 만큼 성격이 급한 경우가 많아 실수가 잦고 건망증도 심하다. 하지만 머리는 비상하게 잘 돌아가고 아이디어도 많다. 그러나 실천력이 부족하여 공들여 생각한 것들이 공상으로 끝나버리는 경우도 많다. 이런 상황이 반복되면 행동은 더더욱 소극적으로 변한다. 동기가 확실하지

이로운 음식과 한약재 ─────────────

· 이로운 음식 : 현미, 율무, 배, 복숭아, 배추, 말고기, 생선, 박하, 생강, 파, 양파, 마늘, 생강차, 율무차, 땅콩, 더덕, 도라지, 무, 미역, 밤, 겨자, 감, 닭고기, 조개, 고추.
· 체질 한약재 : 길경, 맥문동, 상백피, 황기, 홍삼, 석창포, 반하, 오가피, 형개, 신이화, 박하.

않으면 목표의식을 잃어버릴 수 있다. 공부를 하면서
도 목표의식이 없어 제대로 써먹지 못하는 것이다. 나
무가 너무 많으면 서로 경쟁이 심해지는 것처럼 다른
사람과의 협력도 어렵다. 서로 '다른 사람이 하겠거
니' 하고 생각하며 미루기 때문이다.

화음복합목체질의 상징

화음복합
목체질의
행운의 동
물은 12지지 중 소와 양
이다. 시험을 볼 때는 호
랑이가 좋다. 문구를 포
함한 의류, 소품 등에 이
동물 캐릭터를 잘 활용
하면 도움이 될 것이다.

　이들이 성공에 도달하려면 아이디어를 현실화시키
는 재주가 필요하다. 차분함을 기르는 것도 도움이 된
다. 친목활동을 하면 소극적인 성격을 바꿀 수 있다.
단체 내에서 책임을 맡다 보면 내키지 않아도 일을 해야 할 때가 많기 때문
이다. 그리고 부드러운 언행과 상대방을 존중하는 마음을 가지면 부족한 표
현력도 보완되고 다른 사람들의 협조도 얻을 수 있다. 단점을 보완하는 것은
아주 작은 부분에서부터 시작된다는 것을 명심하자.

화음복합토체질: 노력만 한다면 반드시 성공한다

기본 화음체질에 토의 성질이 강하게 작용하는 체질이다. 화로는 큰데 불이 적게 들어 있는 형국이다. 그러니 불씨는 보호받을 수 없는 상황이다. 이런 경우에는 땔감을 많이 준비하거나 더 많은 불씨를 가져와야 불씨를 크게 만들 수 있다. 화와 토는 음양오행으로도 매우 좋은 조합이기에 노력만 한다면 성공에 더욱 가까워질 것이다.

언변은 최고다

넓은 비닐하우스에 난로가 충분하지 않으니 온도 유지에 문제가 발생한다. 나무들도 죽어가는 실정이고 땅만 휑하니 넓은 상태이다. 난방장치를 더 설치하고, 노는 땅이 없도록 묘목을 가져다가 심어야 좋은 결과를 얻을 수 있을 것이다. 목양·목음체질과 목양과·목음과체질, 복합목체질의 도움을 받으면 성과를 내는 데 도움이 된다.

화음복합토체질은 머리가 좋고 언변이 출중하다. 어지간해서는 말싸움에서 지는 경우가 없을 정도다. 하지만 이런 성격으로 인해 자기주장을 잘 굽히지 않아 난처해지는 경우가 많고, 이런 일들이 반복되면 남들이 상대해주지 않고 사회생활에도 문제가 생긴다. 이런 단점을 극복하려면 평소에 책을 많이 읽는 것이 좋다. 부모님의 의견에는 무조건 순종하는 것도 실수를 줄여주는 방법이다.

화음복합토체질의 상징

화음복합토체질의 행운의 동물은 12지지 중 호랑이다. 시험을 볼 때도 호랑이가 좋다. 문구를 포함한 의류, 소품 등에 이 동물 캐릭터를 잘 활용하면 도움이 될 것이다.

마당이 있는 집이 좋고, 화초를 많이 기르는 것이 좋다. 하지만 더 이상 흙의 기운은 필요 없으므로 노란색과 갈색은 피하자. 단 초록색과 파란색은 모든 곳에 응용하면 좋다.

토음체질의 기질이 강하면 세심하고 꼼꼼하다. 하지만 이런 성향은 자신을 피곤하게 만들기 쉽고 위장에 문제가 생길 수도 있다. 심혈관계 질환도 주의해야 한다.

이들은 최대한 복합토체질의 단점을 줄이고, 화음체질이 가진 장점을 드러내는 것이 좋다.

자기 안에 성공의 기운이 숨겨져 있다

토음체질의 기질 때문에 속마음을 드러내지 않는 성향을 보인다. 겉으로 표내지 않아도 남들이 던진 말에 마음속으로 크게 상처 입는다. 이렇게 가슴에 쌓아두는 성향은 조금씩 고쳐나가는 것이 좋다.

불이 뜨거운 만큼 성격이 급한 경우가 많다. 건망증으로 인해 실수를 저지르는 경우도 종종 보인다. 실수를 줄이기 위해서라도 메모하는 습관을 기르자.

가끔은 생각 없이 던진 말 때문에 손해를 보는 경우도 있다. 상사와 충돌도 많고, 간혹 그런 충돌 때문에 직장을 옮겨야 하는 일이 생길 수도 있다. 다행히 토의 기운이 이런 성향을 누그러뜨려주는 경우도 있다.

노력만 한다면 모든 단점을 충분히 보완할 수 있는 체질이라 할 수 있다. 마찬가지로 노력 여하에 따라 어떤 업무를 맡든 크게 기여할 수 있고 승진하는 데도 걱정이 없다. 회사를 운영해도 안정적으로 성장시킬 수 있는 체질이다.

화음복합토체질은 항상 배우는 자세가 필요하다. 배운 것 이상으로 능력이 커지기 때문이다. 이런 능력으로 이룩한 성공은 금의 속성으로 나타나 쉽게 허물어지지 않는다. 반대로 배움에 게으르면 말 속에 진실을 담을 수가 없게 되어 허풍이 많은 사람으로 보이거나 남을 이용하는 사람으로 오해받을 수 있다.

이로운 음식과 한약재 ────────────

· 이로운 음식 : 밀, 팥, 보리, 사과, 자두, 매실, 부추, 깻잎, 닭고기, 개고기, 땅콩, 들깨, 잣, 식초, 참기름, 유자차, 포도, 미나리, 귤, 메밀, 계란, 파인애플.
· 체질 한약재 : 백작약, 시호, 복분자, 천궁, 인진, 향부자, 산수유, 오미자, 모과, 산사, 결명자.

화음복합금체질 : 힘을 기르면 화력이 배가된다

기본 화음체질에 금의 성질이 강하게 작용하는 체질이다. 용광로의 화력이 약해 무쇠를 녹일 수 없는 지경이다. 허약하고 병든 자가 금괴를 지고 절벽을 넘는 상황이다. 돈을 벌어야겠다는 생각도 많고 돈도 눈에 들어오는데 정작 벌려고 하면 뜻대로 되지 않는 상황이 반복된다. 답은 하나다. 스스로 힘을 기르는 것만이 만사를 해결하는 방법인 것이다.

재물은 때가 되면 굴러 들어온다

화력만 세다면 얼마든지 무쇠를 다시 귀금속으로 변화시킬 수 있다. 즉 힘을 키우면 자신의 가치를 높일 수 있다는 말이다. 건강을 회복하면 금궤를 지고 무사히 산을 넘을 수 있다. 또한 자신의 체력상태에 맞게 욕심 부리지 말고 적당히 포기한다면 금궤를 전부 잃어버릴 일도 없다. 재물은 때가 되면 굴러 들어오는 것이지 좇는다고 잡히는 것이 아니다.

보석은 열에 녹으니 열을 싫어한다. 대신 열보다는 자신을 더욱 아름다워 보이게 하는 빛이 필요하다. 빛이 있어야 주위의 관심을 끌 수 있는 것 아닌가?

열기는 화음이 공들여 만든 보석을 녹여버릴 수도 있으므로 재물과 이성에 주의하는 것이 좋다. 남자의 경우는 돈과 이성을 같은 것으로 보기도 하므로 이성을 밝히지 말고 평소부터 금전관리를 철저히 하는 게 좋다. 푼돈도 알뜰하게 저축하는 습관을 기르는 것이 가장 바람직하다.

또한 대인관계에서는 복합금체질의 날카로운 모습을 감추는 것이 좋다. 가끔은 친구와 동료의 의견을 순순히 따르는 모습을 먼저 보여주자. 그러면 누구나 좋아하는 보석의 기질이 충분히 발휘되어, 주위에 좋은 사람들이 모여들 것이다. 이들은 주로 화양·화음체질과 화양과·화음과체질, 복합화체질의 도움을 받는 것이 이롭다.

파란색, 초록색, 붉은색이 화음복합금체질에 도움을 준다. 하지만 흰색은 되도록 사용하지 말자. 집 안은 화려하게 꾸미고 조명도 밝게 하는 게 이롭다. 무쇠의 기운은 이미 너무 많이 가졌으니 금속성 장식품도 최소한으로 줄이고, 귀금속을 착용하는 것도 자제하는 게 좋다.

집 주위에 나무를 많이 심고 가꾸는 것이 좋다. 집 안에도 화초를 많이 키우는 게 이롭다. 복합금체질의 기질이 강하게 나타나면 호흡기, 대장, 피부

이로운 음식과 한약재

- 이로운 음식 : 수수, 살구, 은행, 근대, 냉이, 상추, 쑥갓, 쑥, 영지, 참새, 초콜릿, 영지차, 쑥차, 팥, 보리, 우유, 당근, 연근, 홍차, 수박, 염소고기, 고들빼기, 작설차, 자몽.
- 체질 한약재 : 당귀, 산조인, 황련, 원지, 연자육, 백복령, 백복신, 치자, 연교, 현삼, 목통, 익모초, 백자인.

와 관련된 질환에 주의해야 한다. 아울러 심혈관계 질환에도 주의하자. 복합금체질의 단점보다는 화음체질의 장점을 드러내면 성공할 수 있다.

화음복합금체질의 상징

화음복합금체질의 행운의 동물은 12지지 중 말이다. 시험을 볼 때는 호랑이가 좋다. 문구를 포함한 의류, 소품 등에 이 동물 캐릭터를 잘 활용하면 도움이 될 것이다.

만반의 준비가 성공을 보장한다

이들은 관찰력이 뛰어나고 새로운 것을 발견하는 재주가 특출하다. 대신 성질이 급해서 일을 진행하기도 전에 결과부터 궁금해 한다. 한 번만 더 생각해보고 시작해도 되는데 성급하게 움직이다 결국 손해를 보고 이내 후회를 한다. 장사를 시작하기도 전에 수익부터 생각하니 손님과 인간적 정을 나눌 수가 없고, 물건이 아무리 좋아도 손님에게 정성이 전달되지 않는다. 이렇게 결과에만 집착하는 모습은 화음복합금체질이 가진 가장 큰 단점이다.

따라서 충분히 고민하고 만반의 준비를 한 다음에 일을 시작해야 한다. 이들에게 좋은 동료는 정말 큰 역할을 해주는 존재다. 간혹 동료로 인해서 손해를 보는 경우도 있지만, 결국에는 이 동료들로부터 결정적인 도움을 받을 확률이 크다. 이런 과정이 준비되면 성공은 보장되어 있다. 또한 화음복합금체질의 성공은 쉽게 허물어지지 않는 속성을 가지고 있다.

남성이라면 여성을 가까이 하지 않는 것이 이롭다. 특히 여러 명의 이성과 교제한다면 큰 곤경에 처할 것이다. 결혼 후에도 바람을 피운다면 경제적인 어려움에 직면할 수 있다.

화음체질은 예의가 바르고 희생정신과 봉사정신이 강하여 어려운 처지에 놓인 사람들을 돕는 데 앞장선다. 이런 성향이 있으므로 남에게 베푸는 인생을 살면 도움이 될 것이다.

화음복합수체질:
불을 밝혀
낭만을 즐기자

火
陰
應
用

기본 화음체질에 수의 성질이 강하게 작용하는 체질이다. 호수는 너무 넓은데 조명이 너무 적다. 운치가 있다기보다는 호수 전체의 모습이 눈에 들어오지 않을 정도라서 초라해 보일 뿐이다. 화음체질과 수체질은 서로의 음양오행 구조가 잘 맞는 관계다. 따라서 능력에 맞추어 조명을 늘린다면 아주 좋은 상황으로 바뀔 수도 있다.

남보다 한 가지라도 더 많이 일하자

계속 비가 내리니 모닥불이 꺼지기라도 할까 내내 노심초사다. 이때는 흙으로 화덕을 만들어 불씨를 보호하는 것이 제일 좋을 것이고, 장작을 자주 보충해주는 것도 도움이 된다. 또한 빗물이 잘 빠져나갈 수 있도록 관리를 해주는 것도 필요하겠다. 그래서 목양·목음체질과 목양과·목음과체질, 복합목체질, 토양·토음체질과 토양과·토음과체질, 복합토체질의 도움을 받으면 좋다.

화음복합수체질은 정해진 규칙대로 움직이려는 습성이 크다. 많은 물이 불을 통제하고 있기 때문에 직장에서는 위축되기가 쉽고, 남들보다 눈치를 더 많이 보는 편이다. 화음체질은 본래 심약한 편인데, 그런 성향이 더 커져서 심적으로 위축되다 보니 매사에 자신감을 잃어버린 것이다. 이들은 직장생활이 힘들면

화음복합수체질의 행운의 동물은 12지지 중 호랑이다. 시험을 볼 때도 호랑이가 좋다. 문구를 포함한 의류, 소품 등에 이 동물 캐릭터를 잘 활용하면 도움이 될 것이다.

다른 일도 순조롭게 풀리지 않을 수 있다. 이런 경우에는 인간관계로 풀어야 한다. 아랫사람의 고충을 잘 헤아려주고, 윗사람에게는 눈치 빠르게 행동해보자. 다행히 화음복합수체질은 위아래, 모든 사람들과 잘 어울려 지내는 장점을 가졌다. 기회주의자로 비춰지지 않도록 유의하면서, 남보다 한 가지라도 더 많이 일하겠다는 생각을 가져보기 바란다.

걱정을 달고 사는 화음복합수체질은 건강에 심각한 타격을 입으면 곤경에 처할 수 있다. 복합수체질의 기질이 더 많이 나타나기 때문에 건강문제도 신장이나 방광, 생식기, 척추와 관절 같은 골격계 질환을 주의하자. 또한 심혈관계 질환에도 주의를 기울여야 한다.

그리고 물과 관련된 인테리어는 가급적 피하자. 수족관이나 물과 관련된 그림은 치우는 것이 좋다. 대신 산과 나무가 그려진 그림을 걸어두자. 조명도 밝은 것으로 바꾸고, 온화한 분위기로 집 안을 화려하게 꾸미는 것이 좋은 기운을 가져다줄 것이다. 붉은색, 갈색, 노란색, 초록색, 파란색 등을 모든 곳에 활용해도 좋다. 숫자로는 토의 성질을 나타내는 5와 10, 목의 성질을 나타내는 3과 8이 이롭고, 수에 해당하는 1과 6은 어울리지 않는다.

화음복합수체질은 사람들과 활발히 어울릴수록 좋다. 친구와 동료들의 의

견을 들으면 도움이 되고 부모님의 의견도 좋은 영향을 미친다. 대신 직장에서 상사와 마찰을 일으키지 않도록 신경 쓰고 직장을 자주 옮기는 것도 유의하도록 하자. 복합수체질의 단점을 줄이고 화음체질에 대한 장점을 드러내면 성공에 가까워질 것이다.

메모하는 습관을 기르자

불이 가진 뜨거운 성격을 물이 보완해준다면 더 좋은 결과가 나올 수도 있다. 특히 급한 성격과 건망증으로 인한 실수를 예방하기 위해 메모하는 습관을 기르도록 하자.

화음복합수체질은 원리원칙을 중요하게 여긴다. 본인은 스스럼없이 원칙을 고수하지만 주위 사람은 융통성이 없다고 불만을 느낄 수 있다. 또한 너무 원리원칙만 고수할 경우 건강도 잃을 수 있다. 따라서 예의 바른 행동과 말씨, 그리고 미소 짓는 얼굴로 이런 부분을 보완하는 게 필요하다. 단점을 보완하면 명예가 높아지고 자존심도 바로 서, 성공으로 가는 지름길로 안내할 것이다. 또한 책을 가까이 하면 명예와 경제적 풍요를 한 번에 잡을 수 있다. 현재 자신이 하고 있는 모든 노력이 미래를 만든다는 사실을 명심하자.

이로운 음식과 한약재 ─────────────

· 이로운 음식 : 기장, 찹쌀, 참외, 감, 시금치, 호박, 쇠고기, 토끼고기, 고구마, 연근, 꿀, 인삼차, 칡차, 식혜, 대추차, 콩, 깨, 설탕, 대추, 율무, 콩나물, 엿.
· 체질 한약재 : 백출, 감초, 사인, 익지인, 갈근, 홍삼, 산약, 신곡, 맥아, 천마, 진피.

토양응용체질
큰 산은 세상의 모든 피조물을 넉넉하게 품어준다

토양과체질 : 공존을 꿈꿔라
토양불급체질 : 산의 형세를 갖추자
토양복합목체질 : 화의 기운과 함께하면 만사형통이다
토양복합화체질 : 돈을 버는 방법을 고민하자
토양복합금체질 : 화력을 키우면 성공 기회도 많아진다
토양복합수체질 : 스스로가 강해지면 모든 것이 좋아진다

土陽應用

토양과체질 :
공존을 꿈꿔라

눈에 보이는 건 산밖에 없다. 모두 큰 산에 가려져 있으니 다른 것들은 도무지 보이지 않는다. 산을 조금이라도 깎아내야 다른 것들도 볼 수 있을 것이다. 더욱이 산에는 흙만 있지 나무나 풀, 동물이 하나도 보이지 않는다. 산이 다른 동식물들과 공존하지 못하는 것이다. 토양과체질에게 주어진 숙명은 단 하나, 황량하기만 한 이 민둥산을 동물과 식물이 어우러진 살아 있는 공간으로 만들어야 한다. 만약 이러한 자신 숙명적 과제를 해결한다면 그 누구와도 비교할 수 없는 멋진 인생을 살 수 있을 것이다.

앞을 보고 달리되 옆도 볼 줄 알아야 한다

앞만 보고 달리는 무소와 같다. 아니, 앞만 볼 수밖에 없는 상황이다. 시야에 들어오는 것은 온통 흙으로 된 민둥산밖에 없다. 그래서 고집이 무척 세다. 하지만 이것은 단지 무소의 고집이 아니다. 세상에 무지하기 때문에 생각이 한쪽으로 쏠린 것이다. 그래서 토양과체질은 과체질이 대부분 그러하듯이 다양한 경험을 하는 것이 중요하다. 시야를 넓혀줄 환경이 필요하다. 자신이 가진 협소한 세계관을 확장한다면 모든 일을 무서운 뚝심으로 추진할 수 있을 것이다. 단점을 보완하면 성공에 가까워지는 법이다. 모든 과체질이 그러하듯 토양과체질의 경우 성공과 실패의 편차가 조금 큰 편이다.

토양과체질의 상징

토양과체질의 행운의 동물은 12지지 중 호랑이다. 시험을 볼 때는 말이 좋다. 문구를 포함한 의류, 소품 등에 이 동물 캐릭터를 잘 활용하면 도움이 될 것이다.

이들에게는 나무의 기운이 많이 필요하다. 민둥산에 나무를 심어야 하기 때문이다. 그래서 목양과·목음과체질, 복합목체질, 목양·목음체질 등의 협조가 있으면 좋다.

집 안에는 흙을 이용해서 만든 소품을 두지 않는 것이 좋다. 이미 흙의 기운이 과도하기 때문이다. 대신 나무나 풀과 관련된 것을 취미로 삼자. 화초를 키우거나 나무와 풀이 그려져 있는 그림을 걸어두면 좋다. 집 주위에도 나무를 많이 심어두면 좋은 기운이 생긴다. 숫자 역시 나무를 상징하는 3과 8이 좋고, 5와 10은 되도록 피하는 것이 좋다. 노란색, 갈색은 자제하고, 초록색, 파란색 등 나무의 기운을 느낄 수 있는 색을 많이 사용하자.

재산관리는 걱정 마라

산은 믿음의 상징이다. 그래서 신용도를 따지면 타의 추종을 불허한다. 또한 흙은 창고의 역할도 담당한다. 저장해두었다가 필요한 물품을 꺼내 쓸 수 있는 곳이다. 경제적으로 매우 유리한 조건이 아닐 수 없다. 그런데 토양과체질은 토양체질보다 창고가 더 커진 셈이다. 재산관리에도 용이하므로 토양과체질 중에는 큰 부자가 많다. 단, 창고가 크다고 늘 재물만 가득할 거라고 생각하면 오산이다. 창고에 재물은커녕 낱알과 먼지만 수북한 경우도 다반사다. 그래서 토양과체질에게 중요한 것은 창고를 채우는 일이다.

흙은 원래 중도적인 성격을 지닌다. 하지만 흙도 지나치게 많을 경우에는 중심을 잃고 그릇된 판단을 하기 쉽다. 판단과 결정을 할 때는 매사에 신중하게 고민해야 할 것이다.

이로운 음식과 한약재 ────────

· 이로운 음식 : 밀, 팥, 보리, 사과, 자두, 매실, 부추, 깻잎, 닭고기, 개고기, 땅콩, 들깨, 잣, 식초, 참기름, 유자차, 포도, 미나리, 귤, 메밀, 계란, 파인애플.
· 체질 한약재 : 백작약, 시호, 복분자, 천궁, 인진, 향부자, 산수유, 오미자, 모과, 산사, 결명자.

토양불급체질:
산의 형세를 갖추자

산이라고 생각하고 오르기 시작했는데 너무 금방 정상에 도달했다. 산이라고 부르기 부끄러울 지경이다. 눈 아래 보이는 것도 별로 없다. 토양불급체질은 산은 산인데 자신의 힘이 미약한 상황이다. 산의 형세를 갖추려면 흙을 더 열심히 쌓아올려야 할 것이다.

흙과 불의 기운이 필요하다

이들은 토양체질의 장점을 최대한 보여줄 수 있어야 한다. 빨리 산이 되어 등산객을 모아야 힘이 생기기 때문이다. 그러기 위해서는 우선 흙이 더 많이 필요할 것이다. 그래서 토양·토음체질, 토양과·토음과체질, 복합토체질의 도움이 절실하다.

하지만 흙은 쉽게 허물어지거나 바람에 날아갈 수도 있다. 흙을 단단하게 뭉치는 힘이 필요히다. 그 힘은 바로 열기다. 그래서 불의 기운인 화양·화음체질, 화양과·화음과체질, 복합화체질과 친해지면 큰 도움이 된다.

자신을 큰 산으로 만들기 위해서는 책을 가까이하고 공부를 열심히 해야 한다. 읽을 시간이 없더라도 책을 가지고 다니도록 하자. 부모님과 대립하면 그나마 있던 기운도 모두 소진되는 법이다. 부모님을 비롯하여 형제나 친구, 그리고 동료들과 잘 지내는 것이 토양불급체질에게 큰 도움이 된다. 부모님과 동료는 자신의 그릇을 키워주는 사람들이기 때문이다. 다만 아랫사람에게 큰 덕을 보기는 어렵다.

볕이 잘 드는 언덕 위에 있는 집이 가장 좋다. 내부에는 흙으로 된 물건을 두면 좋은 기운이 생긴다. 조명을 밝게 하는 것도 효과적이다. 벽에는 태양과 큰 산이 어우러진 그림을 걸어두자. 붉은색과 노란색, 갈색을 많이 이용하고 대신 초록색과 파란색은 지양하는 것이 좋다.

눈앞의 결과에 연연하지 말자

크기가 너무 작은 둑이라서 물을 많이 담을 수도 없다. 그래서 토양불급체질은 재물을 불리기가 어렵다. 하지만 노력 여하에 따라 그릇의 크기는 바꿀 수 있는 법이다. 먼저 눈앞의 재물에 연연해하지 말아야 한다. 이는 자신을 초라하게 만드는 일이다. 토양불급체질의 정체성은 산이라는 사실을 절대 잊

이로운 음식과 한약재

· 이로운 음식 : 기장, 찹쌀, 참외, 감, 시금치, 호박, 쇠고기, 토끼고기, 고구마, 연근, 꿀, 인삼차, 칡차, 식혜, 대추차, 콩, 깨, 설탕, 대추, 율무, 콩나물, 엿.
· 체질 한약재 : 백출, 감초, 사인, 익지인, 갈근, 홍삼, 산약, 신곡, 맥아, 천마, 진피.

지 말아야 한다.

　욕심만 앞서면 기대는 기대대로 커지고 결과는 결과대로 실망스러워지는 법이다. 그렇게 되면 마음의 상처도 커지고 앞으로의 일에 대한 걱정만 늘어난다. 중요한 것은 결과에 대한 욕심이나 집착보다 과정에 있어서의 노력이다. 과정에 최선을 다하고 떳떳하다면 어떤 결과가 나오더라도 승복할 수 있다. 그리고 앞으로 다가올 새로운 도전에 대한 자신감을 가질 수 있다. 그것이 바로 큰 산의 기운이다.

토양불급체질의 상징

토양불급체질의 행운의 동물은 12지지 중 말이다. 시험을 볼 때도 말이 좋다. 문구를 포함한 의류, 소품 등에 이 동물 캐릭터를 잘 활용하면 도움이 될 것이다.

　토양체질은 매사에 중심을 잡고 살아간다. 이 장점을 잊지 말고 시류에 흔들리지 말자. 경제적으로는 남보다 유리한 점을 많은 체질이라는 것을 기억하자.

토양복합목체질:
화의 기운과 함께하면
만사형통이다

토양체질에 목의 성질이 강하게 작용하는 체질이다. 산은 작은데 큰 나무들이 너무 많이 심어져 있으니 뿌리가 서로 엉켜 있다. 생존경쟁이 너무도 치열하다. 이러니 신경은 예민해지고 짜증은 늘어날 수밖에 없다. 산을 크게 만들거나 나무들을 베어버려야 안정될 것이다. 또한, 화의 기운이 들어오면 과도한 목의 기운이 화를 통해서 토양의 기운으로 자연스럽게 전달되고 최적화된 안정상태가 된다.

자기계발은 엉켜 있는 기운을 풀어준다

산은 작은데 넝쿨과 수풀이 지나치게 우거져 사람이 들어갈 통로조차 없으니 인적이 끊겨 산세가 더욱 험해졌다. 만약 이 엉클어진 넝쿨을 잘 정돈해 오히려 멋진 작품으로 승화시키면 어떨까? 그러기 위해서는 금체질의 장점이 필요하다. 토양복합목체질과 금의 기운은 서로의 명예를 높일 수 있는 좋은 조합이다. 그래서 금양·금음체질, 금양과·금음과체질, 복합금체질과 협조하면 상생이 가능하다. 금의 기운이란 자기관리로 해석할 수 있다. 즉, 남보다 한 가지라도 더 많이 일한다는 마음으로 단점을 장점으로 승화시키도록 하자.

토양복합목체질은 너무 많은 나무 때문에 흙이 고통받고 있는 상황으로 해석할 수 있다. 흙은 통제를 받는 입장이니 갑갑함을 느낀다. 자기 뜻대로 할 수 있는 게 아무것도 없다. 이 상황에서 벗어나고 싶지만 힘이 미약하다.

반면 나무는 나무대로 답답하다. 이곳에는 나무가 너무 많아서 경쟁이 치열하다. 어서 빨리 흙의 힘을 키워서 넉넉한 땅을 갖고 싶은 마음이다.

이 상황을 극복할 수 있는 오행의 순리는 화의 기운을 불러들이는 것이다. 불은 나무를 태워 흙을 만든다. 너무 많았던 나무가 제거되면 땅이 넓어지고, 흙에게도 나무에게도 도움이 된다. 그래서 이들은 화양·화음체질, 화양과·화음과체질, 복합화체질과도 잘 어울린다. 또한 화의 기운이란 부드러운 말씨와 배려심을 상징하기도 한다. 이는 자신의 마음을 진정성 있게 표현하는 하나의 방법이 될 수 있다.

토양복합목체질의 여성이라면 자식에게 애정을 쏟을 때 오히려 자신이 발전하는 모습을 발견할 수 있다. 남성의 경우에는 사회활동을 열심히 하면서 자기성장을 꾀할 수 있다. 그리고 공통적으로 책을 가까이하고 공부를 많이 하는 것이 좋다. 자기계발에 꾸준히 열과 성을 다한다면 성공에 가까워질 것이다. 그 외에도 부모님이나 동료, 친구의 도움을 얻을 수 있도록 노력하자. 다만 목양·목음체질과는 동업을 하지 말아야 한다.

집은 언덕 위에 볕이 잘 드는 곳이 가장 좋다. 마당에는 바위를 많이 두는 게 좋고, 그 외에도 돌로 만든 조각품을 많이 세우면 좋다. 집 안은 화려하게 장식하고 조명도 밝을수록 좋다. 화초를 기르는 취미는 별로 도움이 되지 않으며 집 주위에 나무가 많은 것도 좋지 않다. 꼭 키우고 싶다면 나무보다는 꽃이 있는 화초가 낫다.

몸에 귀금속을 지니는 것이 도움이 되고 집 안에도 금속으로 된 장식품을 놔두면 좋은 기운을 불러올 것이다. 붉은색과 흰색, 노란색, 갈색을 사용하는 게 효과적이며 파란색과 초록색은 자제하자. 숫자로는 금의 기운인 4와 9, 화의 기운인 2와 7이 좋다. 목의 기운인 3과 8은 피하도록 하자.

이 체질은 건강에 유의해야 한다. 특히 신경성 질환으로 고생하는 경우가 많으니 조심하는 게 좋다. 복합목체질의 기질로 인해 간과 담낭, 근육, 눈, 자궁에 관련된 질환에 유의해야 한다. 또한 위장 질환도 조심하도록 하자.

생각이 바뀌면 운명도 달라진다

인간의 삶을 통제하는 가장 큰 힘은 직업이라 할 수 있다. 출근길 지하철에 사람이 붐비는 이유는 직장의 규칙 때문이 아닌가? 마음에 안 드는 상사가 있어도 사표를 쓰지 못하는 이유는 직장을 잃고 나면 찾아올 두려움 때문이 아니겠는가? 하지만 달리 생각해보면 직장은 자아실현의 통로가 될 수 있다. 인간이 직업을 갖는 이유는 단지 생존만을 위한 것이 아니라, 자신이 꿈꾸는 일을 실현하기 위한 도전일 수도 있다.

이로운 음식과 한약재

· 이로운 음식 : 현미, 율무, 배, 복숭아, 배추, 말고기, 생선, 박하, 생강, 파, 양파, 마늘, 생강차, 율무차, 땅콩, 더덕, 도라지, 무, 미역, 밤, 겨자, 감, 닭고기, 조개, 고추.
· 체질 한약재 : 길경, 맥문동, 상백피, 황기, 홍삼, 석창포, 반하, 오가피, 형개, 신이화, 박하.

직장은 생각하기에 따라 두 가지 측면으로 접근할 수 있다. 토양복합목체질에게 직장은 나무라 할 수 있다. 나를 통제하기도 하는 객체지만, 나를 실현하는 주체이기도 하다. 산에 나무가 있는 것은 당연한 일이다. 다만 조금 과할 뿐이다. 그러므로 성공을 원한다면 나무에 대해 객체적 입장이 아닌, 주체적 입장으로 접근해야 한다. 나무에 시달리기보다는 나무를 통해 성장할 수 있는 바탕을 만들어야 한다. 이 말은 산을 크게 만들자는 것이다. 책을 가까이 하고 공부를 열심히 한다면 산을 크게 만드는 데 도움이 된다. 예의 바른 태도와 온화한 미소도 효과적이다. 노력만 한다면 스스로 성장의 바탕을 충분히 만들 수 있는 체질이다.

토양복합목체질의 상징

토양복합목체질의 행운의 동물은 12지지 중 말이다. 시험을 볼 때도 말이 좋다. 문구를 포함한 의류, 소품 등에 이 동물 캐릭터를 잘 활용하면 도움이 될 것이다.

나무에 의해 계속 통제를 받는다고 생각하게 될 경우 신경성 질환에 시달리게 될 것이다. 또한 강한 목체질로 인해 계획만 앞세우는 무모한 도전을 일삼을지도 모른다. 체면 때문에 뒷감당을 못해 화를 부를 수도 있다. 때로는 모든 고통과 모든 성공이 생각의 차이에서 결정된다는 것을 명심하자.

토양복합화체질 :
돈을 버는 방법을
고민하자

기본 토양체질에 화의 성질이 강하게 작용하는 체질이다. 큰 산에 태양빛이 너무 뜨거우니 사람이 다니기 힘들 정도로 덥다. 이때는 그 어떤 진수성찬보다 물 한 잔이 절실하다. 대저택보다 그늘이 낫고, 한줄기 비라도 내리면 소원이 없을 지경이다.

하지만 토와 화는 원래부터 궁합이 잘 맞는 관계다. 지금 이 상황은 조절하는 데 문제가 생긴 것일 뿐이다. 기운을 통제하는 능력만 갖춘다면 좋은 결과를 맺을 수 있다.

물과 금의 기운이 들어오면 상황은 쉽게 좋아진다

화로는 작은데 불씨가 지나치게 많다. 곧 불씨가 화로 밖으로 나와 집을 태울 것 같다. 고구마라도 구우려고 하는데 그것마저 쉽지 않다. 과한 것이 모자란 것만 못한 경우, 즉 과유불급이다. 이때 물을 살짝 뿌려준다면 불길을 줄일 수 있을 것이다. 아니면 아예 불길을 더 키우는 건 어떨까? 무쇠를 녹여 근사한 도구를 만들어낼 수도 있을 것이다. 그래서 수양·수음체질, 금양·금음체질, 수양과·수음과체질, 금양과·금음과체질, 복합수체질, 복합금체질과 어울리면 큰 도움이 받게 된다. 이들은 윗사람과 자주 부딪치는데, 특히 화의 기운인 부모님과도 마찰이 많다. 반대로 아랫사람에게 도움을 받는 경우가 생길 수도 있다.

토양복합화체질의 상징

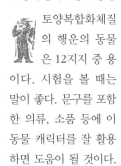

토양복합화체질의 행운의 동물은 12지지 중 용이다. 시험을 볼 때는 말이 좋다. 문구를 포함한 의류, 소품 등에 이 동물 캐릭터를 잘 활용하면 도움이 될 것이다.

집 안에는 물이나 돌을 이용하는 소품을 들여놓는 것이 좋다. 물과 바위가 어우러진 그림을 걸어두면 좋은 기운이 모일 것이다. 반면 나무나 태양이 그려진 그림은 어울리지 않는다. 내부 인테리어로 수족관이나 연못을 만드는 것도 좋고, 마당에는 크고 평평한 바위를 두고서 평상처럼 이용한다면 피로가 쉽게 풀릴 것이다. 주변에 물이 있는 집을 구하는 것도 도움이 된다. 군이 남향집을 고집할 필요는 없다. 볕이 잘 드는 집이라면 입구에 차양을 설치해보자. 흰색, 검은색은 좋지만, 빨간색의 피하도록 하자. 숫자는 금의 기운을 가지고 있는 4와 9, 수의 기운인 1과 6이 좋다. 하지만 화의 기운인 2와 7은 어울리지 않는다. 복합화체질의 기질이 강해서 건강도 위장과 관련된 질환에 주의해야 한다. 특히 심혈관계 질환에 유의하자.

여러 생각보다 한 가지 실천이 중요하다

숨이 막힐 것 같은 산의 열기를 빼내야 한다. 토도 생각이 많은 기운인데, 생각만 많으니 갑갑함만 늘어간다. 배운 것을 써먹는 일이 드물어 전공을 살리기가 어렵다. 자신이 궁극적으로 원하는 일을 찾기가 어려울 때도 있다. 이 열기를 빼낼 타개책은 화를 조절하는 물의 기운이다. 여기서 물은 돈을 의미한다. 따라서 토양복합화체질은 돈을 버는 일이 좀 더 시급하다. 비록 돈을 버는 재주가 부족하지만 자신의 능력을 제대로 포착해낸다면 상황은 금세 역전된다.

성격도 밝고 활달하게 바꿔보자. 짧게 단답형으로 대답하지 말고 한 마디를 해도 다정다감하게 말해보자. 그러다 보면 성공으로 이끌어주는 기운이 형성될 것이다.

생각보다는 실천이 필요한 체질이다. 결국은 실천이 수의 기운을 키워줄 것이다.

이로운 음식과 한약재

· 이로운 음식 : 검은콩, 쥐눈이콩, 밤, 수박, 각종 해초류(미역, 다시마, 김, 파래 등), 소금, 된장, 두부, 두유, 차조, 호두, 잣, 돼지고기, 젓갈류, 해삼.
· 체질 한약재 : 숙지황, 구기자, 토사자, 복분자, 택사, 황백, 두충, 육종용, 산수유, 오미자.

토양복합금체질:
화력을 키우면 성공 기회도
많아진다

기본 토양체질에 금의 기운이 강하게 작용하는 체질이다. 흙으로 덮인 산에서 철광석을 캐는 격이다. 무쇠가 많이 있으니 흙은 소외되기 십상이다. 하지만 이들은 음양오행의 조합이 좋은 편이다. 단, 성공과 실패의 차이는 크게 나타난다.

일을 단순화시키자

쇳덩어리를 많이 구해왔는데 용광로의 크기가 너무 작다. 기대한 것에 못미친다. 마찬가지로 토양복합금체질은 처음에는 강한 사람처럼 보이지만 알고 보면 보기보다 마음이 여리다. 힘들게 일만 열심히 하고, 정작 자신에게 돌아오는 성과가 적은 경우도 많다. 쓸데없이 말을 많이 해서 손해를 보는 경우도 있다.

하지만 강한 화력이 뒷받침해준다면 결국에는 모든 무쇠 덩어리를 녹일 수 있을 것이다. 오래 생각한 후에 결정하는 습관을 갖는다면 이와 같은 실수를 줄일 수 있다. 항상 책을 가까이 하는 생활태도도 도움이 된다. 어떤 책이라도 좋으니 책을 보는 습관을 들이자. 매사에 복잡하게 생각하지 말고 단순화시키는 것도 화력을 키우는 한 방법이다.

진열장은 좁은데 보석이 너무 많으면 다 진열하기 힘들다. 보석 하나하나가 가진 가치가 다 발휘되지 않는다. 이럴 때는 진열장을 큰 것으로 바꾸거나, 그럴 수 없다면 조명이라도 밝게 바꿔보자. 태양빛을 이용하면 가장 힘을 적게 들이고 해결할 수 있다. 따라서 화양·화음체질, 화양과·화음과체질, 복합화체질의 도움을 받으면 유리하다.

이들은 충돌이 많이 생기더라도 손아랫사람과 같이 일하는 것이 더 좋다. 생활공간은 밝고 화려하게 꾸미는 것이 유리하다. 금속으로 된 장식품은 집안에 두지도 말고 가까이 하지도 말자. 귀금속을 몸에 착용하는 것도 별로다.

붉은색은 어느 곳이든 도움이 된다. 하지만 흰색은 어울리지 않는다. 숫자로는 화의 기운인 2와 7이 좋다.

또한 이들은 복합금체질의 기질을 더 많이 가지고 있기 때문에 호흡기, 대장, 피부와 관련된 질환에 주의해야 한다. 위장병도 조심하도록 하자.

이로운 음식과 한약재

· 이로운 음식 : 수수, 살구, 은행, 근대, 냉이, 상추, 쑥갓, 쑥, 영지, 참새, 초콜릿, 영지차, 쑥차, 팥, 보리, 우유, 당근, 연근, 홍차, 수박, 염소고기, 고들빼기, 작설차, 자몽.
· 체질 한약재 : 당귀, 산조인, 황련, 원지, 연자육, 백복령, 백복신, 치자, 연교, 현삼, 목통, 익모초, 백자인.

많이 웃을수록 좋은 기운이 더 많이 생긴다

산에 바위가 많으니 산세가 험준하다. 바위 사이로 작은 흙덩어리들이 애처롭게 뭉쳐져 있다. 토양복합금체질에게 중요한 기운은 불이다. 어떻게 행동하느냐에 따라서 화의 기운이 더 커질 수도, 아니면 그나마 있던 기운도 사라질 수 있다.

너무 수다스럽거나 생각 없이 행동하는 사람은 애초부터 자신이 가진 좋은 기운을 차버리고 다니는 셈이다. 또한 어른에게 함부로 하는 것은 예절의 상징인 화의 기운을 빼앗는 행동이다. 화의 기운을 원한다면 어른을 공경하고 예의바른 행동과 온화한 미소가 필요하다. 항상 웃음으로 상대를 대한다면 지금의 어려움도 훗날의 좋은 기운으로 보상받게 될 것이다.

토양복합금체질의 상징

토양복합금체질의 행운의 동물은 12지지 중 말이다. 시험을 볼 때도 말이 좋다. 문구를 포함한 의류, 소품 등에 이 동물 캐릭터를 잘 활용하면 도움이 될 것이다.

토양복합수체질:
스스로가 강해지면
모든 것이 좋아진다

기본 토양체질에 수의 성질이 강하게 작용하는 체질이다. 물이 가득 차서 강둑으로 넘치는 모습을 연상하면 된다. 둑이 무너질 지경이니 물이 많다고 마냥 좋아할 일이 아니다. 하지만 일단 조합은 좋은 경우라고 볼 수 있다.

무너질까 걱정하는 마음보다는 어떻게 하면 좋은 조합을 계속 잘 유지할지에 더 관심을 가져야 한다. 그리고 자신을 강하게 만들 수 있는 방법들을 고민하자. 흙을 단단하게 만들려면 태양의 도움이 필요하다. 또한 태양은 물을 증발시켜주기도 하니 자동으로 물 조절이 가능해진다. 여기에 흙을 더 많이 쌓아주면 곧 튼튼한 둑으로 완성될 것이다.

이로운 음식과 한약재 ─────────────────────

· 이로운 음식 : 기장, 찹쌀, 참외, 감, 시금치, 호박, 쇠고기, 토끼고기, 고구마, 연근, 꿀, 인삼차, 칡차, 식혜, 대추차, 콩, 깨, 설탕, 대추, 율무, 콩나물, 엿.
· 체질 한약재 : 백출, 감초, 사인, 익지인, 갈근, 홍삼, 산약, 신곡, 맥아, 천마, 진피.

가치관에 따라 모든 게 달라진다

이들에게 재물은 두 가지 모습으로 다가온다. 재물에 대해 지나치게 욕심을 부리면 낭패 볼 가능성이 크다. 비는 재물과 이성에 해당되는 것으로, 재물과 이성에 대한 지나친 관심은 오히려 비를 더욱 세차게 내리게 만든다. 그러면 둑도 무너지게 될 것이다.

하지만 재물을 잘 활용하면 좋은 기운이 생기는 경우도 있다. 자신이 가진 인생관이나 가치관에 따라 달라질 수 있다는 소리다.

토양복합수체질의 상징

토양복합수체질의 행운의 동물은 12지지 중 호랑이다. 시험을 볼 때는 말이 좋다. 문구를 포함한 의류, 소품 등에 이 동물 캐릭터를 잘 활용하면 도움이 될 것이다.

재물과 이성에 대한 관심을 주위의 동료와 친구, 형제들에게 쏟아보자. 그러면 자연히 협조를 얻어 좋은 이성을 만날 수도 있고, 많은 재산을 얻을 수도 있을 것이다. 가장 중요한 것은 부모님의 말씀이다.

토양복합수체질은 토양·토음체질, 화양·화음체질, 토양과·토음과체질, 화양과·화음과체질, 복합토체질, 복합화체질과 함께하면 좋은 기운이 생긴다.

집안은 볕이 잘 드는 곳이 제일 좋다. 내부를 밝고 화려하게 장식하는 것도 도움이 된다. 언덕 위의 집이라면 금상첨화다. 흙을 이용한 장식품이나 산이 그려진 그림을 집 안에 두는 것이 좋다. 하지만 물의 기운을 상징하는 수족관이나 물이 그려진 그림은 피하도록 하자.

노란색, 갈색, 붉은색 계열을 사용하면 도움이 될 것이다. 단 검은색의 사용은 되도록 피하는 것이 좋다. 숫자로는 토의 기운을 상징하는 5와 10과 화의 기운인 2와 7이 이롭고 수의 기운인 1과 6은 도움이 되지 못한다.

복합수체질의 기질로 인해 신장, 방광, 생식기, 척추와 관절, 뼈와 관련된 골격계 질환을 주의해야 한다. 또한 위장 질환에도 주의하자.

욕심을 줄이면 재물이 따라온다

둑을 따라 물이 넘쳐흐르는 상황이다. 어떻게 하면 이 많은 물을 둑에 가두어둘 수 있을지를 고민하게 되는 과정에서 돈을 버는 방법을 터득하게 된다.

욕심을 줄이면 재물이 저절로 다가오는 체질이다. 물을 더 늘리려고 욕심내면 둑이 무너질 수도 있다. 따라서 적당히 선을 긋는 방법을 익히고, 항상 중도에 있는 흙의 성향을 잊지 말아야 할 것이다.

공부를 얼마나 열심히 하느냐에 따라, 그리고 동료들의 협조를 얼마나 얻어내느냐에 따라서 상황을 극복할 것인지, 상황에 매몰될 것인지가 결정된다. 충분히 준비하면서 느긋하게 미래를 준비하자.

토음응용체질

흙을 더욱
가치 있게 만들어줄
체질을 만나라

토음과체질 : 드넓은 대평원을 지혜로 채워라
토음불급체질 : 마음에 묵은 상처를 만들지 마라
토음복합목체질 : 적극적으로 행동할수록 성공에 가까워진다
토음복합화체질 : 속부터 풀면 인생도 풀린다
토음복합금체질 : 머리로 일해야 성과가 나온다
토음복합수체질 : 둑을 만들어야 답이 나온다

토음과체질:
드넓은 대평원을
지혜로 채워라

넓은 대평원이 끝도 없이 펼쳐져 있다. 노력만 한다면 충분히 멋진 농장으로 만들 수 있다. 하지만 자칫 잘못하면 반대로 이 넓은 땅이 황무지로 전락할 수도 있다.

여러 다양한 경험이 삶의 기반이다

토음과체질은 경험이 부족하다는 단점이 있다. 애초부터 밭만 보고 자랐기 때문이다. 때로는 남들이 이해하지 못할 만큼 난해한 생각에 빠져 있거나 고집을 부릴 때가 있다. 그래서 이들은 다양한 환경에서 다양한 경험을 해보는 것이 중요하다. 세상을 넓게 보면 추진력도 생긴다. 과체질이라서 성공과 실패의 편차는 매우 큰 편이다.

넓은 평원을 농장으로 만들려면 나무의 기운이 필요하다. 그래서 목양·목

음체질, 목양과·목음과체질, 복합목체질의 협조가 중
요하다. 또한 대평원에 물을 뿌려둔다면 자연스럽게
동식물의 낙원이 될 수도 있다. 그래서 수양·수음체
질, 수양과·수음과체질, 복합수체질도 좋은 기운을
불러준다.

토음과체질의 상징

 토음과체질의 행
운의 동물은 12지
지 중 토끼다. 시
험을 볼 때는 뱀이 좋
다. 문구를 포함한 의
류, 소품 등에 이 동물
캐릭터를 잘 활용하면
도움이 될 것이다.

　토음과체질은 나무나 풀과 관련된 취미를 갖는 것
이 좋다. 집 주위에도 나무를 많이 심어두자. 나무와
풀이 그려져 있는 그림을 집 안에 걸어두는 것도 도
움이 된다. 숫자로는 나무를 상징하는 3과 8이 좋고 물을 상징하는 1과 6도
좋다. 5와 10은 별로 도움이 되지 못한다. 노란색, 갈색보다는 초록색, 파란
색을 많이 사용하도록 하자. 이들은 기본 토음체질의 장점을 많이 개발할수
록 성공의 기회가 많아진다는 점을 기억해야 할 것이다.

창고의 기능에 능하다

　부드럽고 비옥한 땅이 넓게 펼쳐지다 보면 토질이 다소 거칠어질 수도 있
다. 관리하기 힘들 정도로 토지가 넓어졌기 때문이다. 토음과체질은 곡식을
기르는 재주보다 창고기능에 더 능하기 때문에 많은 도구들을 보관해둘 수
있다. 물론 토양체질에 비해서는 규모가 작은 편이다.

이로운 음식과 한약재

· 이로운 음식 : 밀, 팥, 보리, 사과, 자두, 매실, 부추, 깻잎, 닭고기, 개고기, 땅콩, 들깨,
　잣, 식초, 참기름, 유자차, 포도, 미나리, 귤, 메밀, 계란, 파인애플.
· 체질 한약재 : 백작약, 시호, 복분자, 천궁, 인진, 향부자, 산수유, 오미자, 모과, 산사,
　결명자.

토음과체질은 이 창고를 이용해 물을 막아둘 수도 있다. 물은 돈을 의미한다. 그래서 이들은 기본 토음체질보다 경제적인 면에서 욕심이 더 크고 재물과의 인연도 더 많다. 하지만 사업보다는 안정된 직장생활을 통해 재산을 축적하는 게 더 어울린다. 아울러 기본 토음체질과 마찬가지로 심혈관계 건강관리가 중요하다.

토음불급체질:
마음에 묵은 상처를
만들지 마라

땅이 기름지긴 하지만 농사를 짓기에는 너무 좁으니 수확이 별로 없다. 농사로 생계를 이어가는 농부의 입장에서 보면 일단 땅의 면적을 늘리는 것이 시급하다. 아니면 땅을 더욱 기름지게 만드는 것도 한 가지 방편이겠다. 따라서 이들은 기본 토음체질의 장점을 많이 드러내야 성공에 가까워진다.

부지런을 떨면 성공이 따라온다

농부에게 농사는 단순한 취미활동이 아니다. 생존과 성공의 유일한 방편이다. 농부의 임무는 더 많은 곡식을 생산하는 것이다. 그러기 위해서는 부지런을 떨 수밖에 없다. 힘이 미약해 수월하지는 않지만 부지런히 노력한다면 불가능한 일도 아니다. 이 상황을 헤쳐 나가려면 열심히 공부하고 항상 책을 가까이 해야 한다. 읽을 시간이 없더라도 항상 책을 들고 다니면 자신의 기름진 땅이 늘어날 것이며, 곡식의 수확량도 많아질 것이다. 그리고 화양·화음체질, 토양·토음체질, 화양과·화음과체질, 토양과·토음과체질, 복합화체질, 복합토체질의 도움을 받으면 좋아질 수 있다. 토체질과 함께 하면 땅을 넓힐 수 있고, 화체질과 함께 하면 땅의 생산성이 높일 수 있기 때문이다.

부모님과 자주 대립할 경우 자신의 기운이 소진하는 것을 느낄 것이다. 부모님을 비롯하여 윗사람이나 형제, 친구, 동료 등과 잘 지내는 것이 좋다. 대신 아랫사람과의 관계에서는 큰 덕을 보기 어렵다.

볕이 잘 드는 집이 어울리고 언덕 위의 집이라면 금상첨화다. 흙으로 된 물건을 집에 두면 좋고, 밝은 조명으로 집 안을 화려한 분위기로 만들어도 도움이 될 것이다. 태양과 산이나 밭이 그려진 그림을 걸어두면 좋다. 붉은색과 노란색, 갈색을 이용하면 이롭고 초록색, 파란색은 절대로 멀리하도록 하자. 숫자로는 불을 상징하는 2와 7과 흙을 상징하는 5와 10이 좋다. 3과 8은 되도록 이용하지 않는 것이 좋겠다.

교육업에서 승부를 보라

부드럽고 기름진 흙의 기운을 품고 있지만 땅의 면적이 생각보다 좁다. 다행히 이들은 욕심이 적은 편이라서 남과 비교하며 스트레스를 받지는 않는 편이다. 경제적으로 어려워져도 속으로만 애태울 뿐이다. 무언가 변고가 생겨도 남에게 내색하지 않는다. 하지만 이런 속병이 오랫동안 지속되면 매사

이로운 음식과 한약재
- 이로운 음식 : 기장, 찹쌀, 참외, 감, 시금치, 호박, 쇠고기, 토끼고기, 고구마, 연근, 꿀, 인삼차, 칡차, 식혜, 대추차, 콩, 깨, 설탕, 대추, 율무, 콩나물, 엿.
- 체질 한약재 : 백출, 감초, 사인, 익지인, 갈근, 홍삼, 산약, 신곡, 맥아, 천마, 진피.

에 불안하고 아주 사소한 일까지 초조해 하거나 조바심을 낼 수도 있다.

모든 것은 순리대로 되는 것이라고 여유 있게 생각하는 지혜가 필요하다. 스스로 마음에 상처를 내지 않고 산다면 부자가 되는 길도 그리 멀지 않을 것이다.

토음불급체질은 교육과 관련된 업종에서 뛰어난 재주를 발휘할 수 있다. 교육과 직접적인 연관이 없더라도 누군가를 가르치는 일에 종사하면 전망이 밝을 것이다.

토음불급체질의 상징

토음불급체질의 행운의 동물은 12지지 중 뱀이다. 시험을 볼 때도 뱀이 좋다. 문구를 포함한 의류, 소품 등에 이 동물 캐릭터를 잘 활용하면 도움이 될 것이다.

토음복합목체질 : 적극적으로 행동할수록 성공에 가까워진다

기본 토음체질에 목의 성질이 강하게 작용하는 체질이다. 아무리 기름진 땅이라도 나무들이 지나치게 많고 무질서하게 심어져 있으면 흙은 흙대로 고달프고 나무는 나무대로 신경이 곤두선다.

서로의 안정을 위해서는 땅을 넓혀야 한다. 그것이 힘들다면 나무를 적당히 남기고 잘라내야 한다. 이 체질을 가진 사람은 최대한 유연하게 사고하며 장래를 고민해야 한다. 지나친 경쟁심이나 자존심을 내세우는 것은 서로를 피곤하게 만드는 일이니 주위 사람들과 협력하며 사는 지혜를 길러야겠다.

이로운 음식과 한약재 ─────

· 이로운 음식 : 현미, 율무, 배, 복숭아, 배추, 말고기, 생선, 박하, 생강, 파, 양파, 마늘, 생강차, 율무차, 땅콩, 더덕, 도라지, 무, 미역, 밤, 겨자, 감, 닭고기, 조개, 고추.
· 체질 한약재 : 길경, 맥문동, 상백피, 황기, 홍삼, 석창포, 반하, 오가피, 형개, 신이화, 박하.

흙과 나무가 같이 사는 방법을 모색하자

농부가 논에 모를 너무 촘촘하게 심은 격이다. 벼 모종들 사이에 간격이 거의 없을 정도다. 이런 상태로 수확기를 맞이한다면 제대로 된 쌀알을 구경하기 힘들 것 같다. 논이 조금이라도 더 넓다면 좋으련만, 농부는 하는 수 없이 벼 모종들을 뽑아 공간을 여유롭게 해줘야 한다.

토음복합목체질의 상징

토음복합목체질의 행운의 동물은 12지지 중 뱀이다. 시험을 볼 때도 뱀이 좋다. 문구를 포함한 의류, 소품 등에 이 동물 캐릭터를 잘 활용하면 도움이 될 것이다.

토음복합목체질은 대체로 신경성 질환이 많다. 흙이 나무뿌리에 시달리기 때문이다. 그래서 가끔 신경질적이고 예민한 반응을 보인다. 그러므로 건강에 유의하고 유연한 사고를 할 수 있도록 노력해야겠다. 그 외에도 복합목체질의 기질을 타고났기 때문에 간과 담낭, 근육, 눈, 자궁을 비롯하여 위장 질환에 주의해야 한다.

이들은 우선 금의 기운을 받아야 한다. 나무든 모종이든 솎아주어야 하기 때문이다. 그래서 금양·금음체질, 금양과·금음과체질, 복합금체질과 함께하면 도움이 된다. 또한 불의 기운도 이들에게 도움이 된다. 특히 태양은 흙과 나무 사이를 조화롭게 만들어주는 성향이 있어 오행의 흐름을 자연스럽게 해준다. 태양이 비추면 흙의 생산성도 높아지고 나무도 잘 자라게 마련이다. 그래서 화양·화음체질, 화양과·화음과체질, 복합화체질과 협조하면 이롭다.

이들은 매사에 적극적이고 활발하게 움직여야 한다. 움츠리는 자세는 전혀 도움이 되지 않는다. 또한 부모님이나 손윗사람, 친구, 동료 등의 의견을 잘 듣고 참고하는 것이 스트레스와 실수를 줄이는 최적의 방법이다. 만약 그렇게 하지 못한다면 자주 이직할 가능성도 있다.

집 안에서 화초를 가꾸는 것은 절대 이롭지 않다. 대신 흙을 이용한 장식품을 실내에 비치하는 게 도움이 된다. 마찬가지로 금속을 이용한 소품이나 액세서리도 자주 착용하기 바란다. 그 외에도 태양이나 바위를 그려 넣은 그림을 집에 걸어두면 좋을 것이다. 볕이 잘 드는 집이 좋고, 내부를 밝고 화려하게 꾸미는 것도 이롭다. 색깔은 흰색과 붉은색이 어울리며, 되도록 파란색과 초록색은 자제하는 것이 좋다. 숫자로는 금의 기운을 가진 4와 9, 화의 기운인 2와 7이 이롭고, 목의 기운인 3과 8은 도움을 주지 못한다.

경직된 사고는 스스로 깨라

토음복합목체질은 기본적으로 마음이 여려서 사소한 일에도 상처를 잘 받는다. 그런 체질이 수많은 나무와 풀뿌리로부터 시달림을 받고 있으니 그 속은 안 봐도 뻔하다. 온갖 뿌리들이 흙 속을 헤집고 뒤집어놓았으니 상처가 이만저만이 아닐 것이다. 치유하는 방법은 오직 자신에게 달려 있다. 스스로 마음을 다스려야만 한다.

기본적으로 토음체질에게 나무는 직업과 명예를 뜻한다. 나무는 화의 기운을 받으면 성장한다. 따라서 토음복합목체질은 화의 기운을 받으면 직업적으로도 성공하고 명예도 얻을 수 있다. 또한 나무와 풀이란 사람에게 있어 원리원칙을 말한다. 그래서 이들은 많은 규칙들로 인해 숨이 막힌 상태다. 더 힘든 것은 이를 지켜보는 다른 사람들의 입장이다. 그래서 토음복합목체질은 유연한 삶의 태도를 가져야 한다.

운명은 스스로 개척해야 하는 법이다. 스스로를 너무 경직된 원리원칙에 가둬두었다면, 이제는 그만 깨고 나오자. 화의 기운이 도움을 줄 것이다. 화의 기운이란 열심히 공부하고, 책을 많이 읽는 것, 신중하게 생각하고 나서 행동하는 태도를 말한다.

토음복합화체질:
속부터 풀면
인생도 풀린다

기본 토음체질에 화의 성질이 강하게 작용하는 체질이다. 태양이 너무 뜨거워서 논바닥이 거북이 등처럼 갈라지고 있다. 벼는 시들 대로 시들어 고개를 숙이고 있고 그걸 보는 농부의 마음은 타들어간다. 모두 비가 오기를 기원할 것이다. 근처에 저수지 물이라도 있으면 좋으련만, 마음만 조급해진다. 상황이 상황이니만큼 원래 성격보다 더 조급해지기 마련이다. 그래서 신경성 질환으로 고생하는 경우가 많다.

독립하고 시작하라

비닐하우스에 난방을 너무 심하게 하면 오히려 화초들이 시들어간다. 부드러워야 할 흙이 지나친 열기 때문에 굳어져버리면 제 역할을 할 수도 없다. 일단 난로와 뜨거워진 흙에 물을 좀 부어서 열기를 식혀야 한다. 그리고 쟁기로 흙을 갈아주면 땅이 좀 더 비옥해질 것이다. 따라서 토음복합화체질에게 금음·금양, 수양·수음체질, 금양과·금음과체질, 수양과·수음과체질, 복합금체질, 복합수체질의 도움이 이롭다.

이들은 생각을 많이 하지만 행동이 따라가지 못한다는 단점이 있다. 또한 부모님의 의견을 잘 새겨듣는 성향도 아니다. 그래서 부모님의 마음을 아프게 하거나 혹은 크게 충돌할 가능성이 높다. 차라리 일찍부터 독립하는 것이 서로에게 현명한 판단일 수 있다. 그래도 동료나 친구, 아랫사람의 의견을 많이 참고하면 이런 단점을 최소화할 수 있을 것이다.

토음복합화체질은 음양의 구조가 좋은 편은 아니라서 신경성 질환을 조심해야 한다. 스트레스를 받으면 건강에도 문제가 생길 수 있다. 또한 이들은 복합화체질의 기질이 많이 나타나니 위장과 심혈관계 질환도 주의해야 한다.

집 안에는 수족관을 두는 것이 좋으며, 물을 이용한 것은 무엇이든 좋다. 집의 위치도 물이 가까운 곳이면 도움이 된다. 마당에 넓은 바위를 두고 평상으로 이용하면 좋다. 붉은색을 제외하면 모든 색과 어울린다. 숫자는 물을 상징하는 1과 6, 금을 상징하는 4와 9가 이롭다. 대신 화의 기운을 상징하는 2와 7은 사용하지 않는 것이 좋다.

너무 힘들다면 차라리 생각을 멈춰라

기름진 땅이 너무 오랫동안 열을 받아서 메말라버렸다. 서늘한 가을바람이 불어주거나 비라도 조금 내려주면 아주 좋을 것 같다. 금의 기운은 서늘한 바람을 상징한다. 여름이 지나고 가을이 되어야 수확할 수 있으니 토음복합화체질은 진심으로 가을을 기다린다. 하지만 시간은 그냥 지나가는 게 아니다. 부지런히 움직여야만 시간도 흐르는 법. 아무리 더워도 몸을 조금 더 빠르게 움직이자. 이들에게 물은 곧 돈이다. 즉 비를 기다린다는 것은 재물을 축적한다는 소리다. 평소부터 재물을 허투루 쓰지 않고 잘 모아두면 도움이 될 것이다.

토음복합화체질의 상징

 토음복합화체질의 행운의 동물은 12지지 중 용이다. 시험을 볼 때는 뱀이 좋다. 문구를 포함한 의류, 소품 등에 이 동물 캐릭터를 잘 활용하면 도움이 될 것이다.

토음복합화체질은 기본적으로 마음이 여리다. 사소한 일에도 상처를 잘 받는 편이다. 하지만 이런 속마음을 잘 다독이고 활기차게 행동하는 경우도 많다. 이는 자신의 단점을 극복한 것이다. 반대로 가슴속에 응어리를 끌어안고 사는 토음복합화체질도 많다. 이렇게 되면 성격 때문이든 상황 때문이든, 만사가 힘들고 짜증스러워진다.

이때는 과감하게 일을 쉬고 여행을 다녀오면 도움이 된다. 다 털어버리고 충전하는 편이 좋다는 소리다. 만약 현실적으로 그럴 만한 여유가 없다면 차라리 취미활동에 매진하는 것이 훨씬 현명하다. 취미활동을 열심히 하다 보면 다양한 사람들과 교류할 수 있으므로 자신의 속마음을 표현하는 기술이 는다. 그것만으로도 속에 담아둔 응어리를 풀어줄 수 있다.

토음복합화체질은 상대방을 배려하는 습성을 길러야 한다. 단답형으로 퉁명스럽게 대화하지 말고, 다른 사람에게 먼저 인사를 건네는 등 소통의 물고를 튼다면 운이 트이는 데 많은 도움이 될 것이다.

단 이들은 전공한 대로 직업을 얻는 경우가 별로 없다. 언제든지 자신이

이로운 음식과 한약재

· 이로운 음식 : 검은콩, 쥐눈이콩, 밤, 수박, 각종 해초류(미역, 다시마, 김, 파래 등), 소금, 된장, 두부, 두유, 차조, 호두, 잣, 돼지고기, 젓갈류, 해삼.
· 체질 한약재 : 숙지황, 구기자, 토사자, 복분자, 택사, 황백, 두충, 육종용, 산수유, 오미자.

하고 싶은 일이 생겨서 전공을 바꿀 수도 있는 체질이다. 하지만 전공 공부
는 어떻게든 인생에 도움을 주는 법이니 소홀히 하면 안 되겠다.

토음복합금체질: 머리로 일해야 성과가 나온다

기본 토음체질에 금의 성질이 강하게 작용하는 체질이다. 농사를 지어야 할 땅에 쇠와 돌덩어리가 많이 섞여 있으니 황무지와 다를 바가 없다. 계속 돌을 골라내지 않는다면 농사를 지어도 수확을 기대할 수 없다. 이는 일한 만큼 대가를 받지 못하는 토음복합금체질의 모습과 유사하다. 돌을 손으로만 골라내다 보면 금방 지친다. 몸으로만 해결하려고 하면 끝이 없다는 소리이다.

먼저 계획을 세우고 움직이자

기름진 땅이 척박하게 변한 상황이므로 안타까움이 앞선다. 그래서 토음복합금체질은 항상 지쳐 있는 경우가 많다. 매번 몸을 써왔지만, 노력한 만큼 성과가 없었기에 당연한 결과다. 더욱이 오행의 구도도 좋은 편이 아니므로 좀 더 신중하게 처신해야 한다. 하지만 무슨 일이든 본인이 어떻게 하느냐에 달려 있다는 것을 유념하는 게 우선이다. 황무지를 기름진 땅으로 바꾸려면 몸보다는 머리를 쓰자. 또한 혼자가 아니라 함께한다면 결과도 좋아질 것이다.

쇠를 녹이거나 돌을 파내는 역할은 화의 기운에게 도움을 청하면 답이 나온다. 그래서 이들은 화양·화음체질, 화양과·화음과체질, 복합화체질의 협조를 받으면 문제를 해결하기 쉬워진다.

몸이 아니라 머리로 일한다는 것은 많이 고민하고 계획한 후에 시작한다는 것을 의미한다. 말을 할 때도 무작정 아무 이야기나 내뱉고 볼 것이 아니라 항상 한 번 더 생각하면 좋을 것이다.

그리고 생각을 잘하기 위해서는 늘 책을 가까이 하고 공부를 게을리하지 말아야 한다. 부모님의 의견을 잘 따르는 것도 좋은 해결책이다. 그러기 위해서는 평소에 부모님과 대화를 많이 나누기 바란다. 반드시 좋은 기운이 생길 것이다. 이는 화의 기운을 제대로 사용하는 방법이 될 수 있다. 복합금체질의 기질을 더 많이 가지고 있어서 호흡기나 대장, 피부, 위장에 관련된 질환을 조심해야 한다.

집은 밝고 화려하게 장식하는 것이 좋고, 돌이나 금속성 장식품은 피해야 한다. 중요한 날에는 속옷이라도 붉은색을 입는 것이 좋다. 흰색은 자제하는 것이 좋다. 화를 상징하는 2와 7이 이롭고 금을 상징하는 4와 9는 피하자.

이로운 음식과 한약재 ─────────────────────

· 이로운 음식 : 수수, 살구, 은행, 근대, 냉이, 상추, 쑥갓, 쑥, 영지, 참새, 초콜릿, 영지차, 쑥차, 팥, 보리, 우유, 당근, 연근, 홍차, 수박, 염소고기, 고들빼기, 작설차, 자몽.
· 체질 한약재 : 당귀, 산조인, 황련, 원지, 연자육, 백복령, 백복신, 치자, 연교, 현삼, 목통, 익모초, 백자인.

자기계발이 운명을 개척한다

자신에게 꼭 필요한 행동이 무엇인지 알고, 그에 맞게 노력하는 사람이 성공하는 법이다. 토음체질은 꼼꼼하고 세심하다. 이런 성향은 스스로를 보호하고 장점을 극대화시키는 데 도움을 준다.

복합금체질의 성향은 정의감과 의리를 중요시한다. 그래서 토음복합금체질은 자신이 배운 것보다 더 많은 것을 활용하는 기질을 타고났다. 하나를 배우면 둘을 표현할 정도로 응용능력이 우수하다.

토음복합금체질의 상징

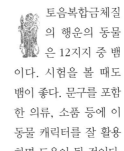

토음복합금체질의 행운의 동물은 12지지 중 뱀이다. 시험을 볼 때도 뱀이 좋다. 문구를 포함한 의류, 소품 등에 이 동물 캐릭터를 잘 활용하면 도움이 될 것이다.

토음복합금체질인 사람은 두 가지 체질의 장점을 극대화시켜야 한다. 장점을 극대화시키기 위해서는 책을 많이 읽어야 한다. 책을 많이 읽으면 신중한 성격도 길러진다. 만약 그렇지 못하고 자신의 능력만 믿고 살아간다면 엉뚱한 곳에서 시비가 붙고, 명예에 먹칠을 하는 일도 생길 수 있으니 조심하도록 하자. 항상 자기계발을 멈추지 않는 하루하루를 살기 바란다.

토음복합수체질:
둑을 만들어야
답이 나온다

土陰應用

기본 토음체질에 수의 성질이 강하게 작용하는 체질이다. 홍수가 나서 논에 물이 불어났다. 흙이 다 쓸려 내려가고 있는 상황이다. 논은 논대로 흙이 유실되어 손해가 크고, 불어난 물은 물대로 흙탕물이 되었으니 쓸모가 없다. 해결방법은 간단하다. 단단한 흙으로 둑만 튼튼하게 쌓으면 불어난 물도 내것으로 만들 수 있으니 걱정이 없다.

돈보다 친구, 이성보다는 부모다

부드러운 흙으로 이루어진 밭에 비가 너무 오래 많이 내려 물이 고였다. 농작물들이 흙탕물에 잠겨버린 형상이다. 흙의 입장에서는 처음에는 비가 고마웠지만 지나치게 많이 오니 감당할 수 없는 지경이 되어버렸다. 그대로 방치해두면 농작물은 썩어버릴 것이다. 빨리 물이 잘 빠질 수 있도록 수로를 만들어주어야 한다. 너무 질퍽한 곳에는 흙을 더 채워줘야 할 것이다. 또한 물을 증발시키고 흙의 기운을 살리기 위해서는 태양빛이 절대적이므로 화양·화음체질, 화양과·화음과체질, 복합화체질과 좋은 관계를 맺으면 도움이 된다.

토음복합수체질의 상징

토음복합수체질의 행운의 동물은 12지지 중 호랑이다. 시험을 볼 때는 뱀이 좋다. 문구를 포함한 의류, 소품 등에 이 동물 캐릭터를 잘 활용하면 도움이 될 것이다.

여기서 물은 재물과 이성에 해당한다. 즉 토음복합수체질은 재물과 여자에 지나치게 관심을 가지면 해가 된다. 그 관심을 주위 동료나 친구, 형제들에게 쏟는다면 오히려 더 큰 에너지로 돌아올 것이다. 또한 이들은 부모님의 의견을 경청하고 따르는 것이 이롭다.

이들은 복합수체질의 영향으로 신장, 방광, 생식기, 척추, 관절, 뼈와 관련된 골격계 질환 및 모든 위장 질환을 주의해야 한다.

언덕 위에 볕이 잘 드는 집이라면 좋은 기운을 제공해준다. 집안에는 물과 관계된 것을 두지 않는 것이 좋다. 큰 산이 그려진 그림을 걸어두면 도움이 된다. 노란색, 갈색, 붉은색 계열의 색은 토음복합수체질에게 좋은 기운을 만들어준다. 대신 검은색은 되도록이면 멀리하자. 숫자는 화의 기운을 가진 2와 7, 토의 기운인 5와 10이 이롭다. 하지만 수의 기운인 1과 6은 도움이 되지 못한다.

토의 기운을 복원하라

토음체질이 가진 기름진 땅의 속성은 그 자체가 단단하지 않고 부드럽다. 따라서 원래 많은 물을 감당할 능력이 안 된다. 물을 만나면 오히려 기름진 땅의 부드러운 흙이 씻겨 내려간다. 또한 물의 입장에서도 흙탕물이 되기 쉬우니 좋은 일은 아니다. 땅이 줄어드는 만큼 가슴 칠 일이 자주 발생하니 심장이 안 좋아질 수도 있다. 흙탕물처럼 피도 탁해져서 혈액순환의 문제가 생기기도 한다.

이들은 재산을 상징하는 물을 가둬두고 싶지만 부드러운 흙이 감당하지 못하니 결국 재산에 치여 고생만 하게 된다. 그래서 성격적인 면에서 토음복합수체질은 연약한 모습을 자주 보인다. 다행스러운 점은 이들이 돈에 대한 욕심이 적어 문제 될 일이 별로 없다는 것이다.

이런 상황을 극복하기 위해서는 동료들의 협조가 가장 절실하다. 그리고 토의 기운을 복원해야 한다. 토의 기운을 키우는 방법은 생각의 중심을 잡아가는 것이다. 그리고 생각의 중심을 잡기 위해서는 책을 가까이해야 한다. 남성인 경우, 이성문제를 깔끔하게 정리하는 것이 좋다.

이로운 음식과 한약재 ─────────────

· 이로운 음식 : 기장, 찹쌀, 참외, 감, 시금치, 호박, 쇠고기, 토끼고기, 고구마, 연근, 꿀, 인삼차, 칡차, 식혜, 대추차, 콩, 깨, 설탕, 대추, 율무, 콩나물, 엿.
· 체질 한약재 : 백출, 감초, 사인, 익지인, 갈근, 홍삼, 산약, 신곡, 맥아, 천마, 진피.

금양응용체질

정의로운 마음은
명예를 높여준다

금양과체질 : 불의 앞에서 절대 도망치지 않는다
금양불급체질 : 날을 세우면 성과가 나온다
금양복합목체질 : 욕심을 내려두면 복이 굴러온다
금양복합화체질 : 모자라면 채우고 넘치면 활용하자
금양복합토체질 : 가장 필요한 것은 실천이다
금양복합수체질 : 좋은 운을 스스로 만들어낸다

金陽應用

금양과체질:
불의 앞에서 절대 도망치지
않는다

金
陽
應
用

눈에 보이는 것은 모두 무쇠와 철광석들뿐이고, 무쇠 덩어리가 산을 이루고 있다. 재료가 이렇게 많으니 불만 있으면 다양한 금속제품을 얼마든지 만들어낼 수 있겠다.

경험이 성공을 만든다

과체질은 말 그대로 한 가지 성향이 과한 것이다. 그래서 편협한 사고에 치우칠 우려가 있다. 이런 행동은 분명 사회성이 부족한 성향으로 이어지는 법이다. 그런 점을 방지하기 위해서는 스스로 많은 경험을 해봐야 한다. 사람의 생각은 경험에 의해 결정되는 법이기 때문이다.

하지만 과체질은 추진력이 강하다는 장점도 있다. 체질적 장점을 많이 드러내는 사람에게는 성공의 기회가 더 많이 찾아올 것이고, 반대로 단점을 많이 보이는 사람에게는 기회가 좀처럼 다가오지 않을 것이다. 그래서 과체질은 성공과 실패의 편차가 비교적 큰 편이다.

금양과체질은 쇳덩어리들을 최대한 많이 녹여야 한다. 그래서 화양·화음체질, 화양과·화음과체질, 복합화체질과 어울리면 도움이 된다.

불과 관련된 도구나 행동들은 도움이 되지만, 집안에 금속제품을 많이 두는 것은 좋지 않다. 취미활동도 불을 이용하는 것이 좋다. 집에 불이나 태양이 그려져 있는 그림을 걸어둔다면 좋은 기운이 생길 것이다. 흰색은 자제하는 것이 좋으며 붉은색을 많이 사용할수록 도움이 된다.

금양과체질의 상징

금양과체질의 행운의 동물은 12지지 중 뱀이다. 시험을 볼 때는 소와 양이 좋다. 문구를 포함한 의류, 소품 등에 이 동물 캐릭터를 잘 활용하면 도움이 될 것이다.

돈을 만드는 능력이 뛰어나다

불을 지피기 위해서는 땔감이 필요하다. 이때 땔감은 재물을 의미한다. 그래서 금양과체질은 재물을 모으는 과정에서 명예까지 높아질 수 있다. 이들은 애초부터 돈을 만드는 능력이 뛰어나다. 하지만 상황이 잘 맞아떨어지지 않으면 그 능력조차 제대로 발휘하지 못하는 경우가 있다.

우선 이들은 순박한 속마음과 다르게 과격한 언행을 보이는 경향이 있다.

이로운 음식과 한약재

· 이로운 음식 : 수수, 살구, 은행, 근대, 냉이, 상추, 쑥갓, 쑥, 영지, 참새, 초콜릿, 영지차, 쑥차, 팥, 보리, 우유, 당근, 연근, 홍차, 수박, 염소고기, 고들빼기, 작설차, 자몽.

· 체질 한약재 : 당귀, 산조인, 황련, 원지, 연자육, 백복령, 백복신, 치자, 연교, 현삼, 목통, 익모초, 백자인.

아무리 옳은 말도 지나치게 과격하게 표현하면 아무도 들어주지 않는 법이다. 또한 과하게 의리를 중시하다 오히려 뒤통수를 맞는 경우도 있다.

그리고 금양과체질은 사리분별도 분명하고, 불의를 보면 절대로 그냥 지나치지 못한다. 부당한 것을 그냥 지나치는 행동은 스스로에게 굴욕이나 다름없다고 생각하기 때문이다. 그래서 이들은 그 누구보다도 정의로운 사회를 지향한다.

금양불급체질:
날을 세우면 성과가
나온다

도끼날이 하도 닳고 닳아서 그저 작고 뭉툭한 쇳덩어리로만 보이는 경우다. 도끼라고 말하기도 부끄러울 정도다.

사람들과 어울리면 좋은 기운이 생긴다

이런 무디고 작은 도끼를 제대로 사용하기 위해서는 쇠의 양을 늘려야 한다. 그래서 금양불급체질은 금양·금음체질, 금양과·금음과체질, 복합금체질과 어울리면 좋다. 책을 가까이하고 열심히 공부하는 것도 자신의 쇠뭉치를 키우는 일이 된다. 읽을 시간이 없어도 책을 항상 가지고 다니는 것이 좋다. 결국 이런 행동들이 도끼의 날을 세워준다.

금양불급체질을 이해하기 위해서는 오랫동안 사용하지 않은 농기구를 연상해도 좋다. 창고에 처박아둔 채 사용하지 않는 농기구들은 대체로 땅을 만나면 다시금 자기 역할을 해낸다. 그래서 이들은 땅의 기운을 가진 토양·토음체질, 토양과·토음과체질, 복합토체질의 도움을 받으면 자기 역할을 다할 수 있다.

이와 함께 주위 사람들과 잘 어울리는 행동도 땅의 기운을 받는 일이다. 더욱이 이들은 부모님과 대립할 경우 기운을 많이 소진하는 체질이다.

집 안에 금속 장식품이나 흙으로 된 물건을 놔두면 좋다. 마당에 큰 바위가 놓여 있으면 금음불급체질에게 좋은 기운을 제공해줄 것이다. 큰 산과 어우러진 바위 그림도 이들에게 도움을 준다. 흰색과 노란색, 갈색을 많이 이용하면 이롭고, 붉은색은 멀리하도록 하자.

오기를 버리면 동지가 생긴다

무딘 도끼로 나무를 베려 하니 성과가 있을 리 만무하다. 목표를 채워줄 기본적인 능력이 부족한 상황이다. 그런 금음불급체질에게 필요한 것은 비바람을 함께 견뎌줄 동료들이다. 좋은 동료와 호흡을 맞춘다면 아무리 어려운 일이라도 잘 풀릴 수 있다.

이들은 돈에 대한 환상이 큰 편이다. 그래서 재물에 대해 집착도 심하다. 경제적인 면에서 남보다 뒤처지는 것을 싫어하기 때문에 간혹 투기적인 성향을 보이기도 한다. 그러나 욕심 부린다고 원하는 것을 다 얻을 수는 없는

이로운 음식과 한약재

· 이로운 음식 : 현미, 율무, 배, 복숭아, 배추, 말고기, 생선, 박하, 생강, 파, 양파, 마늘, 생강차, 율무차, 땅콩, 더덕, 도라지, 무, 미역, 밤, 겨자, 감, 닭고기, 조개, 고추.
· 체질 한약재 : 길경, 맥문동, 상백피, 황기, 홍삼, 석창포, 반하, 오가피, 형개, 신이화, 박하.

법이다. 이런 성향은 남에게 지기 싫어하는 오기로 발전되어 무모함으로 변질될 수도 있다.

또한 이들은 자신의 실패를 인정하지 않고, 타인이 자신의 실수나 실패를 알게 되는 것조차 극도로 싫어한다. 오기는 용기나 자신감의 표현이 아니라 불안정한 마음의 표현임을 기억하자. 최대한 욕심을 버리고 내면의 안정을 찾아야 한다. 그러지 않을 경우 우울증이나 신경성 질환이 생길 수도 있다. 금양불급체질은 겉모습에 비해 마음이 여리고, 쉽게 상처받는 경향이 있기 때문이다.

금양불급 체질의 상징

금양불급 체질의 행운의 동물은 12지지 중 소와 양이다. 시험을 볼 때도 소와 양이 좋다. 문구를 포함한 의류, 소품 등에 이 동물 캐릭터를 잘 활용하면 도움이 될 것이다.

금양복합목체질:
욕심을 내려두면
복이 굴러온다

기본 금양체질에 목의 성질이 강하게 작용하는 체질이다. 다듬어야 할 나무나 화초는 산더미처럼 많은데, 연장이 부족해서 능률이 오르지 않는다. 그나마 손에 쥔 연장도 날이 무디니 매우 답답하다. 하지만 이들은 전반적으로 음양의 구조가 좋은 편에 해당된다. 복합목체질의 단점을 최소화시킨다면 성공이 멀지 않을 것이다.

힘이 없을 때 곁에 있어줄 친구를 만들어라

금양복합목체질에게 가장 필요한 것은 연장이다. 목을 제거해주어야 하기 때문이다. 그래서 금양·금음체질, 금양과·금음과체질, 복합금체질과 어울리면 좋은 좋은 기운을 얻을 수 있다.

금양복합목체질의 지난한 상황을 역전시켜줄 또 하나의 방법은 땅을 넓혀 나무와 화초를 분산시켜주는 것이다. 그래서 토양·토음체질, 토양과·토음과체질, 복합토체질의 협조를 받으면 도움이 된다. 또한 부모님이나 윗사람의 조언을 새겨듣는 행동도 토의 기운과 관련이 있다.

금양복합목체질은 산 정상에 나무를 쌓아놓았지만, 막상 지고 가려니 기력이 쇠해 내려갈 수가 없는 나무꾼의 상황과 비슷하다. 밥상을 차려 놓았지만 젓가락질할 힘이 없어 구경만 하는 형상이다.

금양복합목체질의 상징

금양복합목체질의 행운의 동물은 12지지 중 원숭이다. 시험을 볼 때는 소와 양이 좋다. 문구를 포함한 의류, 소품 등에 이 동물 캐릭터를 잘 활용하면 도움이 될 것이다.

여기에서 나무는 재물과 이성이다. 감당할 수도 없는 상황에서 재물이나 이성에만 관심을 가지면 오히려 해가 될 수밖에 없다. 차라리 주위의 동료들에게 관심을 돌려보면 어떨까? 형제나 친구, 동료들과 평소에 친하게 지낸다면 훗날 나무를 들고 내려갈 힘이 없을 때 동지가 되어줄 것이다. 또한 금양복합목체질은 부모님의 의견을 잘 따를수록 더 많은 도움을 받을 수 있다.

집에서 나무를 기르는 것은 금양복합목체질에게 큰 도움을 주지 않는다. 차라리 큰 금속 장식품이나 수석, 큰 도자기 등을 주위에 두는 것이 좋다. 마찬가지로 나무 그림보다는 바위 그림을 벽에 걸어두는 게 이들에게 도움이 된다. 마당에 큰 바위를 놓고 평상으로 쓰는 것도 좋다. 금속 액세서리나 장식품도 이들에게는 좋은 기운을 가져다준다.

흰색과 노란색, 갈색이 이로우며, 파란색과 초록색은 피하도록 하자. 금의 기운을 가진 4와 9, 토의 기운을 가진 5와 10의 숫자가 이롭다. 하지만 목의 기운인 3과 8은 도움이 되지 않는다. 복합목체질의 기질을 더 많이 가지고 있는 이들은 간과 담낭, 근육, 눈, 자궁, 호흡기, 대장, 피부 질환을 예방할 필요가 있다.

의욕만 앞서서는 좋은 결과가 나오지 않는다

나무가 많고 수풀이 우거진 곳에서 달랑 도끼 한 자루만 가지고 벌목하는 나무꾼의 심정이다. 나무가 워낙 많으니 돈을 많이 벌 수 있겠다는 생각에 의욕이 넘친다. 일을 시작하기도 전에 마음속으로 돈부터 세고 있다. 하지만 욕심을 부려봐야 여건이 따르지 않으니 아무 소용이 없다. 도끼의 날은 금방 무뎌지니까 말이다.

그러므로 돈을 조금 벌더라도 동료들과 함께한다면 모든 문제를 해결할 수 있다. 많은 돈을 좇다가는 아예 빈털터리가 될 수도 있다. 돈이란 적절한 요건이 마련되고 본인의 능력이 갖춰졌을 때 저절로 들어오는 법이다. 욕심을 잠시 내려두는 삶의 지혜가 간절해지는 순간이다.

이로운 음식과 한약재

· 이로운 음식 : 현미, 율무, 배, 복숭아, 배추, 말고기, 생선, 박하, 생강, 파, 양파, 마늘, 생강차, 율무차, 땅콩, 더덕, 도라지, 무, 미역, 밤, 겨자, 감, 닭고기, 조개, 고추.
· 체질 한약재 : 길경, 맥문동, 상백피, 황기, 홍삼, 석창포, 반하, 오가피, 형개, 신이화, 박하.

금양복합화체질:
모자라면 채우고 넘치면
활용하자

기본 금양체질에 화의 성질이 강하게 작용하는 체질이다. 쇠를 녹여내는 용광로의 화력이 너무 강한 상태다. 그러나 갖고 있는 무쇠의 양이 상대적으로 너무 적다. 용광로의 불이 아무 소용없을 지경이다. 차라리 화력을 줄여서 쓸데없는 낭비와 지출을 막는 게 나을 것 같다. 물론 무쇠의 양을 늘리면 모든 것이 해결된다.

주위 신뢰를 받아야 성장한다

일을 하고 싶어도 재료가 없으니, 더워서 답답하고 속은 타들어간다. 이럴 때는 우선 갈증이라도 해소하면 좋겠다. 그래서 금양복합화체질은 수양·수음체질, 수양과·수음과체질, 복합수체질의 협조가 필요하다.

그렇다면 용광로의 넘치는 화력을 다른 방면으로 이용해보면 어떨까? 흙을 불로 가열하면 그릇이 만들어질 수도 있다. 그러면 화력도 낭비하지 않고 무쇠 역시 자신의 부재를 그리 절실하게 느끼지 못할 것이다. 그래서 이들은 토양·토음체질, 토양과·토음과체질, 복합토체질과 함께할 때 큰 도움을 받을 수 있다. 열심히 공부하고 책을 많이 읽는 것도 흙의 기운을 끌어들이는 방법이다.

금양복합화체질은 직장에서 만족하는 경우가 드물다. 그래서 직업의 변동이 많다. 또한 윗사람보다는 아랫사람과의 친분이 이들에게 더 이롭다. 대신 부모님의 의견에는 충실히 따르도록 하자.

그리고 주변 사람들에게 신뢰를 얻으면 성공의 기회를 쉽게 얻을 수 있을 것이다. 대신 일할 때 성급한 결정을 반복하거나 고지식하게 원칙만을 강조한다면 주위 사람들로부터 신임을 잃을 수도 있다.

이들은 신체적으로도 복합화체질의 기질이 강하게 나타난다. 그래서 심혈관계나 호흡기, 대장, 피부와 관련된 질환에 주의해야 한다.

집을 화려하게 꾸미거나 조명을 너무 밝게 켜는 것은 별로 도움이 되지 않는다. 집 내부에 수족관을 설치하거나 물, 흙과 관련된 물건으로 장식하면 이롭다. 볕이 많이 드는 집이라면 차양을 설치하도록 하자.

물과 가까운 곳이나 언덕 위에 집이 있다면 좋은 일을 기대해볼 만하다. 그림도 꽃이나 나무 그림보다는 산과 물이 어우러진 그림이 이들에게 좋은 기운을 불어넣어준다.

이로운 음식과 한약재 ─────────────────────────

· 이로운 음식 : 검은콩, 쥐눈이콩, 밤, 수박, 각종 해초류(미역, 다시마, 김, 파래 등), 소금, 된장, 두부, 두유, 차조, 호두, 잣, 돼지고기, 젓갈류, 해삼.
· 체질 한약재 : 숙지황, 구기자, 토사자, 복분자, 택사, 황백, 두충, 육종용, 산수유, 오미자.

검은색, 노란색, 갈색을 사용하면 이롭고 붉은색은 그다지 좋지 못하다. 숫자로는 수의 기운을 가진 1과 6, 토의 기운인 5와 10의 좋고 화의 기운인 2와 7은 어울리지 않는다.

금양복합화체질의 상징

 금양복합화체질의 행운의 동물은 12지지 중 용이다. 시험을 볼 때는 소와 양이 좋다. 문구를 포함한 의류, 소품 등에 이 동물 캐릭터를 잘 활용하면 도움이 될 것이다.

흙의 기운이 중심을 잡아줄 것이다

원래 금양체질의 상징인 무쇠는 불의 기운을 원한다. 여기서 불이란 명예욕을 뜻하기도 한다. 하지만 이들에게는 불이 도움이 되지 못하고 있다. 자신의 능력에 해당되는 무쇠가 모자라기 때문이다. 그래서 금양복합화체질은 헛된 명예욕에 사로잡히는 경우도 종종 발견된다.

명예를 추구하다 보면 융통성이 부족해질 수도 있다. 지나치게 원리원칙만 강조하기 때문이다. 더욱이 화의 기운은 매사에 분명한 것을 좋아하는 습성이 있고, 금양의 기운은 정의와 개혁을 선동하는 성향이 있다.

이때 중심을 잡아줄 토의 기운이 금양복합화체질과 함께하면 금양이 가진 특성들을 장점으로 승화시켜줄 수 있다. 그리고 고위 공직에 오르는 것도 기대해볼 만하다.

금양복합토체질:
가장 필요한 것은
실천이다

金
陽
應
用

기본 금양체질에 토의 성질이 강하게 작용하는 체질이다. 바위가 흙에 묻혀 있어 자신의 진가를 발휘하지 못하고 있는 상태이다. 흙을 걷어내야만 멋진 바위를 구경할 수 있다. 이때는 흙을 물로 씻어주거나 나무를 이용해 걷어내는 것도 좋다.

정체된 상황을 뚫어주자

바위가 흙 속에 파묻혀 있고 그 모습이 가려진 것은 오행의 순환이 정체된 것을 말한다. 오행의 순환이 정체되면 만사가 귀찮아지고 행동이 게을러진다. 생각은 많은데 행동이 따라주지 못한다. 아는 것만큼 표현하지도 못한다. 학창시절에 공부한 것을 사회에 나와 써먹지 못하는 것과 같다. 매사에 망설이고만 있으니 성과도 없다.

금양복합토체질에게 가장 중요하고 가장 필요한 성공 키워드는 실천이다. 사람들과 교류할 때는 윗사람보다 아랫사람과 어울리는 것이 더 이롭다. 그리고 목양·목음체질, 목양과·목음과체질, 복합목체질, 수양·수음체질, 수양과·수음과체질, 복합수체질의 도움을 받으면 성공을 기대해볼 만하다.

금양복합토체질의 상징

금양복합토체질의 행운의 동물은 12지지 중 돼지다. 시험을 볼 때는 소와 양이 좋다. 문구를 포함한 의류, 소품 등에 이 동물 캐릭터를 잘 활용하면 도움이 될 것이다.

이들은 복합토체질과 마찬가지로 위장과 관련된 모든 질환에 주의해야 한다. 검은색, 초록색, 파란색이 금양복합토체질에게 좋은 기운을 만들어준다.

집 안에 수족관을 설치하고 화초를 키우면 목과 수의 기운을 얻을 수 있다. 물과 나무가 어우러진 그림을 걸어두어도 모든 일에 도움을 받을 수 있을 것이다. 집 주위에 물이 있으면 좋고 나무가 많다면 금상첨화다. 대신 언덕 위에 있는 집은 별로 도움이 되지 못한다. 숫자로는 수의 기운을 가진 1과 6, 목의 기운인 3과 8이 이롭다. 토의 기운인 5와 10은 좋지 않다.

여행 가방을 싸라

재주가 머릿속에서만 맴돌고 활용하는 능력이 부족하니 직장에서 인정받을 길이 없다. 어떤 때는 머릿속이 마구 엉켜 있는 듯한 기분도 든다. 이런

이로운 음식과 한약재

· 이로운 음식 : 밀, 팥, 보리, 사과, 자두, 매실, 부추, 깻잎, 닭고기, 개고기, 땅콩, 들깨, 잣, 식초, 참기름, 유자차, 포도, 미나리, 귤, 메밀, 계란, 파인애플.
· 체질 한약재 : 백작약, 시호, 복분자, 천궁, 인진, 향부자, 산수유, 오미자, 모과, 산사, 결명자.

상황이 계속된다면 과감히 여행을 떠나라. 천천히 자신을 돌아보면 오히려 새로운 아이디어가 솟구칠 것이다.

금양복합토체질은 몸으로 배우는 경험이 인생에 큰 도움을 준다. 경험은 속마음을 표현하는 능력도 고양시켜준다. 공상은 공상일 뿐 현실이 아니다. 하지만 이들에게는 공상을 현실로 만드는 방법이 있다. 바로 여행이다. 몸으로 부딪치는 그런 생생한 여행 경험이 이들에게 꼭 필요하다.

금양복합수체질: 좋은 운을 스스로 만들어낸다

기본 금양체질에 수의 성질이 강하게 작용한다. 명승지를 빛내주는 큰 바위가 홍수 때문에 강물에 잠겨 있는 상태다. 이 바위를 보기 위해 인산인해를 이루던 그 많은 사람들이 발길을 뚝 끊었다. 물이 빠져야만 바위가 제대로 보일 것이다.

공부를 열심히 한다면 아무 문제없다

과연 물을 빼내는 방법은 무엇일까? 흙을 동원해서 물의 흐름을 바꾸면 바위가 정체를 드러낼 수 있을 것이다. 그래서 금양복합수체질은 토양·토음체질, 토양과·토음과체질, 복합토체질과 친해져야 한다.

이제 비가 그쳤다면 물을 증발시켜야 한다. 그래서 이들은 화양·화음체질, 화양과·화음과체질, 복합화체질의 도움도 필요하다.

비가 과하게 많이 오는 형상은 말이 너무 많아 문제를 일으키는 습관이나 무계획적인 행동을 상징한다. 금양복합수체질은 상사에게 대드는 경우도 많다. 말실수로 사람을 잃는 경우도 많고, 말로 상대를 지치게 만들기도 한다. 이런 물의 기운을 억제하는 방법은 공부에서 나온다. 이들이 공부에 취미가 있다면 아무 문제가 없다. 물론 여기서 공부란 학업만을 칭하는 것이 아니라 인생 전반의 모든 배움을 일컫는다.

금양복합수체질은 음양오행의 구조가 별로 좋지 않은 경우에 해당된다. 이런 경우에 좋은 운이란 자신이 만들어가야 하는 것이다. 항상 책을 읽고 부모님의 의견을 따르면 좋은 운을 만들어낼 수 있다.

안 그래도 물이 넘쳐서 난리인데 집 근처에 또 다른 물이 있다면 좋은 기운이 생겨날 리 없다. 물이 잘 빠지는 언덕 위에 있는 집이 좋다. 물이 들어간 그림보다 산이나 꽃이 그려진 그림이 좋다. 집 안에는 흙을 이용한 장식품이 많아야 한다.

노란색, 갈색, 붉은색이 이롭다. 숫자로는 토의 기운인 5와 10, 화의 기운인 2와 7의 이롭다. 대신 수의 기운인 1과 6은 도움이 되지 않는다.

건강에 관해 주의해야 할 점은 복합수체질의 주의사항과 맥을 같이 한다. 그래서 신장, 방광, 생식기, 척추, 뼈, 호흡기, 대장, 피부와 관련된 질환에 주의해야 한다.

이로운 음식과 한약재

· 이로운 음식 : 기장, 찹쌀, 참외, 감, 시금치, 호박, 쇠고기, 토끼고기, 고구마, 연근, 꿀, 인삼차, 칡차, 식혜, 대추차, 콩, 깨, 설탕, 대추, 율무, 콩나물, 엿.
· 체질 한약재 : 백출, 감초, 사인, 익지인, 갈근, 홍삼, 산약, 신곡, 맥아, 천마, 진피.

능력을 지속적으로 발휘하지 못한다

쇳덩어리가 깊은 물속 어딘가에 빠져 있는 상태다. 계속 물속에 있다 보니 녹도 슬었다. 용광로에 들어가 귀금속으로 다시 태어나고 싶은 꿈을 접어야만 할 것 같다.

무쇠는 인류의 삶에 큰 변화를 가져왔다. 금양복합수체질도 무쇠처럼 갖고 있는 능력이 탁월하다. 자신이 배운 것보다 표현하는 능력이 크기 때문에 배움이 늘어난다면 더 발전할 수 있는 재능을 타고났다고 볼 수 있다. 하지만 물에 잠겨 있으니 그 능력을 지속적으로 보이지는 못한다.

이런 상황에서 이들에게 중요한 것은 중심을 잡는 것이다. 그리고 열심히 배우고 학습하여 세상을 넓게 바라봐야 한다. 그것이 성공을 위한 유일하고도 확실한 방법이다.

금양복합수체질의 상징

금양복합수체질의 행운의 동물은 12지지 중 호랑이다. 시험을 볼 때는 소와 양이 좋다. 문구를 포함한 의류, 소품 등에 이 동물 캐릭터를 잘 활용하면 도움이 될 것이다.

금음응용체질

강점을 살리고
조화를 통해
가치를 올려라

金陰應用

금음과체질:
태양은 내 안에서
먼저 뜬다

널려 있는 것이 온통 보석인데, 안타깝게도 해가 뜨질 않아서 어디에 있는지 찾을 수가 없다. 태양빛이 아쉽기만 하다. 노력 여하에 따라서 태양을 빨리 만날 수도 있고, 평생 구경도 못하고 끝날 수도 있다.

어둠까지도 없애줄 밝은 성품을 가졌다

사람들에게 부드럽게 말을 하고 정감 어린 미소를 짓는다면 태양이 곧 뜰 것이다. 하지만 자기중심적이고 편협한 사고만 한다면 태양을 절대로 만날 수 없다. 과체질의 기본 성향은 추진력인데, 금음과체질은 그 능력을 발휘하지 못할 가능성이 크다. 그래서 금음과체질에게는 다양한 경험이 중요하다.

이들은 전반적으로 화양·화음체질, 화양과·화음과체질, 복합화체질과의 친분이 간절하다. 볕이 잘 드는 집이 좋고, 집 안은 밝고 화려하게 꾸미는 것이 좋다. 태양이 그려져 그림을 걸어두면 좋은 기운을 만들어준다. 다만 수석이나 금속 장식품은 피하도록 하자. 금속 액세서리 역시 아예 착용하지 않는 것이 바람직하다. 대신 불이나 빛과 관련된 것은 무엇이든 좋다. 붉은 색이 어울리고 흰색은 이롭지 않다.

금음과체질의 상징

 금음과체질의 행운의 동물은 12지지 중 말이다. 시험을 볼 때는 용과 개가 좋다. 문구를 포함한 의류, 소품 등에 이 동물 캐릭터를 잘 활용하면 도움이 될 것이다.

순리를 따르면 능력이 빛난다

유능한 조경사가 몇 그루 안 되는 나무를 다듬는 일을 시작했다. 일은 반나절도 안 돼서 끝났지만, 일을 하고자 하는 열망이 너무 강해서 쉽게 가위를 놓지 못한다. 마당에 있는 다른 나무와 화초들까지 쳐다본다. 하지만 정원 주인은 더 이상의 조경을 바라지 않는다. 그러니 조경사가 자기 고집대로 화초를 가꿀 수는 없다.

이처럼 과도한 열정이 때로는 심신을 피곤하게 만든다. 금음과체질은 고집을 줄이고 순리에 따르는 습관을 기를 필요가 있다. 그러면 자신의 능력이 더욱 개발될 것이다. 기획력과 계산능력, 그리고 조직 장악력까지 겸비한 뛰어난 인재라는 점을 스스로 잊어서는 안 된다.

이로운 음식과 한약재

· 이로운 음식 : 수수, 살구, 은행, 근대, 냉이, 상추, 쑥갓, 쑥, 영지, 참새, 초콜릿, 영지차, 쑥차, 팥, 보리, 우유, 당근, 연근, 홍차, 수박, 염소고기, 고들빼기, 작설차, 자몽.
· 체질 한약재 : 당귀, 산조인, 황련, 원지, 연자육, 백복령, 백복신, 치자, 연교, 현삼, 목통, 익모초, 백자인.

금음불급체질: 보석의 빛은 사라지지 않는다

보석은 보석인데 눈에 띄지 않을 정도로 너무나 작은 보석이라서 아무도 이들을 거들떠보지 않는다. 그나마 바라봐주는 사람들조차 이들을 보석으로 인정해주지 않는다. 그러니 금음불급체질은 점점 위축돼간다.

모이면 더욱 빛이 난다

작은 보석을 모아서 섬세하게 장식하면 더 큰 가치를 뿜낼 수 있다. 또한 보석은 다른 보석과 함께 있을 때 더 빛나는 경우도 있다. 작은 보석이라도 촘촘히 장식하면 좋은 작품으로 승화될 수 있는 법이고, 대중의 이목도 끌 수 있다.

금음불급체질은 이렇게 함께 모여야 현재의 상황을 역전시킬 수 있다. 그래서 금양·금음체질, 금양과·금음과체질, 복합금체질과 어울리면 좋은 기운

이 생길 것이다. 책을 가까이하고 열심히 공부하는 것
도 보석을 더 빛나게 만드는 일이 된다. 읽을 시간이
없더라도 책을 항상 가지고 다니는 것이 중요하다.

금음불급체질의 상징

금음불급
체 질 의
행 운 의
동물은 12지지 중 용과
개다. 시험을 볼 때도 용
과 개가 좋다. 문구를 포
함한 의류, 소품 등에 이
동물 캐릭터를 잘 활용
하면 도움이 될 것이다.

보석은 장식장에 잘 진열해두어야 더욱 빛이 난다.
장식장은 창고의 기능을 갖고 있는 흙의 기운이라 할
수 있다. 그래서 금음불급체질은 토양·토음체질, 토
양과·토음과체질, 복합토체질의 도움이 있다면 좋아
질 수 있다. 부모님이나 형제, 친구, 동료와 잘 지내
는 것도 흙의 기운을 받는 일이다. 특히 부모님과 의견충돌이 생기면 기운이
많이 소진될 수도 있으니 주의해야 한다. 반면 아랫사람과의 관계에서는 덕
을 보기 어렵다.

집 안에 금속 장식품이나 흙으로 된 물건들을 진열해놓으면 좋은 기운이
생길 것이다. 보석과 관련된 그림을 걸어놓아도 이롭다.

흰색과 노란색, 갈색을 많이 이용하면 이롭고 붉은색은 멀리하는 것이 좋
다. 숫자로는 토의 기운인 5와 10, 금의 기운을 상징하는 4와 9가 좋다. 화
의 기운인 2와 7은 피하도록 하자.

연장부터 다듬어라

불급이란 가위의 날이 무뎌져 있는 상태다. 그러니 아무리 열심히 일해도
좋은 작품을 만들어내기가 어렵다. 철저한 계획능력과 실행정신을 지녔지만
낡은 가위가 문제다. 가위의 날부터 세우자. 다시 날을 세우면 제 기능을 할
수 있을 테니까 말이다. 부족한 점을 극복해 나간다면 미래는 창대하게 바뀔
것이다.

열심히 움직이고 바쁘게 살며 자기계발에 전념하다 보면 성능 좋은 가위를 손에 쥐게 될 날이 올 것이다.

· 이로운 음식 : 현미, 율무, 배, 복숭아, 배추, 말고기, 생선, 박하, 생강, 파, 양파, 마늘, 생강차, 율무차, 땅콩, 더덕, 도라지, 무, 미역, 밤, 겨자, 감, 닭고기, 조개, 고추.
· 체질 한약재 : 길경, 맥문동, 상백피, 황기, 홍삼, 석창포, 반하, 오가피, 형개, 신이화, 박하.

금음복합목체질: 절제의 미덕을 가슴에 새기자

　기본 금음체질에 목의 성질이 강하게 작용하는 체질이다. 숲에 나무가 너무 많아 벌목을 해야 하는데 연장이 부족한 상황이다. 갖고 있는 도구로 일을 해봤자 나무에 상처만 입힐 뿐 벌목을 하기에는 무리다. 이는 도구를 제대로 준비하지 않아서 그런 것일 수도 있지만 워낙 나무가 많아서 생긴 일이기도 하다. 목의 기운을 억제시키는 것이 성공의 필수 조건이다.

절제의 미덕

　마당은 좁은데 넝쿨 식물들과 나무들이 너무 많은 상황을 연상할 수도 있다. 가위로 정리하지 않으면 도저히 감당할 수가 없다. 그래서 금음복합목체질은 정리와 관리가 성공의 매우 중요한 요건이다. 음양오행의 구조가 좋으므로 자신이 얼마나 잘 관리하느냐에 따라 성공 여부가 결정된다. 이는 돈에 대한 관리일 수도 있고, 생활에 대한 정리일 수도 있다. 우선 재물이나 이성에 대한 집착을 버려야 좋은 결과를 기대해볼 수 있다.

또한 일을 하기도 전에 수익부터 계산하는 성급한 습성을 지양해야 한다. 마찬가지로 '한 방'을 꿈꾸는 것도 버리는 게 좋다. 이들에게 재물은 '티끌 모아 태산'이다. 평소부터 재산을 알뜰하게 관리해야 한다.

그리고 사람관리도 필수다. 혼자서 그 많은 넝쿨과 나무를 정리할 수는 없기 때문이다. 부모님의 의견을 경청하는 것도 좋으며 형제나 친구, 동료들과 화합하면 좋은 기운이 모일 것이다.

이들에게는 생각의 정리도 필요하다. 가위질을 너무 많이 하다 보면 가윗날이 무뎌지고, 그러다 보면 욕심만큼 넝쿨을 잘라낼 수가 없다. 욕심을 너무 많이 부리면 아무것도 할 수가 없다는 말이다. 그러므로 절제의 미덕을 가슴에 새기는 것이 필요하다.

다행히 이들은 다른 체질보다 성과를 잘 내는 스타일이다. 다만 그 성과를 오래 지속시키는 지구력이 부족하니 이에 대한 대비도 필요하다.

나무를 자르기 위해서는 금양·금음체질, 금양과·금음과체질, 복합금체질의 도움이 필요하다. 땅을 넓히면 숨통이 트이니 토양·토음체질, 토양과·토음과체질, 복합토체질의 협조도 절실하다.

금음복합목체질은 귀금속을 많이 착용하고 다니는 것이 이롭다. 집 안에도 금속으로 된 장식품이나 도자기를 두는 것이 좋다. 대신 화초나 나무는

이로운 음식과 한약재 ─

· 이로운 음식 : 현미, 율무, 배, 복숭아, 배추, 말고기, 생선, 박하, 생강, 파, 양파, 마늘, 생강차, 율무차, 땅콩, 더덕, 도라지, 무, 미역, 밤, 겨자, 감, 닭고기, 조개, 고추.
· 체질 한약재 : 길경, 맥문동, 상백피, 황기, 홍삼, 석창포, 반하, 오가피, 형개, 신이화, 박하.

피하는 것이 좋다. 마당에 큰 바위를 두고 평상처럼 이용하자. 산과 바위가 어우러진 그림을 집 안에 걸어 두는 것도 좋겠다.

색깔로는 흰색과 노란색, 갈색이 좋다. 토의 기운인 5와 10, 금의 기운을 가진 4와 9가 이들과 잘 어울린다. 목의 기운인 3과 8은 이롭지 않다고 볼 수 있다.

이들은 복합목체질과 같은 장부의 건강을 걱정해야 한다. 그래서 간과 담낭, 근육, 눈, 자궁, 호흡기, 대장, 피부와 관련된 질환을 주의해야 한다.

금음복합목체질의 상징

금음복합목체질의 행운의 동물은 12지지 중 닭이다. 시험을 볼 때는 용과 개가 좋다. 문구를 포함한 의류, 소품 등에 이 동물 캐릭터를 잘 활용하면 도움이 될 것이다.

결과보다는 과정이 중요하다

연장이 부족한 상태이니 최대한 계획을 잘 세워서 부지런히 움직여야 한다. 원래 금음체질은 야무진 데가 있다. 금음체질의 장점을 살리는 것이 금음복합목체질에게 중요하다. 만약 욕심이 앞서서 즉흥적으로 일을 벌인다면 결과에 대한 손실은 감당하기 어려울 것이다.

또한 연장을 갖고 있는 동료들을 모아야 성공의 기회가 쉽게 다가온다. 동료들과 상부상조할 수 있는 여건이 조성된다면 능률도 오를 것이고 더 많은 재물도 축적할 수 있을 것이다. 대신 무슨 일이든 결과에 연연하지 말고 시작하는 것이 좋다. 결과에만 집착하면 오히려 원하는 성과를 거두지 못할 수도 있다.

금음복합화체질:
융통성을 발휘해야
명예를 얻는다

기본 금음체질에 화의 성질이 강하게 작용하는 체질이다. 보석에 태양빛이 내리쬐니 그 광채가 찬란하다. 하지만 태양빛이 너무 강하면 눈이 부셔서 오히려 보석을 감상하는 데 방해가 된다. 그렇다면 빛을 차단해줄 방법이 필요하다.

흙의 기운은 적절하게 중심을 잡아주기 때문에 과도한 빛을 조절해준다. 그래서 금음복합화체질은 토양·토음체질, 토양과·토음과체질, 복합토음체질과 친해질수록 도움이 된다.

또한 심한 열로 인해 보석의 모양이 변형될 수도 있으니, 녹기 전에 열기를 식힐 필요가 있다. 열기를 식히기 위해서는 물의 기운이 필요하다. 따라서 수양·수음체질, 수양과·수음과체질, 복합수음체질과 협조하면 이로울 것이다.

직장에서 받는 스트레스를 주의하라

음양오행의 관점에서 봤을 때 이들은 자기관리를 어떻게 하느냐에 따라 크게 성공할 수도 있고 아닐 수도 있다. 고위관직에 올라 명예를 얻을 가능성도 높다.

그렇기 때문에 처신을 분명하게 하지 못한다면 주위 사람들의 시기와 질투에 시달릴 수 있게 된다. 반대로 너무 분명하게 처신하면 몰인정한 사람으로 보일 수도 있겠다. 그렇기 때문에 어떤 상황이든 항상 융통성을 가지고 행동하는 것이 필요하다.

금음복합화체질의 상징

금음복합화체질의 행운의 동물은 12지지 중 용이다. 시험을 볼 때는 용과 개가 좋다. 문구를 포함한 의류, 소품 등에 이 동물 캐릭터를 잘 활용하면 도움이 될 것이다.

직장에서 생긴 문제에 지나치게 얽매이는 것은 자신에게 오히려 안 좋을 수 있으므로 퇴근 후 집에 돌아와서는 아예 생각하지 않는 것이 좋다.

금음복합화체질은 직장에서 극심한 스트레스를 받을 가능성도 높다. 이 경우 건강에 적신호가 켜질 수 있으니 조급함을 버리고 여유로운 마음을 가져야겠다. 금음복합화체질은 윗사람보다 아랫사람과의 유대 속에서 더 좋은 일을 기대해볼 수 있다.

집 안에는 수족관을 비롯하여 물과 관련된 물건이 많으면 좋다. 집 주변에 물이 있는 것도 이롭다. 또한 햇빛이 많이 들지 않도록 차양을 설치하는 것도 효과적이다. 집에 걸어둘 그림도 화려한 것보다는 산이나 바위를 그린 산수화가 좋겠다. 집 안에 금속 장식품을 진열해두면 좋은 기운이 생기며, 귀금속을 몸에 착용하는 것도 이롭다. 노란색, 갈색, 흰색이 좋고 붉은색은 피하도록 하자. 숫자로는 토의 기운인 5와 10, 수의 기운을 가진 1과 6의 이롭고 화의 기운인 2와 7은 도움이 되지 못한다.

이들은 복합화체질의 영향으로 심혈관계와 호흡기, 대장, 피부에 문제가 생길 수도 있으니 조심해야 한다.

흙은 불을 가두고 온기를 저장해둔다

불의 기운이 너무 과하다. 그래서 금음복합화체질은 지나치게 원리원칙을 강조하고 매사 조급해 하는 경향이 있다. 이때는 흙의 기운으로 이를 제지해야 한다.

흙의 기운은 필요할 때 불을 꺼내 쓸 수 있도록 하는 저장장치, 즉 화로 역할을 한다. 또한 토와 화가 만나면 금을 더욱 빛나게 해줄 수 있다. 아름다운 도자기는 불과 흙으로 된 가마에서 만들어진 것이 아닌가?

또한 흙은 중심을 잡아주는 역할을 한다. 따라서 흙이 기운이 들어오면 여기저기 잘 휩쓸리는 금음복합화체질의 단점을 없애는 데 도움이 된다. 흙의 기운을 받기 위해서는 우선 책을 가까이 해야 한다. 책을 많이 읽으면 생각도 깊어지고, 실수가 줄어든다. 또한 부모를 공경하는 것도 흙의 기운을 불러오는 일이다.

거센 불의 기운을 끄는 또 하나의 방법은 물의 기운을 이용하는 것이다. 물의 기운을 받기 위해서는 항상 밝은 미소로 사람을 대해야 한다. 맑게 흐르는 시냇물처럼 사람들에게 공손하고 정겹게 대해야 한다.

이로운 음식과 한약재

· 이로운 음식 : 검은콩, 쥐눈이콩, 밤, 수박, 각종 해초류(미역, 다시마, 김, 파래 등), 소금, 된장, 두부, 두유, 차조, 호두, 잣, 돼지고기, 젓갈류, 해삼.
· 체질 한약재 : 숙지황, 구기자, 토사자, 복분자, 택사, 황백, 두충, 육종용, 산수유, 오미자.

금음복합토체질:
자신만의 전공과목을
만들자

기본 금음체질에 토의 성질이 강하게 작용하는 체질이다. 광산은 매우 큰데 비해 매장되어 있는 다이아몬드는 너무 적다. 작업량에 따른 경제성이 너무 떨어지는 상황이다.

일찍부터 독립심을 키우자

보석이 머릿속에서만 있고 막상 흙을 파내면 찾을 수가 없는 상황이다. 몇 번 파내다 보니 곧 지쳐버리고 움직이기도 싫어진다. 그래서 금음복합토체질은 머릿속에 생각만 많다. 지식은 다방면으로 형성돼 있지만, 전문적으로 깊이 아는 분야가 없다. 이들에게 가장 필요한 마인드는 단 한 가지라도 자신만의 전공과목을 만드는 것이다.

더욱이 이들은 음양오행으로 봤을 때 좋은 구조에 해당된다. 자신이 노력만 한다면 성공이 그리 어렵지 않다. 그러기 위해서는 흙의 기운을 조금만 약하게 눌러주면 된다. 수양·수음체질, 수양과·수음과체질, 복합수체질의 도움을 받으면 탄력이 붙을 것이다. 물은 흙의 기운을 약하게 만드는 기운이 있기 때문이다.

또한 목양·목음체질, 목양과·목음과체질, 복합목체질과 어울려도 좋은 성과를 기대해볼 수 있다. 나무나 풀 역시 흙이 주는 영양분으로 성장하기 때문이다.

이들은 부모님과 자주 의견충돌을 벌일 가능성이 높다. 따라서 서로를 위해 빨리 독립하는 것이 좋겠다. 대신 형제나 친구, 동료, 아랫사람 등 주변의 모든 사람과 융화하면 큰 도움을 받을 수 있다. 특히 남성의 경우에는 여성의 조언을 주의 깊게 들으면 도움이 된다. 경제적으로 무능하거나 부부 사이가 안 좋으면 문제가 생길 수도 있으니 평소에 돈을 허투루 쓰지 말고 알뜰히 저축하는 데도 신경 써야겠다. 재물과 이성은 이들의 고민을 덜어줄 해결사다.

금음복합토체질은 화초를 기르는 것이 좋다. 집 주위에 물이 있으면 금상첨화다. 집의 내부에 수족관을 두는 것도 이롭다. 대신 흙으로 된 물건은 집에 들이지 않는 것이 좋다. 마당에도 잔디를 까는 것이 도움이 된다. 그림은 물과 숲이 어우러진 게 좋고 민둥산이나 밭이 그려진 것은 피하도록 하자.

검은색, 초록색, 파란색을 많이 이용하는 것이 유리하다. 하지만 노란색,

이로운 음식과 한약재 ───────

· 이로운 음식 : 밀, 팥, 보리, 사과, 자두, 매실, 부추, 깻잎, 닭고기, 개고기, 땅콩, 들깨, 잣, 식초, 참기름, 유자차, 포도, 미나리, 귤, 메밀, 계란, 파인애플.
· 체질 한약재 : 백작약, 시호, 복분자, 천궁, 인진, 향부자, 산수유, 오미자, 모과, 산사, 결명자.

갈색은 되도록 피하는 것이 좋다. 숫자는 목의 기운을 상징하는 3과 8, 수의 기운을 상징하는 1과 6이 이롭고, 토의 기운을 상징하는 5와 10은 도움이 되지 않는다.

이들은 복합토체질의 영향을 받아 위장이나 호흡기, 대장, 피부와 관련된 질환으로 고생할 수도 있으니 미리 주의해야 한다.

금음복합토체질의 상징

금음복합토체질의 행운의 동물은 12지지 중 쥐다. 시험을 볼 때는 용과 개가 좋다. 문구를 포함한 의류, 소품 등에 이 동물 캐릭터를 잘 활용하면 도움이 될 것이다.

많이 움직이면 기회가 찾아온다

금음복합토체질은 생각한 것을 표현하는 능력이 다소 떨어질 수 있다. 노력에 비해 결과가 실망스러운 경우도 종종 발생한다. 땅은 넓은데 매장된 보석이 너무 적어 채굴의 효율성이 떨어지기 때문이다. 보석으로서 자존심도 상하고 신경이 예민해질 만한 상황이다. 한 가지 일에 몰두해도 능률은 오르지 않고 시간만 가는 경우가 많다.

이런 경우에는 차라리 여행을 떠나는 게 답이 될 수 있다. 여행이 이들에게 새로운 기운을 불어넣어줄 수도 있다. 또한 운이 좋으면 새로운 아이디어를 발견할 기회를 얻기도 한다.

또한 이들은 물의 기운을 받으면 이롭다. 물은 자신을 낮추고 아래로 흐르는 성질이 있다. 따라서 사람들을 대할 때 밝은 미소와 정겨운 어투로 대화하는 게 도움이 된다. 대답을 할 때도 단답형은 지양하도록 하자.

물은 끊임없이 움직인다. 금음복합토체질도 몸을 많이 움직여야 성공에 가까워진다. 운동도 몸을 많이 움직이는 종목으로 택하자.

금음복합수체질:
한 번 더 생각하면
한 번 더 기회가 온다

기본 금음체질에 수의 성질이 강하게 작용하는 체질이다. 보석이 물에 빠진 상황이니 물이 보석의 가치를 훼손하고 있다. 보석은 물 밖으로 빠져나오고 싶은 마음밖에 없다.

신중한 태도가 최우선이다

금음복합수체질이 물의 기운에서 벗어나려면 생각을 많이 하는 습관을 길러야 한다. 이들은 말을 많이 하면 전혀 득 될 것이 없는 체질이다. 신중함이 최우선이라 생각해야 한다. 공부를 열심히 하는 것도 도움이 된다. 책을 가까이 하는 생활습관도 필요하다.

또한 부모님이나 윗사람의 의견에 따르면 좋다. 아내나 남편의 의견을 잘 들어도 이로운 일이 많이 생긴다. 대신 아랫사람과는 일에 관한 것을 상의해도 별다른 도움이 되지 못한다.

기본적으로 이들은 음양오행의 구조가 좋은 편에 속한다. 자신의 장점을 개발하면 별다른 문제가 없을 것이다. 그리고 물의 기운을 약화시키기 위해서는 불의 기운이 필요하다. 불은 물을 증발시킬 수 있는 능력이 있기 때문이다. 그래서 화양·화음체질, 화양과·화음과체질, 복합화체질과의 친분이 있다면 큰 도움이 된다.

금음복합수체질의 행운의 동물은 12지지 중 호랑이다. 시험을 볼 때는 용과 개가 좋다. 문구를 포함한 의류, 소품 등에 이 동물 캐릭터를 잘 활용하면 도움이 될 것이다.

물이 너무 많으니 댐에 가두어 저장하는 방법도 있다. 창고의 기능은 흙이 담당한다. 그래서 토양·토음체질, 토양과·토음과체질, 복합토체질과 어울리면 좋은 결과가 기대된다.

이들에게는 물보다 큰 산을 그린 그림이 좋다. 노란색, 갈색, 붉은색은 좋은 기운을 만들어주지만 검은색은 도움이 되지 못한다. 숫자는 토의 기운인 5와 10, 화의 기운인 2와 7이 좋고, 수의 기운인 1과 6은 이롭지 못하다.

복합수체질의 영향으로 신장이나 방광, 생식기, 척추와 관절 등의 질환을 조심해야 한다. 또한 호흡기, 대장, 피부와 관련된 질환도 유의해야 한다.

자기 안의 장기를 내세워라

원래 금음체질은 무조건 물을 좋아하는 경향이 있다. 하지만 좋아하는 물도 과하게 많으면 해가 될 수 있으니 유의하기 바란다.

이로운 음식과 한약재

· 이로운 음식 : 기장, 찹쌀, 참외, 감, 시금치, 호박, 쇠고기, 토끼고기, 고구마, 연근, 꿀, 인삼차, 칡차, 식혜, 대추차, 콩, 깨, 설탕, 대추, 율무, 콩나물, 엿.
· 체질 한약재 : 백출, 감초, 사인, 익지인, 갈근, 홍삼, 산약, 신곡, 맥아, 천마, 진피.

금음복합수체질은 그 어떤 체질보다도 영특한 두뇌를 자랑한다. 이미 배운 것을 잘 표현하는 재주를 타고났다. 열심히 배우고 신중하게 산다면 더 이상 문제될 것이 없다. 하지만 물이 많기 때문에 자신의 재주에 도취되어 날뛴다면 주변 사람들로부터 신뢰를 잃고 잘못하면 분쟁도 생길 수 있다. 또한 단점이 많이 드러날 경우 허풍쟁이로 전락할 가능성도 있다.

수양응용체질

큰 꿈을 품고
더 멀리 날아라

수양과체질 : 중심을 잡으면 복이 굴러 들어온다
수양불급체질 : 오래 기다리면 더 큰 것이 찾아온다
수양복합목체질 : 미래 계획 속에서 희망은 현실이 된다
수양복합화체질 : 좋아하는 일을 선택하고 거기에 미쳐라
수양복합토체질 : 궁극의 직업을 찾는다면 만사형통이다
수양복합금체질 : 사람을 감동시키면 스스로가 성장한다

水陽應用

수양과체질 :
중심을 잡으면
복이 굴러 들어온다

水陽應用

눈에 보이는 것이라고는 끝없이 펼쳐진 호수뿐, 주변에 온통 물밖에 없는 상황이다. 나무도 없고 큰 바위도 볼 수 없으며 아예 다른 것은 전혀 눈에 들어오지 않는다. 제발 한 뼘이라도 땅을 봤으면 소원이 없겠다. 그래서 수양과체질은 토양·토음체질, 토양과·토음과체질, 복합토체질의 도움이 간절하다.

물을 안전하게 가두자

이들은 과체질의 특성상 경험이 부족한 편이다. 그럼에도 자신의 경험에 의존해서 결정하기 때문에 편협한 생각을 갖기 쉽다. 그래서 이 체질의 사람들의 경우 성장 환경이 매우 중요하고, 스스로도 다양한 경험을 해볼 기회를 만들어야 한다. 그렇게 자신의 단점을 극복한다면 오히려 장점이 더 극대화될 수 있다. 그 장점 중 대표적인 것이 강한 추진력이다. 과체질의 소유자들은 아무리 오랜 시간이 걸리더라도 뚝심 있게 일을 밀어붙여 성과를 만들어낼 줄 안다. 성공과 실패의 편차가 아주 큰 편이라 할 수 있다.

수양과체질은 자신에게 주어진 많은 물을 어떻게 활용하느냐에 따라 운명이 달라진다. 물에는 원래부터 '위험요소'가 항상 내재되어 있다. 예를 들어 비가 너무 과하게 내려 둑이 무너져버리면 아무런 흔적도 남기지 않고 순식간에 삶의 터전을 폐허로 만들어버

수양과체질의 상징

수양과체질의 행운의 동물은 12지지 중 호랑이다. 시험을 볼 때는 닭이 좋다. 문구를 포함한 의류, 소품 등에 이 동물 캐릭터를 잘 활용하면 도움이 될 것이다.

린다. 따라서 물은 안전하게 가둘 수 있는 방법을 모색해야 한다. 그래야만 이들이 좀 더 쉽게 성공할 수 있다.

언덕 위에 위치한 집이 이들에게 유리한 기운을 준다. 집 안에는 물과 관련된 것은 두지 않는 것이 좋다. 대신 흙과 관련된 물건들을 놔두도록 하자. 취미활동도 흙과 관련된 것이 이롭다. 집 안에 그림을 걸어둔다면 산이 그려진 그림으로 하는 편이 좋다. 검은색의 사용은 자제하고 모든 곳에 노란색, 갈색을 사용하면 좋은 기운이 생길 것이다. 숫자로는 토의 기운인 5와 10이 좋고, 물의 기운을 상징하는 1과 6은 도움이 되지 못한다.

호수 주변에는 나무가 많다

넓은 호수의 광활함을 떠올린다면 이들에게 넓은 포용력과 깊은 사고력을 기대할 것이다. 무슨 일이든 적극적일 것 같고, 누구에게나 관대할 것이라는 기대도 해볼 수 있다. 하지만 안타깝게도 수양과체질을 가진 모든 사람이 이런 장점을 드러내는 것은 아니다. 오히려 기본 수양체질보다 옹졸한 경우도 종종 발견된다. 오행의 순환구조에서 한쪽이 과할 때는 오히려 중심을 잃는

경우도 발생하기 때문이다. 중심을 잡아주는 역할은 흙의 기운이 담당해야 한다.

수양과체질에게 경제활동의 상징물은 나무다. 그러나 물이 너무 많아서 나무가 잠겨 있으니 제대로 살 수가 없다. 흙을 이용해서 둑을 만들어 물길을 돌리고 물을 줄인다면 좋은 기운으로 전환시킬 수 있을 것이다. 더욱이 넓은 호수 주변에는 나무가 많은 법이다. 이들은 재물에 대한 복을 어느 정도는 타고났다고 할 수 있다. 그래서 과도한 물의 기운만 막는다면 재물이 폭발적으로 늘어날 수도 있을 것이다. 과체질의 특성상 욕심이 과하면 오히려 문제가 생길 수 있다.

이로운 음식과 한약재 ────────────────────

· 이로운 음식 : 기장, 찹쌀, 참외, 감, 시금치, 호박, 쇠고기, 토끼고기, 고구마, 연근, 꿀, 인삼차, 칡차, 식혜, 대추차, 콩, 깨, 설탕, 대추, 율무, 콩나물, 엿.
· 체질 한약재 : 백출, 감초, 사인, 익지인, 갈근, 인삼. 산약, 신곡, 맥아, 천마, 진피.

수양불급체질:
오래 기다리면
더 큰 것이 찾아온다

호수라고 생각하고 찾아 갔더니 조그만 물웅덩이에 지나지 않는다. 호수라고 부르기에 초라할 정도다. 어디에 내놓을 수준이 못 되니 부끄럽기도 하고, 스스로 위축되는 기분도 들 것이다.

물을 채우기 위해서는 책을 읽어라

물이 너무 적으니 비라도 흠뻑 내려주면 좋겠다. 아니면 물을 좀 길어 와서 호수를 채우고 싶다. 그래서 이들은 수양·수음체질, 수양과·수음과체질, 복합수체질의 도움이 있으면 순조롭게 인생이 풀릴 수 있다.

물은 바위와 돌 틈에서 잘 솟아오른다. 물이 부족한 상황이니 이런 곳도 잘 살펴야겠다. 그래서 이들은 금양·금음체질, 금양과·금음과체질, 복합금체질과 친해지면 도움이 된다.

그 외에도 공부를 열심히 하고, 책을 가까이하는 것도 호수에 물을 채우는 일이다. 수양불급체질은 읽을 시간이 없더라도 책을 항상 가지고 다니는 것이 좋다. 어른이 된 후에도 마찬가지다. 사람과 잘 지내는 것도 물의 양을 늘리는 것이다. 형제나 친구, 동료와 잘 지내는 것이 바람직하겠다. 특히 부모님과 의견충돌이 일어나면 기운이 많이 소진될 수 있으니 주의하도록 하자. 아랫사람에게는 베푸는 입장이므로 덕을 보기는 어렵겠다.

집은 최대한 물과 가까운 곳이 좋다. 집 안에도 수족관이 있으면 좋고, 물과 관련된 장식품도 많이 비치해두자. 또한 금속이나 돌로 된 물건도 이롭다.

흰색과 검은색이 좋고 노란색과 갈색은 절대적으로 멀리하는 것이 좋다. 숫자로는 금의 기운인 4와 9, 수의 기운을 상징하는 1과 6이 좋다. 대신 토의 기운을 상징하는 5와 10은 별로 이롭지 않다.

걱정이 지나치면 들어오던 복도 나간다

물이 줄어 호수 바닥이 드러나니 참으로 볼품없는 광경이다. 태양이 찬란하게 빛날지라도, 조명이 화려하게 비춰줄지라도, 이 부족한 기운을 도저히 개선할 수가 없다. 낭만적인 분위기를 기대하고 호숫가를 찾은 사람들 입장에서는 낭패가 아닐 수 없다. 광채를 반사시켜줄 정도로 물이 충분하다면 더 많은 사람들이 몰려들 텐데 아쉽다.

이로운 음식과 한약재 ────────────────

· 이로운 음식 : 검은콩, 쥐눈이콩, 밤, 수박, 각종 해초류(미역, 다시마, 김, 파래 등), 소금, 된장, 두부, 두유, 차조, 호두, 잣, 돼지고기, 젓갈류, 해삼.
· 체질 한약재 : 숙지황, 구기자, 토사자, 복분자, 택사, 황백, 두충, 육종용, 산수유, 오미자.

그러나 물이 마른 날이 있으면 이내 출렁일 날도 있는 법이다. 메마른 호수의 기운이라고 해도 너무 조급해하거나 기우에 허덕일 필요는 없다. 그러면 굴러들어오던 복도 차버리는 꼴이다. 너무 걱정하지 마라. 걱정이 늘면 정작 혼신을 다해 일해야 하는 상황에서 몸이 따라주지 않을 수도 있다.

여유로운 마음을 갖고 차분하게 때를 기다려야 하겠다. 원래 기본 수양체질은 경제적인 면에서 유리한 복을 타고났다. 호수에 물이 차고, 수면 위로 태양빛이 일렁이면 감당할 수도 없을 정도로 큰돈이 모일 수 있다. 호수의 밤을 밝힐 조명이라도 구할 수 있다면 정기적으로 돈이 굴러들어올 것이다.

다만 너무 오래 기다리다 보면 실의에 빠져 신경성 질환을 얻을 수 있다. 평소 건강관리에 신경 쓰며 마음을 다스리도록 하자.

수양불급체질의 상징

수양불급체질의 행운의 동물은 12지지 중 닭이다. 시험을 볼 때도 닭이 좋다. 문구를 포함한 의류, 소품 등에 이 동물 캐릭터를 잘 활용하면 도움이 될 것이다.

수양복합목체질:
미래 계획 속에서
희망은 현실이 된다

기본 수양체질에 목의 성질이 강하게 작용하는 체질이다. 작은 호수를 수많은 거목들이 병풍처럼 둘러싼 광경이다. 나무가 너무 많으니 호수가 보이지 않는다. 게다가 거목들이 물을 마구 빨아들이고 있어 갈수기엔 호수 바닥이라도 보이지 않을까 걱정이다. 이들은 음양오행의 구조가 비교적 좋은 경우에 해당하기 때문에 목양체질의 단점을 개선한다면 성공에 가까워질 것이다.

계약하기 전에 일 시작하지 마라

좁은 호수에 연꽃이 어지럽게 피어 있다. 물이 보이지 않을 정도로 빽빽하다. 호수의 입장에서는 자신을 가리고 있으니 기분이 좋을 리 없다. 연꽃을 한쪽으로 몰아 가위로 멋지게 다듬을 수만 있다면 오히려 사람들의 시선을 사로잡을 수 있을 것이다.

이런 상황을 수양복합목체질에게 대입해보자. 보상은 받지 못하고 죽어라 일만 하는 형국이다. 자신을 드러내지 못하는 호수의 심정이 이와 같지 않겠는가. 몸은 지치고 마음도 지치는 상황이다.

하지만 모든 것은 본인의 잘못이다. 충분히 생각하고 시작했어야 하는데 대책 없이 일만 잔뜩 벌여놓은 것이다. 미리 자신에게 주어질 보상 정도만이라도 체크하고 일을 전개하도록 하자.

수양복합목체질의 상징

수양복합목체질의 행운의 동물은 12지지 중 닭이다. 시험을 볼 때도 닭이 좋다. 문구를 포함한 의류, 소품 등에 이 동물 캐릭터를 잘 활용하면 도움이 될 것이다.

이들은 우선 나무를 베든 연꽃을 정리하든 무언가 해야 한다. 그래서 금체질의 도움이 가장 절실하다. 대신 나무의 기운은 차고 넘치기 때문에 목체질과는 함께 사업을 하지 않는 것이 좋겠다. 책을 가까이하는 것은 어느 체질에게나 도움이 되는 일이다. 끊임없는 자기계발 역시 좋은 기운을 불러준다. 책을 항상 들고 다니고, 집에 서재를 따로 만들어서 많은 책을 보유하는 것이 좋겠다.

마당에 넓은 바위를 두고 평상처럼 이용하면 늘 좋은 기운을 받을 수 있다. 그 외에도 금속이나 돌로 된 장식품을 집 안에 비치하면 이롭다. 금속 액세서리를 몸에 착용하는 것도 이들에게 필요한 기운을 제공해준다.

반면 집 주위에 나무를 많이 심는다거나, 화초를 기르는 취미는 좋지 않다. 색깔은 흰색이 가장 좋으며 파란색과 초록색은 피하는 것이 바람직하다. 숫자는 금의 기운을 상징하는 4와 9가 가장 이롭고, 목의 기운인 3과 8은 그다지 이로울 것이 없다.

이들은 복합목체질의 기질로 인해 간과 담낭, 근육, 자궁과 관련된 질환을 주의해야 한다. 또한 신장이나 방광, 생식기, 척추, 관절 등도 미리 조심하자.

책의 고마움을 기억하자

이들에게는 금의 기운이 간절하다. 금의 기운으로 나무를 적당히 자르고 정리한다면 모든 문제가 해결되기 때문이다. 또한 금의 기운은 조약돌 사이를 흐르는 수로를 상징하기도 한다. 이 수로의 물이 결국 호수까지 흐르는 법이다.

수양복합목체질의 경우 금의 기운을 기르기 위해서는 부모님께 효도해야 한다. 왠지 불합리해 보이고 고루한 듯한 부모님의 의견이 결국 자신에게 좋은 결과를 가져다줄 것이다. 책을 보는 취미도 금의 기운을 만들어준다. 이 경우에 책은 인간에게 현명함과 정직함, 정의로움을 가르쳐주기 때문이다. 수양복합목체질이 금의 기운 대신 목의 기운이 많다면 편향된 사고를 하거나 허풍이 심해질 수 있다.

이로운 음식과 한약재

· 이로운 음식 : 현미, 율무, 배, 복숭아, 배추, 말고기, 생선, 박하, 생강, 파, 양파, 마늘, 생강차, 율무차, 땅콩, 더덕, 도라지, 무, 미역, 밤, 겨자, 감, 닭고기, 조개, 고추.
· 체질 한약재 : 길경, 맥문동, 상백피, 황기, 홍삼, 석창포, 반하, 오가피, 형개, 신이화, 박하.

수양복합화체질:
좋아하는 일을 선택하고
거기에 미쳐라

기본 수양체질에 화의 성질이 강하게 작용하는 체질이다. 호수의 물이 말라버릴 정도로 태양의 열기가 강렬하다. 여기에 조명등까지 켜진 상태이니, 빨리 태양의 열기를 식히고 물을 채워야 할 것이다. 비라도 내리면 좋겠다.

이들은 음양오행의 조합이 비교적 좋은 경우라고 할 수 있다. 따라서 물만 채워진다면 이내 햇빛을 받은 호수의 수면이 보석처럼 반짝거리고, 그 호수를 바라보는 사람들의 마음에도 평화가 깃들 것이다.

사람이 물의 기운을 만들어준다

불과 태양은 이들에게 있어 재물과 이성을 상징한다. 화의 기운이 지나치게 강하고 이를 막아줄 물의 기운이 약한 수양복합화체질은 재물과 이성으로 인해 문제가 생길 수 있고, 건강까지도 위태로워질 수 있음을 명심해야 한다. 차라리 조명은 꺼두는 것이 좋다.

평소부터 관심이 있던 분야의 일을 충실히 해낸다면 물의 기운이 만들어질 것이다. 또한 부모님과 평소에 많은 대화를 나누는 것이 좋다. 그 외에도 주변 사람들과 친해지면 자신에게 부족한 물의 기운을 공급받을 수 있을 것이다. 특히 수양·수음체질, 수양과·수음과체질, 복합수체질 외에도 금양·금음체질, 금양과·금음과체질, 복합금체질과 어울리면 도움이 된다. 금은 수원지를 상징하기 때문이다. 원래 물은 바위와 돌 틈 사이로 흐른다. 그래서 금은 물을 만들어내는 기술이 있다.

집 안에는 물과 관련된 물건으로 꾸미는 것이 건강에 이롭다. 집 주변에 물이 있다면 금상첨화고, 빛이 잘 든다면 차양을 설치하는 것이 좋겠다. 또한 꽃을 형상화한 모양은 별로 도움이 되지 않고, 대신 큰 바위를 끼고 물이 흐르는 그림을 걸어두면 좋은 기운을 받을 수 있다.

붉은색은 피하고, 대신 검은색과 흰색을 많이 사용하는 것이 좋다. 숫자로는 물을 상징하는 1과 6, 금의 기운인 4와 9가 이롭다. 반면에 화를 상징하는 2와 7은 좋지 않다.

이들은 복합화체질의 성급한 기질로 인해 심혈관계 질환을 조심해야 한다. 아울러 신장이나 방광, 생식기, 척추와 관절, 뼈와 관련된 질환에도 주의해야 한다.

이로운 음식과 한약재

· 이로운 음식 : 검은콩, 쥐눈이콩, 밤, 수박, 각종 해초류(미역, 다시마, 김, 파래 등), 소금, 된장, 두부, 두유, 차조, 호두, 잣, 돼지고기, 젓갈류, 해삼.
· 체질 한약재 : 숙지황, 구기자, 토사자, 복분자, 택사, 황백, 두충, 육종용, 산수유, 오미자.

결과보다는 일의 과정을 즐겨라

물과 불의 기질이 같이 작용하니 차분함과 조급함이 동시에 나타난다. 이들에게 불은 재물을 의미한다. 근데 불의 기운이 너무 세니 공부가 뒷전으로 밀려날 가능성이 크다. 더욱이 남성에게는 재물이 여성을 상징하기도 한다. 이래저래 수양복합화체질은 학습이나 공부에 관심이 적을 수 있겠다.

수양복합화체질의 상징

수양복합화체질의 행운의 동물은 12지지 중 용이다. 시험을 볼 때는 닭이 좋다. 문구를 포함한 의류, 소품 등에 이 동물 캐릭터를 잘 활용하면 도움이 될 것이다.

물론 이들 주위에는 돈을 벌 수 있는 기회도 많다. 하지만 지나친 욕심은 반드시 화를 부르는 법, 넘쳐나는 기회와 과도한 욕심 때문에 스스로 지쳐 쓰러져버릴 수도 있음을 명심해야 한다.

이때 가장 큰 도움이 되는 존재는 동료들이다. 동료들과 호흡을 맞춰서 일을 한다면 안 좋은 결말은 절대 찾아오지 않는다. 결과물을 기대하기보다는 일하는 과정을 즐겨야 한다. 차분하고 치밀하게 계획을 세우는 습관도 필요하다. 그러면 저절로 일이 쉬워지고 잘 풀릴 것이다.

수양복합토체질:
궁극의 직업을 찾는다면
만사형통이다

기본 수양체질에 토의 성질이 강하게 작용하는 체질이다. 둑은 엄청 크고 튼튼한데 가두고 있는 물이 충분하지 않다. 오히려 둑의 방대한 크기가 부담스러울 정도다. 이들은 물을 어떻게 채울지, 혹은 반대로 이 둑의 크기를 어떻게 하면 줄일지 고민해봐야겠다.

높은 지위를 담을 그릇이다

수양복합토체질에게 둑은 직업운이나 관운을 의미한다. 자신이 관리만 잘한다면 높은 지위까지 오를 수 있는 그릇이라는 것이다. 하지만 관리를 제대로 못할 경우 아예 변변한 직업 하나 없이 살아갈 수도 있다.

이들에게 가장 중요한 것은 자기관리다. 특히 여성의 경우는 직업과 직장, 남자 문제로 풍파를 겪을 확률이 높다. 그럼에도 불구하고 이들은 직업 문제만 잘 풀리면 만사형통할 체질이다.

직업운이 좋으려면 주변 사람들의 도움이 절실하다. 평소에 부모님의 조언을 귀담아 듣도록 하자. 형제나 친구, 동료들과도 좋은 관계를 유지하는 것이 좋다. 특히 목양·목음체질, 목양과·목음과체질, 복합목체질의 도움을 받아야 한다. 흙의 기운을 중화시켜주는 역할은 나무의 기운이기 때문이다.

수양복합토체질의 상징

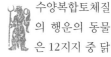

수양복합토체질의 행운의 동물은 12지지 중 닭이다. 시험을 볼 때도 닭이 좋다. 문구를 포함한 의류, 소품 등에 이 동물 캐릭터를 잘 활용하면 도움이 될 것이다.

또한 밭에 쟁기질을 해도 흙이 성향이 약화된다. 그래서 금양·금음체질, 금양과·금음과체질, 복합금체질과의 협력도 좋은 기운을 불어넣어준다.

하지만 수양복합토체질은 흙탕물이 될 가능성이 높다. 가끔은 혈액이 탁해져서 순환기 장애나 동맥경화, 고혈압 등의 성인병이 올 수도 있다. 그 외에도 복합토체질의 영향으로 위장, 허리, 피부와 관련된 질환에 대해서도 유의해야 한다.

집 안에는 가급적 흙으로 된 물건을 두지 않는 것이 좋겠다. 대신 돌이나 금속, 나무, 화초 등과 관련된 물건은 좋은 기운을 만들어준다. 그림도 바위와 물이 어우러진 것을 걸어두는 게 좋다. 민둥산이나 밭을 그린 그림은 흙을 상징하기 때문에 이들에게는 좋지 않다.

흰색과 파란색, 초록색은 좋은 기운을 만들어주지만, 노란색과 갈색은 이

이로운 음식과 한약재 ─────

· 이로운 음식 : 밀, 팥, 보리, 사과, 자두, 매실, 부추, 깻잎, 닭고기, 개고기, 땅콩, 들깨, 잣, 식초, 참기름, 유자차, 포도, 미나리, 귤, 메밀, 계란, 파인애플.
· 체질 한약재 : 백작약, 시호, 복분자, 천궁, 인진, 향부자, 산수유, 오미자, 모과, 산사, 결명자.

롭지 않다. 숫자로는 목의 기운을 상징하는 3과 8, 금의 기운인 4와 9가 좋고 토의 기운인 5와 10은 도움이 되지 않는다.

필요한 것은 융통성이다

이들은 토의 기운이 너무 강해 모든 규범을 자기중심적으로 정한다. 같이 일하는 사람들이 부담스러울 정도다. 시간이 갈수록 제약도 늘어나니 아랫사람들은 숨통이 막힐 지경이다. 그래서 수양복합토체질에게 필요한 것은 융통성이다. 딱딱한 규칙을 만들기보다는 상황에 따라 유연하게 행동하는 것이 더욱 바람직하다.

이들에게 필요한 금의 기운은 책을 통해 만들어진다. 또한 부모님과의 따듯한 관계도 금의 기운을 강화시킨다. 그 외에도 신중함, 깊이 있는 사고, 웃는 얼굴, 정직함이 이들을 성공으로 이끌 것이다.

수양복합금체질:
사람을 감동시키면
스스로가 성장한다

기본 수양체질에 금의 성질이 강하게 작용하는 체질이다. 이것은 두 가지 의미로 해석할 수 있다. 첫째는 물의 기운에 수원지를 상징하는 금의 기운이 더해지니 호수가 감당할 수 없을 정도로 물이 많아지는 것이다. 두 번째는 금다수탁金多水濁이라는 표현대로 금의 기운으로 인해 물이 흐려진 상황이다. 이 물은 철의 성분이 너무 많이 함유되어 있어 녹물에 가깝다.

실천의지가 중요하다

이런 문제를 해결하기 위해서는 주변에 있는 바위나 쇳덩어리를 치우는 게 우선이다. 또한 가장 좋은 방법은 나무를 많이 심는 것이다. 나무가 물을 빨아들여 물의 순환과 정화를 돕기 때문이다.

수양복합금체질은 머릿속에 생각은 많은데 막상 실행하지 못하는 경우가 많다. 물이 아무리 많아도 녹이 섞였을 수 있다는 불안감 때문이다. 그래서 아는 것을 표현하는 능력이 부족하다. 전공으로 공부한 지식조차 사회에 나가서 제대로 써먹지 못하는 경우가 많다. 사실은 이것도 남 탓할 일이 아니다. 자신의 문제다. 아는 것은 많지만 깊이 있게 아는 분야가 적기 때문이다. 성공하려면 실패를 두려워하지 말고 일단 실천해보려는 의지가 중요하다. 특히 이들에게는 실천 여부가 성공의 가장 큰 열쇠다.

수양복합금체질은 목양·목음체질, 목양과·목음과체질, 복합목체질을 비롯하여 화양·화음체질, 화양과·화음과체질, 복합화체질의 도움을 받으면 좋다. 불이 쇠를 녹이듯이 금의 기운은 불의 기운으로 누를 수 있기 때문이다. 이들은 윗사람과의 교류보다 아랫사람과의 교류를 통해 좋은 일이 많이 생긴다.

집은 주위에 나무가 많은 곳이 좋다. 가까이에 바위가 있는 집은 좋지 않다. 집 안에도 수족관처럼 물과 관련된 장식을 두거나 나무, 화초를 기르는 것이 도움이 된다. 바위보다는 나무나 태양이 그려진 그림이 좋은 기운을 불러온다. 색깔은 초록색, 파란색, 붉은색이 이로우며 흰색은 사용하지 않는 것이 좋다. 목의 기운을 상징하는 숫자인 3과 8, 화의 기운인 2와 7이 이로우며, 금의 기운을 상징하는 4와 9는 도움이 되지 않는다.

이들은 복합금체질의 영향으로 호흡기, 피부, 대장과 관련된 질환을 유의해야 한다. 또한 신장과 방광, 생식기, 척추와 관절 질환도 조심해야 한다.

___

이로운 음식과 한약재 ───────────────

· 이로운 음식 : 수수, 살구, 은행, 근대, 냉이, 상추, 쑥갓, 쑥, 영지, 참새, 초콜릿, 영지차, 쑥차, 팥, 보리, 우유, 당근, 연근, 홍차, 수박, 염소고기, 고들빼기, 작설차, 자몽.
· 체질 한약재 : 당귀, 산조인, 황련, 원지, 연자육, 백복령, 백복신, 치자, 연교, 현삼, 목통, 익모초, 백자인.

몸을 많이 움직이면 기운이 상승한다

수양복합금체질은 아무리 노력해도 집중을 잘 못한다. 게다가 표현력이 부족하고 실천력이 떨어지니 좋은 성과를 얻기가 힘든 오행의 구조다. 이런 문제를 해결하려면 목의 기운을 이용하는 것이 최선이다.

목의 기운을 키우기 위해서 사람들을 대할 때 밝은 미소로 대해야 한다. 또한 다정한 언어와 따뜻한 말 한마디는 상대방을 감동시킬 뿐만 아니라 목의 기운까지 크게 만들어주어 표현력이 좋아진다.

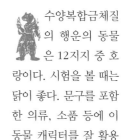

수양복합금체질의 상징

수양복합금체질의 행운의 동물은 12지지 중 호랑이다. 시험을 볼 때는 닭이 좋다. 문구를 포함한 의류, 소품 등에 이 동물 캐릭터를 잘 활용하면 도움이 될 것이다.

가급적 몸을 많이 움직이는 것이 좋다. 시간이 나면 여행을 다니는 것도 도움이 된다. 여행을 하다 보면 자기를 되돌아보고 새로운 아이디어를 얻을 수도 있다. 이를 통해 미래에 대한 새로운 목표를 충전하는 습관을 기른다면 자신의 기운이 상승하는 것을 경험할 수 있을 것이다.

수음응용체질

헌신과 지혜로
세상을 이롭게 하라

水陰應用

수음과체질 :
반짝이는 아이디어로
승부하라

지겹도록 비가 내리는 상황이다. 비가 지나치게 많이 내리다 보니 이곳저 곳 손봐야 할 곳도 만만치 않게 많다. 빗줄기가 강할 때는 산사태까지 우려 된다. 둑이 튼튼하지 못하면 시한폭탄을 끌어안고 있는 심정이 된다. 비가 그 쳐야 보수공사도 하고 이런저런 일도 할 수 있을 것이다. 태양이 뜨길 바라 지만 요원한 듯하다.

큰비에 대비하는 자세가 필요하다

인류는 오래 전부터 비를 대비하기 위해 둑을 만들어왔다. 둑을 튼튼하고 안 전하게 만들었다면 비가 아무리 많이 와도 문제될 것이 없다. 그래서 수음과체 질은 토양·토음체질, 토양과·토음과체질, 복합토체질의 도움이 절실하다.

이들은 과체질의 특성상 다른 세계를 경험해본 적이 별로 없다. 이럴 때 조금만 겸손하다면 안정적인 미래를 꿈꿀 수 있을 텐데, 종종 자기 경험만을 내세우며 고집을 부리는 경우가 있다. 따라서 이들이 성공하기 위해서는 관대함과 관용이 필요하다.

자라면서 다양한 환경을 접하고 여러 가지를 경험해 이러한 단점을 극복하면, 강력한 추진력으로 매사에 성공적인 행보를 할 수 있을 것이다. 아울러 과체질은 성공과 실패의 편차가 매우 큰 편이라는 것도 알아두자.

집은 언덕 위에 위치한 것이 이롭다. 집 안에는 물보다 흙과 연관된 장식품을 놔두면 좋겠다. 큰 산이 그려져 있는 그림은 좋은 기운을 가져다줄 것이다. 검은색은 자제하고 노란색과 갈색을 많이 사용하도록 하자. 숫자로는 토의 기운을 상징하는 5와 10이 이롭고 물을 상징하는 1과 6은 도움이 되지 못한다.

수음과체질의 상징

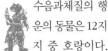

수음과체질의 행운의 동물은 12지지 중 호랑이다. 시험을 볼 때는 원숭이가 좋다. 문구를 포함한 의류, 소품 등에 이 동물 캐릭터를 잘 활용하면 도움이 될 것이다.

혼탁해진 세상에도 순수함을 드러내라

홍수가 나면 냇가의 맑은 물조차 탁하게 변한다. 단순히 물의 양만 늘어나는 게 아니라는 것이다. 이처럼 수음과체질은 혼탁해진 물처럼 자기 본연의 가치를 흐리게 만들 수 있다. 그래서 기본 수음체질과 달리 매사에 욕심을 앞세우는 경우가 나타난다.

삶의 가치를 재물에 두고 생활하면 몸과 마음이 피폐해지게 마련이다. 사람을 만날 때도 과정보다 결과를 앞세우니 좋은 인연은 오히려 멀리 달아난다. 그러니 경제적인 측면은 노력에 비해 성과가 미미하다.

수음과체질은 재물이나 결과에 집착하기보다 자신의 장점을 밖으로 드러내는 데 집중해야 한다. 혼탁함 속에 가려진 청정한 물의 본성을 되찾아야 한다.

이들의 장점은 아이디어를 생산해내고 활용하는 능력이 뛰어나다는 것이다. 이들에게 재물은 태양과 불로 상징되는데, 번뜩이는 아이디어가 샘솟을 때 태양과 불이 함께 반짝이게 된다.

결국 수음과체질은 홍수가 날 정도로 많은 양의 물을 어떻게 활용하느냐에 따라서 운명이 결정된다. 안 그래도 넘치도록 많은데 욕심까지 부리면 큰일 난다. 투기는 절대 금물이며 투자도 이율보다는 안전성에 집중해야겠다.

이로운 음식과 한약재 —————————————————————————

· 이로운 음식 : 기장, 찹쌀, 참외, 감, 시금치, 호박, 쇠고기, 토끼고기, 고구마, 연근, 꿀, 인삼차, 칡차, 식혜, 대추차, 콩, 깨, 설탕, 대추, 율무, 콩나물, 엿.
· 체질 한약재 : 백출, 감초, 사인, 익지인, 갈근, 인삼, 산약, 신곡, 맥아, 천마, 진피.

수음불급체질:
물은 흘러야 청정함을
유지할 수 있다

갈증이 나서 약수터에 갔는데 물이 너무 조금씩 흐른다. 그나마 얼마 안 되는 물마저도 불순물이 섞여 있어서 마시는 사람마다 신경질을 낸다. 사람들이 다시는 이 약수터에 오지 않을 것 같다.

부모님께 효도하는 것이 최고이자 최선이다

약수가 자신의 가치를 잃어가고 있으니 한숨만 나온다. 비가 간절한 상황이다. 수음불급체질은 물의 기운이 절대적으로 필요하다. 금은 구름을 상징하는데, 비가 내리려면 먼저 하늘에 구름이 껴야 하듯이 이들에게도 금의 기운이 필요하다. 결국 이들은 금양·금음체질, 수양·수음체질, 금양과·금음과체질, 수양과·수음과체질, 복합금체질, 복합수체질의 도움을 받아야 한다.

이 경우에 물의 기운을 받는 또 다른 방법은 책을 가까이하고 열심히 공부하는 것이다. 읽을 시간이 없더라도 반드시 책을 가지고 다니기 바란다. 또한 부모님과 의견충돌이 잦아지면 기운이 급격히 약해질 수 있다. 그러니 효에 대한 가치를 중시해야 한다. 그 외에도 형제나 친구, 동료들과 친하게 지내는 것이 물의 기운을 확보하는 데 도움을 주는 방법이다. 단, 업무적으로 아랫사람과의 관계에서 큰 덕을 보기는 어려운 편이다.

집 안에는 수족관을 비롯하여 물과 관련된 장식품을 많이 두면 둘수록 좋다. 또한 금속이나 돌로 된 물건도 기운을 강화시켜준다. 그림도 바위와 물이 어우러진 것이 이롭다. 흰색과 검은색은 도움이 되고 노란색과 갈색은 멀리하는 것이 좋다. 숫자로는 금의 기운인 4와 9, 수의 기운인 1과 6이 이롭고, 토의 기운인 5와 10은 도움이 되지 못한다.

행복은 내려놓을 때 찾아온다

더위로 인해 몸과 마음이 지쳐간다. 가뭄이 계속되니 농사도 엉망이다. 세찬 빗줄기가 절실하다. 소나기라도 시원하게 내려주면 가뭄도 해갈되고 말라가던 농작물들도 살아나 풍요로움을 기대할 수 있을 것이다. 수음불급체질은 안타깝게 하늘만 바라보는 농부의 상황과 닮았다.

기본 수음체질의 경우 태양과 불은 재물을 상징한다. 그런데 비가 안 오면 갈증과 가뭄으로 고생하고, 비가 내리면 태양이 꼭꼭 숨어버리니 재물과 이들의 관계는 서로 숨바꼭질을 하는 것 같다. 차라리 돈에 대한 욕심을 버리

이로운 음식과 한약재 ──────

· 이로운 음식 : 검은콩, 쥐눈이콩, 밤, 수박, 각종 해초류(미역, 다시마, 김, 파래 등), 소금, 된장, 두부, 두유, 차조, 호두, 잣, 돼지고기, 젓갈류, 해삼.
· 체질 한약재 : 숙지황, 구기자, 토사자, 복분자, 택사, 황백, 두충, 육종용, 산수유, 오미자.

는 것이 도움이 된다. 남에게 신세지지 않는 정도의
재물만 갖고 살아가겠다고 생각하면 오히려 행복은
쉽게 찾아올 것이다. 자칫 재물에 욕심을 부리다가는
실패할 확률이 더 높다.

물은 흘러야 청정하다. 그래서 수음불급체질이 행
복한 인생을 꾸려가기 위해서는 여행이 필요하다. 좋
은 여행은 몸과 마음을 편안하게 만들어주고 건강에
도 도움이 된다.

정체된 물은 썩기 마련이다. 수음불급체질인 사람은 멈춰 있으면 건강도
위태로워진다. 만약 여행을 갈 상황이 못 되면 산책이라도 자주 하는 것이
좋다.

수음불급체질의 상징

수음불급체질의
행운의 동물은
12지지 중 원숭
이다. 시험을 볼 때도 원
숭이가 좋다. 문구를 포
함한 의류, 소품 등에 이
동물 캐릭터를 잘 활용
하면 도움이 될 것이다.

수음복합목체질:
물이 흐르는 방향으로
행복도 흐른다

기본 수음체질에 목의 성질이 강하게 작용하는 체질이다. 기세등등하게 숲을 채우는 거목에 비해 하늘에서 내리는 비의 양은 초라하기 그지없을 정도로 적다. 이 정도로는 절대 거목의 생존을 보장할 수 없다. 나무는 나무대로 비를 내려달라고 아우성치지만 하늘은 감감 무소식이다. 물은 나무들 때문에 가뜩이나 힘든데 여기저기서 원망까지 들으니 점점 위축되어간다. 하늘이 소원을 들어주지 않는다면 방법은 단 하나다. 나무를 벌목하는 수밖에 없는 상황이다.

경쟁이 오히려 비효율적일 수 있다

지금 이 상황은 경쟁으로 얻어지는 것보다 다툼으로 인한 손실이 더 많은 형상으로 볼 수 있다. 나무들은 성장을 위해 몸부림치지만 물의 양이 적어 쉽게 허기진다. 그래서 수음복합목체질은 열심히 일해도 손에 남는 것이 적다. 이는 충분히 생각한 후에 일을 시작한 것이 아니라, 일단 대책 없이 벌려놓았기 때문이다. 상황을 보고 나무를 심었어야 했는데 그러지 못한 것이다.

지금이라도 도끼를 들고 나무를 정리해야 한다. 그래서 이들은 금양·금음체질, 금양과·금음과체질, 복합금체질의 도움이 필요하다. 반면 목체질과는 동업을 하지 않는 것이 좋다.

수음복합목체질의 상징

수음복합목체질의 행운의 동물은 12지지 중 원숭이다. 시험을 볼 때도 원숭이가 좋다. 문구를 포함한 의류, 소품 등에 이 동물 캐릭터를 잘 활용하면 도움이 될 것이다.

금의 기운을 키우기 위해서는 공부와 독서가 도움을 준다. 책이란 어느 체질에게나 도움을 주기 때문에 항상 소지하고 다니는 것이 좋다. 집에도 서재를 만들면 이로운 기운이 생긴다. 여기서 말하는 공부는 학업만을 지칭하는 것이 아니다. 살아가면서 배우는 모든 것을 말한다.

무쇠나 돌로 만들어진 장식품을 집 안에 놓아두면 수음복합목체질에게 도움이 된다. 그림도 나무보다는 바위 그림이 좋은 기운을 불러온다. 집 주위에 나무가 많은 것은 별로 좋지 않으며, 화초를 기르는 취미도 지양하도록 하자. 대신 마당에 넓은 바위를 두고 평상처럼 이용하면 늘 좋은 기운을 받을 수 있겠다.

흰색을 활용하면 도움이 되고 파란색과 초록색은 피하는 것이 좋다. 숫자로는 금을 상징하는 4와 9의 기운이 이롭고, 목의 기운인 3과 8은 도움을 주지 못한다.

이들은 복합목체질의 영향으로 간과 담낭, 근육, 자궁에 관련된 질환을 미리 주의해야 한다. 또한 신장이나 방광, 생식기, 척추, 관절 부위도 조심하는 것이 좋다.

공부는 행운의 조건이다

목의 기운이 과다하면 편향된 사고를 하기 쉽다. 이를 방지하기 위해서는 금의 기운이 필요하다. 금의 기운을 키우기 위해서는 배움에 대한 열망을 가지고 공부를 열심히 하는 게 좋다. 공부는 길운을 선물한다.

부모님의 의견에 순종하는 것도 금의 기운이 커지게 하는 데 도움을 준다. 또한 항상 정의로운 태도와 정직함, 곧은 신념을 가지며 매사에 현명하게 판단하는 데 힘쓰는 태도 역시 금의 기운을 만들어준다. 만약 금의 기운을 제대로 키우지 못한다면 게을러지고 허풍이 늘 것이다.

수음복합목체질은 기본적으로 자신의 재능을 잘 활용하는 재주를 지녔다. 무언가 열심히 배우기 시작하면 그 분야에서 어렵지 않게 성공할 수 있다. 수음체질의 본성대로 물이 흐르는 방향으로 살면 성공과 행복은 이들의 것이다.

이로운 음식과 한약재

· 이로운 음식 : 현미, 율무, 배, 복숭아, 배추, 말고기, 생선, 박하, 생강, 파, 양파, 마늘, 생강차, 율무차, 땅콩, 더덕, 도라지, 무, 미역, 밤, 겨자, 감, 닭고기, 조개, 고추.
· 체질 한약재 : 길경, 맥문동, 상백피, 황기, 홍삼, 석창포, 반하, 오가피, 형개, 신이화, 박하.

수음복합화체질:
비의 흐름은 스스로
만들어내야 한다

　기본 수음체질에 화의 성질이 강하게 작용하는 체질이다. 태양의 열기가 너무 강렬하여 자연의 모든 구성원들이 비만 기다리고 있는 상황이다. 호수도 물이 말라 바닥을 드러낼 정도로 무덥다. 마당에 뿌린 한 바가지의 물도 금세 말라버린다. 모두들 하늘만 보고 원망한다. 비가 오는 것만이 가장 손쉬운 해결방법이 될 것이다. 이들의 음양오행 조합은 좋은 경우가 아니다. 따라서 화체질의 단점을 최대한 없애는 것이 성공의 지름길이다.

우정은 삶의 갈증을 적셔준다

　큰불이 났는데 준비된 물이 너무 적다. 더 많은 물을 구해야 하니, 수의 기운이 필요하다. 또한 구름이 생겨야 비가 내리므로 구름을 상징하는 금의 기운도 있으면 좋겠다. 그래서 수양·수음체질, 수양과·수음과체질, 복합수체질, 금양·금음체질, 금양과·금음과체질, 복합금체질과 협력하면 어려운 상황도 금세 극복할 수 있다. 반면 화체질과는 동업하지 않는 것이 바람직하다.

사실 비의 흐름은 스스로 만들어내야 한다. 그러기 위해서는 동료들과의 친분을 두텁게 쌓아야 한다. 이런 교류가 결국 비의 역할을 해준다. 또한 부모님의 의견에 순종하는 것도 비를 불러오는 좋은 기운이다.

하지만 재물과 이성을 밝히는 태도는 좋지 않다. 재물과 이성은 이들에게 불의 기운에 해당하는데, 이미 넘치는 불의 기운이 더해지니 그나마 있던 재산도 지켜내지 못하고, 건강마저 위태로워질 수 있다.

집 안은 물과 관련된 물건으로 장식하자. 집 주변에 물이 있으면 아주 좋은데, 만약 집에 볕이 많이 들면 차양을 설치하는 것이 이롭다. 그림도 태양과 열기를 상징하는 것보다 바위와 물이 그려진 게 좋다. 꽃모양의 장식은 도움이 되지 않는다. 마찬가지로 지나치게 화려하거나 밝은 것도 피하자. 검은색과 흰색이 이로우며 붉은색은 사용을 자제하는 것이 바람직하다. 숫자로는 금의 기운인 4와 9나 수의 기운인 1과 6이 좋다. 반면 화의 기운을 상징하는 2와 7은 이롭지 않다.

이들은 복합화체질의 영향으로 성급한 기질을 자주 보인다. 그래서 건강도 심혈관계 질환에 주의해야 한다. 또한 신장이나 방광, 생식기, 척추와 관절, 뼈와 관련된 골격계 질환도 미리부터 신경을 써두자.

이로운 음식과 한약재 ────────────

· 이로운 음식 : 검은콩, 쥐눈이콩, 밤, 수박, 각종 해초류(미역, 다시마, 김, 파래 등), 소금, 된장, 두부, 두유, 차조, 호두, 잣, 돼지고기, 젓갈류, 해삼.
· 체질 한약재 : 숙지황, 구기자, 토사자, 복분자, 택사, 황백, 두충, 육종용, 산수유, 오미자.

서두르면 될 것도 안 된다

수의 기운과 화의 성질이 같이 작용하면 차분함과 조급함이 동시에 나타난다. 수음복합화체질은 재물에 눈이 멀어 공부를 소홀히 할 수 있다. 특히 남성은 재물이 곧 여자를 의미하는데, 재물과 이성을 밝히는 사람 치고 현명한 사람은 드물다. 물론 이들은 돈을 벌 기회가 다른 체질보다 많이 생긴다. 하지만 지나친 욕심과 집착으로 인해 자기 자신을 태워버릴 수 있다. 그 정도로 불의 기운이 강한 체질이다.

그러므로 이러한 단점을 극복하려면 침착하게 계획을 세우고 차분히 일을 진행해야 한다. 절대 서두르면 안 된다. 동료들과의 호흡도 매우 중요하다. 결과는 나중의 일이고 과정에 집중해야 한다.

수음복합화체질의 상징

수음복합화체질의 행운의 동물은 12지지 중 용이다. 시험을 볼 때는 원숭이가 좋다. 문구를 포함한 의류, 소품 등에 이 동물 캐릭터를 잘 활용하면 도움이 될 것이다.

수음복합토체질:
물은 흐르고
싶다

기본 수음체질에 토의 성질이 강하게 작용하는 체질이다. 물이 큰 둑에 막혀 있는 상황이니 모두 흙 속으로 스며들 것 같다. 그렇게 되면 물이 흐를 수 없다. 흐르지 않는 물은 어떻게 될까? 당연히 썩는다. 썩은 물은 물 본연의 가치를 잃어버린 상태라고 할 수 있다. 반드시 둑을 무너뜨려야 물이 다시 흐를 수 있고, 그러면 다시 맑은 물이 될 수도 있을 것이다.

자신에게 맞는 직장을 찾아라

수음복합토체질에게 둑은 직업운과 관운을 상징한다. 그래서 이들은 평생의 직업을 구하기가 쉽지 않으며 직업의 이동이 많을 것이다. 자신에게 맞는 직장을 찾기 전까지는 생계를 위해 억지로 다니는 경우도 많다. 이로 인한 스트레스로 건강에도 문제가 생길 수 있다. 여성이라면 둑이 직업과 남편을 상징하는데, 자신에게 안 맞는 직장에 다녀야 하거나 남편으로 인해 고생할 가능성이 높다.

수음복합토체질의 행운의 동물은 12지지 중 원숭이다. 시험을 볼 때도 원숭이가 좋다. 문구를 포함한 의류, 소품 등에 이 동물 캐릭터를 잘 활용하면 도움이 될 것이다.

하지만 직장생활이 잘 풀리면 그 다음부터는 만사형통이다. 둑이 무너지면 물이 흐를 수 있고 다시 맑은 물이 될 수 있다. 그러기 위해서는 부모님의 조언에 항상 귀를 기울여야 한다. 또한 형제나 친구, 동료들과의 친분도 신경 써야 한다. 모두 이들에게 유리한 기운을 만들어주는 존재다. 여성의 경우 직장과 남편으로 인해 고생하지 않았다면, 자신이 많은 노력을 한 결과라고 볼 수 있다.

수음복합토체질은 금양·금음체질, 금양과·금음과체질, 복합금체질과 친하게 지내면 좋은 기운이 생긴다. 금은 원래 구름을 상징한다. 그리고 구름이 있어야 비도 내릴 수 있다. 또한 이들은 목양·목음체질, 목양과·목음과체질, 복합목체질에게 협조를 얻으면 도움이 된다. 원래 나무는 흙에서 자라기 때문에, 목은 흙의 기운을 약화시키는 성질이 있다.

집 안에는 흙으로 된 물건을 들여놓지 않는 것이 좋다. 대신 돌이나 금속으로 된 장식품이 좋고, 나무나 화초를 키우는 것이 도움이 된다. 그림은 숲이나 바위, 물을 그려놓은 게 이롭다. 그러나 흙을 연상케 하는 그림은 오히려 기운을 빼앗아 갈 수 있다. 흰색과 파란색, 초록색은 좋지만 노란색과 갈색은 사용하지 않도록 주의하자. 숫자는 목을 상징하는 3과 8, 금의 기운인 4와 9가 이롭다. 반면에 토를 상징하는 5와 10은 좋지 않다.

이들은 복합토체질의 영향으로 위장과 관련된 질환을 조심해야 한다. 그 외에도 허리, 신장, 방광, 생식기, 피부와 관련된 질환에 유의해야 한다. 또한 이들은 흙의 기운으로 인해 물이 흙탕물로 변하듯이 혈액이 탁해지기 쉽다. 이로 인해 성인병으로 고생할 확률도 높다.

물이 들어오는 입구를 확보하라

토의 성질이 강하게 작용하면 권위적인 태도를 보인다거나 고압적으로 행동할 수 있다. 자기중심적인 데다 지나치게 원리원칙을 내세워 남들을 부담스럽게 만드는 셈이다. 더욱이 시간이 갈수록 남들의 행동을 제약하는 틀이나 규칙을 만들어 강요하곤 한다. 그래서 이들 밑에서 일하는 사람들은 숨통이 막히는 기분을 곧잘 느낀다. 따라서 수음복합토체질은 항상 열려 있는 사고와 유연한 행동패턴에 대해 고민해야 한다.

또한 이들이 스스로 물이 들어오는 입구를 확보하면 호수를 메울 수 있고 체질의 결함을 보완할 수 있다. 그 역할을 하는 것이 바로 금의 기운이다. 이 경우에도 금의 기운을 만드는 방법은 책을 가까이하는 것이다. 그리고 부모님과 자주 대화를 나누는 것도 도움이 된다.

생활 면에서는 매사에 신중하게 생각하고, 깊이 고민하며 항상 웃는 얼굴로 사람을 대하면 금의 기운이 강해진다. 그 외에도 정의로운 사고와 정직한 행동을 하는 것도 좋다. 이런 금의 기운을 잘 드러내고 발휘하면 자신이 일하는 직장에서 고위직까지 오를 수 있을 것이다.

이로운 음식과 한약재

· 이로운 음식 : 밀, 팥, 보리, 사과, 자두, 매실, 부추, 깻잎, 닭고기, 개고기, 땅콩, 들깨, 잣, 식초, 참기름, 유자차, 포도, 미나리, 귤, 메밀, 계란, 파인애플.
· 체질 한약재 : 백작약, 시호, 복분자, 천궁, 인진, 향부자, 산수유, 오미자, 모과, 산사, 결명자.

수음복합금체질:
목표를 세우고
진취적으로 나아가라

기본 수음체질에 금의 성질이 강하게 작용하는 체질이다. 쇳덩어리를 쌓아둔 곳에 비가 내리니 녹이 스는 형국이다. 약수터에 녹물이 흐르니 사람들에게 인기가 없는 상황을 연상할 수도 있다. 녹물이 생기는 요인을 빨리 치워야 할 것이다.

행동하지 않으면 굴러 들어오던 복도 머뭇거린다

생각은 많은데 항상 실행하는 데 주저한다. 아는 것만큼 잘 표현하지 못하는 경우도 많다. 전공 지식을 사회에서 써먹지도 못하고, 평생 다른 일만 하고 있다. 얕은 수준으로 아는 것은 많지만 깊이 있게 아는 분야가 적어 막상 무엇을 해야 할지 망설인다.

수음복합금체질은 금의 기운을 억제시켜야만 이런 문제점들을 해결할 수 있다. 금을 녹이는 것은 불이다. 그래서 화양·화음체질, 화양과·화음과체질, 복합화체질과 친해지면 단점을 극복할 기회나 가능성이 생긴다. 또한 무쇠 덩어리나 돌 등의 금을 도끼 같은 연장으로 활용할 수 있는 방안을 고민해보는 것도 좋다. 도끼의 손잡이는 나무로 만들어지지 않는가. 그래서 목양·목음체질, 목양과·목음과체질, 복합목체질의 협조를 받으면 단점이 오히려 장점으로 변할 수 있다.

이들은 부모님과 의견충돌이 잦다. 그러므로 차라리 일찍 독립을 하는 것이 서로에게 더 좋은 결과를 가져다줄 수 있다. 또한 이들은 윗사람보다 아랫사람과의 교류가 많은 편이다.

집 안에는 수족관을 두거나, 나무와 화초를 기르는 것이 이롭다. 반면 돌이나 금속으로 된 장식품들은 오히려 안 좋은 기운을 만들어낼 수 있다. 평상시에 그림으로라도 나무나 태양을 자주 보는 것이 좋다. 하지만 바위가 그려진 그림은 최대한 멀리하자.

검은색, 초록색, 파란색을 이용하면 좋은 기운이 만들어지지만, 흰색은 사용하지 않는 것이 좋다. 숫자는 목의 기운인 3과 8, 화의 기운인 2와 7이 이롭고, 금의 상징하는 4와 9는 좋지 못하다.

복합금체질의 영향으로 호흡기나 피부, 대장과 관련된 질환을 조심해야 한다. 또한 신장이나 방광, 생식기, 척추와 관절 질환도 주의해야 한다.

이로운 음식과 한약재

- 이로운 음식 : 수수, 살구, 은행, 근대, 냉이, 상추, 쑥갓, 쑥, 영지, 참새, 초콜릿, 영지차, 쑥차, 팥, 보리, 우유, 당근, 연근, 홍차, 수박, 염소고기, 고들빼기, 작설차, 자몽.
- 체질 한약재 : 당귀, 산조인, 황련, 원지, 연자육, 백복령, 백복신, 치자, 연교, 현삼, 목통, 익모초, 백자인.

모든 문제는 스스로 해결해야 한다

흐르지 않고 바위들 사이에 갇혀 있는 물은 썩게 마련이다. 썩은 물은 더 이상 물의 역할을 하지 못한다. 수음복합금체질은 물이 다시 흐를 수 있도록 오행의 순환구조를 바꿔줘야 한다. 이를 위해서는 목의 기운이 필요하다.

목의 기운이 부족하면 실천력이 약해진다. 공허한 생각이 많은 것도 같은 이유다. 공상은 아무 이득도

수음복합금체질의 상징

수음복합금체질의 행운의 동물은 12지지 중 토끼다. 시험을 볼 때는 원숭이가 좋다. 문구를 포함한 의류, 소품 등에 이 동물 캐릭터를 잘 활용하면 도움이 될 것이다.

없는 헛된 꿈일 뿐이라는 것을 명심하자. 작은 것 하나라도 실천하는 습관을 길러야 한다. 이를 위해서는 늘 밝은 표정으로 사람들을 대해야 한다. 사람들과 잠시 대화를 할 때도 최대한 공손하게 말하고 상대방의 말에 집중하며 정성을 들여야 한다.

머릿속이 많이 복잡할 때는 차라리 여행을 떠나자. 여행은 이들에게 자신을 돌아볼 수 있는 기회를 제공해준다. 그리고 활동력과 실천의지를 길러줄 것이다.

진취적인 기운이 바로 목의 성향이다. 목표를 세우고 전진하는 모습이 목에 내재된 기운이다. 모든 문제는 스스로 나서서 원래의 모습을 찾으려 할 때 해결되는 법이다.

10체질을 통한 몸의 질서, 장부론

　각 체질마다 장부의 중심 역할과 기능에는 차이가 있다. 만약 장부가 자신의 역할과 기능을 제대로 수행하지 못할 경우 인간의 몸은 질병 상태가 된다. 이는 체질별 장부의 조화가 깨져 기氣의 흐름이 막혔거나 문란해졌기 때문이다. 이런 상태가 장부의 한 곳만이 아니라, 여러 곳에서 한꺼번에 나타나는 경우도 있다. 자칫하면 치료하기도 어려워지기 때문에 절대로 방치하면 안 될 것이다. 그리고 이를 대비하기 위해 각 체질별 장부론臟腑論을 반드시 알아두어야 할 것이다.

　장부론은 생生과 극克의 관계로 질병에 접근하는 이론이다. 또한 질병은 주로 오행의 상생관계보다 '상극'의 원리에서 더 많이 적용되곤 한다. 사주에서도 극이 많은 사주는 풍파와 질병도 많은 법이다. 10체질에서도 마찬가지다. 통제와 조절의 역할을 하는 오행의 상극관계가 균형이 깨지면서 질병이 발생한다고 보는 것이다. 상생관계에서는 질병이 생긴다고 하더라도 오행의 흐름이 순서대로 진행되기 때문에 큰 질병으로는 발전하지 않는다. 하지만 극의 형태가 나타나면 인체에 큰 문제가 생기게 된다. 다음은 그런 관점에서 질병을 바라보는 세 가지 경우는 다음과 같다.

· 첫째, 자기 체질에 극을 하는 오행의 장부에서 주로 질병을 보이는 경우.
· 둘째, 자기 체질에 해당하는 오행의 장부에서 심한 극의 작용을 받아 질병을 일으키는 경우.
· 셋째, 자기 체질에 해당하는 오행의 장부와 관련된 질환과 자신을 극하

는 오행의 장부와 관련된 질환이 동시에 나타나게 되는 경우. 즉 첫째와 둘째가 한꺼번에 나타나는 경우.

참고로 간은 오행 중에 목에 속하고 심장은 화, 비장은 토, 폐장은 금, 신장은 수에 속한다.

목체질이 신경 써야 할 신체 부위와 주의해야 할 질병

목에게 극을 하는 오행은 금이다. 그러므로 금에 속한 장부인 폐, 대장과 관련된 질환을 주의해야 한다. 또한 목에 해당되는 장부인 간, 담낭과 관련된 질환이 발생하기 쉽다.

장부

- 간, 쓸개, 근육, 자궁, 고관절, 발(전체), 손, 발톱, 눈, 목, 머리, 신경.

발생할 수 있는 증상

- 두통, 편두통, 신경성 질환(신경과민, 불안), 신경성 소화불량, 우울증, 상열감, 가슴이 답답함, 욕구불만, 갱년기 장애, 위궤양, 십이지장 궤양, 변비, 설사, 신경통, 담석증, 간경화, 지방간, 자궁병, 생리통, 생리불순, 중풍, 간암 등이 나타날 경우도 있다.

화를 잘 내고 항상 긴장된 상태인 경우가 많으며, 한숨을 잘 쉬고, 눈물을 잘 흘리곤 한다. 결벽증, 피로감, 구역질, 근육경련과 함께, 손·발톱이 두꺼워지거나 가로 혹은 세로 줄이 생기는 증상이 보이기도 한다.

억압(극)을 하는 장부

- 폐, 대장, 피부, 손목 관절, 코, 가슴, 팔뚝 아래 부분.

· 억압 (극)을 하는 장부에서 발생할 수 있는 증상

- 기침과 재채기, 콧물, 코 막힘, 알레르기성 비염, 축농증 등 호흡기 질환이 잘 발생한다. 늘 피로하며 조금만 일해도 금방 지친다. 각종 피부병, 폐암, 대장 질환, 치질, 치루, 마비증, 맹장염, 신경통, 신경성 질환(신경과민, 불면증), 정력 부족, 변비, 기관지염, 천식, 설사 등을 보이기도 한다.

화체질이 신경 써야 할 신체 부위와 주의해야 할 질병

화에게 극을 하는 오행은 수다. 그러므로 수에 속한 장부인 신장, 방광과 관련된 질환을 유의해야 한다. 또한 자기 체질의 오행인 심장, 소장의 장부에서도 주의를 기울이자.

장부

- 심장, 소장, 입술, 어깨, 눈, 피와 혈관, 맥, 혀, 얼굴, 팔꿈치, 상완.

발생할 수 있는 증상

- 가슴이 두근거리거나 쉽게 놀란다. 소화불량이나 위염과 같은 소화기 질환이 나타나기 쉽고 손과 팔이 저리거나 견비통, 엉덩이를 비롯한 좌골 신경통, 상열감, 갱년기 장애, 혓바늘이나 혀의 병, 식은땀, 뇌염, 심장의 통증, 심장병, 고혈압, 치질, 구강암, 마비, 중풍, 관절염, 다한증이 나타나기 쉽다.

억압(극)을 하는 장부

- 신장, 방광, 뼈와 골수, 힘줄, 발목 관절, 정강이, 귀, 허리.

억압(극)을 하는 장부에서 발생할 수 있는 증상

- 피로하면 허리가 굽고 아프며 척추 뼈가 아프다. 뒷골이 아프고 눈이 빠질 듯한 통증을 느끼기도 한다. 오금이 당기고 종아리가 아프며 발목이 시리

고 저린 경우도 있다. 귀에서 이명이 들리거나 중이염에 걸리기 쉬우며 난청이 생기기도 한다. 정수리 부위에 자주 통증을 느낀다. 소변이 자주 마렵고, 공포증, 생리통, 하복통, 하복 냉증, 신결석, 고혈압, 조루, 치매, 빈혈, 골수암, 소변 백탁, 신장염, 방광염 등이 나타나기 쉽다.

토체질이 신경 써야 할 신체 부위와 주의해야 할 질병

토에게 극을 하는 오행은 목이다. 그러므로 목에 속한 장부인 간, 담낭과 관련된 질환에 주의해야 한다. 또한 자기 체질에 속하는 비장, 위장과 관련된 장부에도 신경을 쓰기 바란다.

장부

- 비장, 위장, 옆구리, 허리, 배, 피부, 무릎, 허벅지, 입, 입술.

발생할 수 있는 증상

- 소화가 잘 안 되어서 속이 더부룩해지기 쉽다. 입맛이 떨어진다거나 몸이 무거워지고 만사가 귀찮아질 때가 있다. 피부색이 누렇고 멍이 잘 드는 편이며 수족이 떨리는 경우도 많다. 무릎 관절염, 대퇴부 통증을 주의해야 하며, 입 냄새나 입병이 쉽게 나타난다. 위산과다증, 위궤양, 십이지장궤양, 위암, 위출혈, 비장암, 고혈압, 빈혈, 변비, 설사, 부종을 주의해야 한다.

억압(극)을 하는 장부

- 간, 쓸개, 근육, 고관절, 발(전체), 손, 발톱, 눈, 목, 머리, 신경, 머리카락.

억압(극)을 하는 장부에서 발생할 수 있는 증상

- 항상 피곤하고 긴장된 상태라서 두통, 편두통, 신경성 질환(신경과민, 불안), 신경성 소화불량, 우울증, 결벽증, 상열감이 나타나기 쉽다. 한숨을 잘

쉬고 눈물을 흘릴 때가 많으며 가슴이 답답하거나 작은 일에도 쉽게 화를 내는 경우도 있다. 입맛이 써지고 손·발톱이 두꺼워지거나 가로 혹은 세로 줄이 생기기도 한다. 욕구불만, 갱년기 장애, 위궤양, 십이지장궤양, 변비, 설사, 신경통, 구역질, 소화불량, 근육경련, 담석증, 간경화, 지방간, 자궁병, 생리통, 생리불순, 중풍, 간암 등을 주의해야 한다.

금체질이 신경 써야 할 신체 부위와 주의해야 할 질병

금에게 극을 하는 오행은 화다. 그러므로 화에 속한 장부인 심장, 소장과 관련된 질환에 유의하기 바란다. 또한 자기 체질의 오행인 폐, 대장과 관련된 장부에도 신경을 써야 한다.

장부

- 폐, 대장, 피부, 손목 관절, 코, 가슴, 몸에 난 털, 팔뚝 아래 부분.

발생할 수 있는 증상

- 기침, 재채기, 콧물, 코 막힘, 알레르기성 비염, 축농증 등 호흡기 질환에 걸리기 쉽다. 늘 피로하고, 조금만 일해도 금방 지친다. 각종 피부병, 폐병, 대장병, 대장암, 치질, 치루, 마비, 맹장염, 신경통, 신경성 질환(신경과민, 불면증), 정력 부족, 변비, 기관지염, 천식, 설사 등이 나타나기 쉽다.

억압(극)을 하는 장부

- 심장, 소장, 입술, 어깨, 눈, 피와 혈관, 맥, 혀, 얼굴, 팔꿈치, 상완.

억압(극)을 하는 장부에서 발생할 수 있는 증상

- 손과 팔이 잘 저리고 가슴이 두근거리거나 작은 일에 쉽게 놀란다. 심장의 통증, 소화기 질환, 소화불량, 위염, 견비통, 엉덩이를 비롯한 좌골 신경

통, 상열감, 갱년기 장애, 혓바늘이나 혀의 병, 식은땀, 뇌염, 심장병, 고혈압, 치질, 구강암, 마비, 중풍, 관절염, 다한증, 잦은 출혈 등을 주의해야 한다.

수체질이 신경 써야 할 신체 부위와 주의해야 할 질병

수체질의 극을 하는 오행은 토다. 그러므로 토에 속한 장부인 비장과 위장의 건강에 신경 써야 한다. 또한 자기 체질의 오행인 신장, 방광과 관련된 질환에도 주의하기 바란다.

장부

- 신장, 방광, 뼈와 골수, 힘줄, 발목 관절, 정강이, 귀, 허리.

발생할 수 있는 증상

- 피로하면 허리가 자주 아프고, 뒷골이 당기며 눈이 빠질 듯이 아플 때도 있다. 오금이 당기고 발목이 시리고 저린 증상, 중이염, 난청이 나타나기 쉽다. 공포증, 생리통, 하복냉증, 신결석, 고혈압, 조루, 치매, 빈혈, 골수암, 소변 백탁, 빈뇨, 신장염, 방광염, 신장암, 방광암을 주의해야 한다.

억압(극)을 하는 장부

- 비장, 위장, 옆구리, 허리, 배, 피부, 무릎, 허벅지, 입, 입술.

억압(극)을 하는 장부에서 발생할 수 있는 증상

- 소화가 잘 안 되고, 입맛이 떨어진다. 몸이 무겁고 만사가 귀찮을 때도 있다. 멍이 잘 들고 수족이 떨리는 증상도 나타나며 피부색이 누렇다. 무릎 관절염, 대퇴부 통증, 입병이나 입 냄새가 생기기 쉽고 위산과다증, 위궤양, 십이지장궤양, 위암, 위출혈, 비장암, 고혈압, 빈혈, 변비, 설사, 부종 등을 주의해야 한다.

각 체질별 장부의 특성

1) 목양체질

담낭이 체질의 중심에 있는 장부이고, 간이 보조한다. 폐, 대장, 비장, 위에 신경 써야 한다.

2) 목음체질

간이 체질의 중심에 있는 장부이고 담낭이 보조한다. 폐, 대장, 비장, 위장에 신경 써야 한다. 목양체질보다 폐, 대장의 영향력이 크게 작용한다.

3) 화음체질

소장, 삼초가 체질의 중심에 있는 장부이고 심장이 보조한다. 신장, 방광, 폐, 대장에 신경 써야 한다.

4) 화음체질

심장이 중심에 있는 장부이고 소장과 삼초가 보조한다. 신장, 방광, 폐, 대장에 신경 써야 한다. 화양체질보다 신장, 방광의 영향력이 더 크다.

5) 토양체질

위장이 체질의 중심에 있는 장기이고 비장이 보조한다. 간, 담낭, 신장, 방광에 신경 써야 한다.

6) 토음체질

비장이 체질의 중심에 있는 장기이고 위장이 보조를 한다. 간, 담낭, 신장, 방광에 신경 써야 한다. 토양체질보다 간, 담낭의 영향력이 더 크게 나타난다.

7) 금양체질

대장이 체질의 중심에 있는 장부이고 폐가 보조한다. 심장, 소장, 삼초, 간, 담낭에 신경 써야 한다.

8) 금음체질

폐가 체질의 중심에 있는 장부이고 대장이 보조한다. 심장, 소장, 삼초, 간, 담낭에 신경 써야 한다. 금양체질보다 심장, 소장, 삼초의 영향력이 더 크게 나타난다.

9) 수양체질

방광이 체질의 중심에 있는 장부이며 신장이 보조한다. 위장, 비장, 심장, 소장, 삼초에 신경 써야 한다.

10) 수음체질

신장이 체질의 중심에 있는 장부이며 방광이 보조한다. 위장, 비장, 심장, 소장, 삼초에 신경 써야 한다. 수양체질보다 비장, 위장의 영향력이 더 크게 나타난다.

※삼초란?

인체의 육장육부五臟六腑라 하면 말 그대로 6개의 장臟과 6개의 부腑를 일컫는다. 6개의 장은 간肝, 심心, 비脾, 폐肺, 신장腎臟, 심포心包이고, 6개의 부는 담膽, 소장小腸, 위胃, 대장大腸, 방광膀胱, 삼초三焦이다. 여기서 삼초는 한방에만 있는 개념으로 해부학적으로는 존재하지 않은 곳이다. 각 장부가 제 기능을 할 수 있도록 서로 기능적으로 연결해 주는 연결통로나 기능체계를 말하는 것으로, 생명유지의 3단계, 즉 먹고, 순환시키고, 배설하는 단계마다 일어나는 생리현상을 설명하는 개념이다.

삼초는 상초上焦, 중초中焦, 하초下焦로 나뉘는데 상초는 횡격막, 즉 명치 위쪽 폐와 심장을 보호하는 심포心包를 말하며, 호흡작용을 주로 한다. 중초中焦는 횡격막 아래부터 배꼽까지 몸의 중앙 부분에서 비, 위의 소화작용을 돕는다. 하초下焦는 배꼽 밑의 하복부 부분으로, 신, 간, 방광, 소장, 대장의 기능을 도와 생식 및 배설작용을 돕는다.

10체질이 알려주는 인간관계의 비밀

인간관계는 예측대로 흐르거나 기대한 대로 전개되지 않는 법이다.
예를 들어 평소에 A를 탐탁지 않게 생각해서 함께 일하기 싫었는데,
같은 팀이 되어 함께 일하다 보니 나와 매우 잘 맞는다는 것을 발견하고 놀랐다거나,
반대로 회사의 모든 사람들이 칭찬하는 B라는 사람이 유독 나와는 안 맞는 상황도 있다.
이렇듯 인간관계는 어렵기도 하고, 의외로 쉽기도 하고,
정말 알다가도 모를 상황이 자주 벌어진다.

人間關係

10체질로 알아보는
인간관계의
4원칙

　필자는 10체질을 공부하기 이전부터 인간관계의 불확실성에 대해 고민해 왔다. 내가 모든 사람에게 똑같이 행동하는 게 나를 위해, 상대를 위해 과연 옳은 것인지 확신이 서지 않았기 때문이다. 이 사람을 대할 때는 이런 방식으로 하는 것이 서로를 위해 좋은 것이고, 또 저 사람을 대할 때는 저런 방식으로 대하는 게 오히려 적합하지 않을까 하고 말이다. 그런 고민 속에서 필자는 우리네 인간관계가 4가지 원칙으로 설명된다는 사실을 알았다.

　첫 번째는 '합合의 원칙'이다. 이는 서로가 서로를 끌어당기는 관계라 할 수 있겠다. 두 번째는 서로에게 상생을 가져다주는 '생生의 원칙'이다. 그리고 세 번째는 상대나 나를 통제하고, 그로 인해 삶의 균형을 깨닫게 해주는 '제制의 원칙'이다. 마지막은 경쟁과 협력 관계에 놓이는 '비比의 원칙'이다.

　이후 체질을 공부하다 보니, 이 4가지 인간관계 원칙도 10체질 안에서 전개됨을 알 수 있었다. 이 역시 음양오행의 이치이기에 당연한 결과라 할 수 있다. 하지만 4가지 원칙과 10가지 체질을 모든 인간관계에 무조건 적용할 필요는 없을 것이다. 구체적인 상황에 따라서 달라지는 경우도 충분히 발생할 수 있기 때문이다.

중요한 것은 모든 인간관계에서 자신의 체질적 장점을 최대한 드러내는 것이다. 체질적인 장점이 잘 나타나는 사람들끼리 만나면 서로의 장점이 만나 시너지가 생기고 특별한 문제도 잘 발생하지 않는다. 그러나 체질적인 단점이 많은 사람들끼리 관계를 맺을 때는 체질 간의 관계가 아무리 좋다 할지라도 그러한 이점들이 무색해진다. 따라서 인간관계의 원칙을 무조건 적용시키기보다는 자신의 체질적 장점이 잘 드러나도록 노력하는 것이 우선이라고 할 수 있겠다.

또한 인간관계에 대한 가장 바람직한 접근은 기본 10체질의 원리를 제대로 이해하는 것이다. 이해가 되면 볼 수 있는 능력도 생기는 법이다. 내가 어떤 체질과 어떤 인간관계의 원칙이 적용될 것인지 그림이 그려진다는 것이다. 이것은 필자가 이 책을 세상에 내놓은 또 하나의 이유이기도 하다. 이 책에 실린 내용들을 다시 한 번 꼼꼼히 되새겨본 뒤 다음의 내용들을 정독하기 바란다.

1. 합슴의 원칙

합은 '끌어당김'이다. 끌어당긴다는 것은 각 체질 간의 기운이 서로 호의적으로 작용을 하고 있음을 말한다. '합이 잘 맞는' 관계라는 표현도 있지 않은가? 사랑하는 사람이 생기면 '눈에 콩깍지'가 씌는 것과 비슷한 것이라고 보면 된다. 제3자는 이들의 관계를 이해할 수 없을 수도 있다. 당사자들만이 느끼는 주관적인 기운이기 때문이다.

서로 잘 통할 수 있다는 것은 장점이 분명하다. 하지만 서로를 구속하려는 경향이 나타날 수도 있으니 그런 점은 주의하기 바란다. 다시 말해, 서로에 대한 집착은 피해야 한다는 것이다.

목양체질과 토음체질

흙이 있어야 나무가 존재하듯, 목양체질은 대부분 토음체질을 매우 좋아한다. 이때 토음체질은 목양체질에 끌려가는 성향을 보이기도 한다. 흙의 천성은 나무가 성장하는 데 바탕이 되는 것이기 때문이다. 만약 토음체질이 그런 스트레스도 감내하면서 목양체질을 훌륭하게 성장시킨다면 오히려 스스로 만족하고 보람을 찾을 수도 있다. 흙은 어머니의 마음이고, 어머니는 아무리 힘이 들더라도 자식 키우는 일에 보람을 갖는다.

목양체질과 토양체질이 만나면 토라는 새로운 기운이 다시 형성된다. 이 토는 둘의 관계 속에서 만들어진 것이므로 자식으로 비유할 수 있다.

목음체질과 금양체질

목음체질은 부드럽고 유연한 기운이다. 반면 금양체질은 부드러움과 거리가 먼 듯하다. 서로 달라서 합이 잘 맞는 것일까? 금양체질은 다소 투박하고, 때로는 정의로움이 지나쳐 과격하기까지 하다. 하지만 목음체질은 이러한 금양체질을 잘 요리할 수 있는 기질이 있다. 덩굴(목)에 감겨버린 도끼(금)가 날이 선 느낌을 보여주지 못하는 것과 같다. 또한 목음체질의 입장에서도 금양체질을 만남으로써 지나치게 순종적이고 우유부단한 성격에서 벗어날 수 있다. 두 체질이 조합을 이루면 금이라는 새로운 기운이 추가로 만들어져서 금의 기운이 강해진다고 볼 수 있다.

화양체질과 금음체질

다이아몬드가 태양빛을 받으면 눈부시게 빛나듯이 금음체질이 화양체질과 만나면 자신의 존재가치를 만방에 알릴 수 있다. 그런 금음체질의 모습을 보는 것 자체가 화양체질의 보람이요 의무다. 이는 인위적인 것이 아니라 자연스러운 것이므로, 보기에 더욱 아름답다. 성격적으로도 화양체질의 성급한 기질을 금음체질이 잡아주며, 금음체질의 냉정하고 예리한 성격은 화양체질이 따스하고 부드러운 성향으로 바꿔준다. 두 체질이 조합을 이루면 수의 기운이 추가로 만들어진다.

화음체질과 수양체질

화음과 수양은 서로의 만남 자체가 낭만적이라 할 수 있다. 평소 화음체질은 환경변화에 순탄하게 적응하지 못하는 자신의 단점을 보완하고 싶어 한다. 반대로 수양체질은 적응력 하나는 최고로 타고난 데다 바다와 같은 포용력이 있다. 그래서 수양체질이 옆에 있을 때 화음체질은 마음의 안정을 얻는다. 두 체질이 조합을 이루면 목의 기운이 추가로 만들어진다.

토양체질과 수음체질

아무리 좋은 산이라도 비가 한 방울도 내리지 않는다면 조만간 민둥산이 되어버릴지도 모른다. 토양체질의 재능은 만물을 기르는 일이다. 하지만 그 일도 물이 있어야 시작할 수 있다. 그래서 수음체질은 늘 고마운 존재라 할 수 있다. 하지만 빗물의 고마움은 공기처럼 잊고 지내기 쉽다. 수음체질이 일방적으로 희생하는 입장에 서는 경우가 많다는 것이다. 두 체질이 조합을 이루면 화의 기운이 추가로 만들어진다.

2. 생生의 원칙

이 관계는 자연의 이치대로 순리에 따르는 것이라 할 수 있다. 그렇기 때문에 서로가 부딪침이 적은 관계다. 여기서 말하는 생은 일방이 아닌 쌍방의 의미를 갖는다. 도움이란 서도 주고받는 행위다. 예를 들어 보통은 목생화의 관점에서만 생을 바라보려 한다. 나무가 불을 지피는 데 도움이 되기 때문이다. 하지만 조금 더 깊이 본다면 화생목에서도 생을 찾을 수 있다. 햇빛이 있어야만 나무가 자랄 수 있기 때문이다. 그래서 생의 원칙은 다시 말해 상생이라 할 수 있다.

목양체질과 화양체질

두 체질의 조합은 참 아름다워 보인다. 각자의 장점이 잘 나타나는 사람끼리 만난다면 더할 나위 없이 좋은 조합이다. 태양빛을 머금고 튼튼하게 자라는 나무라 할 수 있다. 나무는 잘 자라서 좋고, 태양은 자신의 노력에 대한 결과를 보니 보람이 있어 좋다. 두 체질이 만나서 계획을 세운다면 좋은 아이디어가 끊이지 않을 것이다. 목생화라 부르지만 화생목의 작용이 더 강한 경우가 많은 체질의 조합이다.

생의 원칙이 적용되는 체질조합 ─────────────

목음체질 + 화음체질	화양체질 + 토양체질	화양체질 + 토음체질
화음체질 + 토양체질	화음체질 + 토음체질	토양체질 + 금양체질
토양체질 + 금음체질	토음체질 + 금양체질	토음체질 + 금음체질
금양체질 + 수양체질	금양체질 + 수음체질	금음체질 + 수양체질
금음체질 + 수음체질	수양체질 + 목양체질	수양체질 + 목음체질
수음체질 + 목양체질	수음체질 + 목음체질	

목양체질과 화음체질

이 두 체질 주위에 금양체질이 있다면 더욱 좋다. 화음체질의 기질이 강하게 나타나는 경우라면 문제가 없지만, 그렇지 않다면 화력이 약해져서 화덕 안에 있는 불이 꺼질 수도 있다. 이때 금양체질인 도끼가 등장하여 나무를 잘게 조각내주면 그런 문제도 해결될 수 있다. 저절로 해결책이 나오는 경우다.

누구든지 미래의 행복을 예약할 수는 없다. 다만 자신의 일과 순리에 충실하다 보면 저절로 원하는 행복을 얻을 것이다. 목양체질과 화음체질의 관계는 금양체질이 지원해준다면 매우 좋은 조합이라 할 수 있다. 기본적으로 보면 목생화의 구조가 강하면서 화생목의 구조도 고려해볼 수 있는 조합이다.

목음체질과 화양체질

화양체질은 태양이 되어 화초인 목음체질을 잘 가꾸어준다. 목음체질은 아름다워지니 좋고, 화양체질은 일한 보람이 있어 좋다.

목생화보다 화생목의 '상생' 의미가 더 큰 경우다. 목과 화의 조합이므로 계획을 세워서 일을 추진하기에 좋은 조합이다. 둘 사이에 마찰이 적은 편이고, 일을 해결하는 데도 별 어려움이 없어 보인다. 같이 공부를 한다면, 서로에게 맞는 환경을 스스로 만들어갈 수 있다.

3. 제制의 원칙

우주의 어느 공간도 정리정돈이 잘된 상태로만 유지될 수는 없는 법이다. 그렇기 때문에 정돈이 안 된 혼란스러운 상태를 정리해주는 안전장치가 필요하다.

기운의 흐름도 마찬가지다. 한쪽 기운이 평생 우세할 수는 없다. 또 나머지 한쪽 기운이 영원토록 수세적이지도 않는 법이다. 만약 기형적으로 한 가지 기운만이 우세하다면, 그것은 세상이 돌아가는 이치를 저버리게 되는 일일 것이다. 자연의 이치인 음양오행의 원리는 이런 혼란을 방지하고자 기운을 통제하여 균형을 만들어준다. 따라서 인간관계에서도 적당한 조절을 통해 견실한 기운의 조화를 만들어내는 것이 중요하다. 이런 내용이 제의 원칙이다. 여기서 '제'는 규칙과 규범의 상징이라고 해석해도 좋다. 누구에게나 자신을 통제하고 단점을 규제해주는 사람이 있는 법이다.

토양체질과 수양체질

'통제'라는 것은 견제를 통해 제 역할을 하도록 도와주는 것이다. 따라서 '억압'의 의미로 해석하면 맞지 않는 부분이 있을 수 있다.

토양체질이 수양체질을 통제하면 좋은 결과가 나타난다. 토양체질인 산을 이용해서 수양체질인 물을 가두는 것이다. 그렇게 되면 물은 많이 모여서 좋고, 산은 댐의 역할을 하니 좋다. 통제를 통해 서로의 역할을 충분히 채워 삶의 가치와 질을 높이는 것이므로, 모두가 원하는 바다. 실제로 흙이 물을 막아서는 행위는 서로의 가치를 자연스럽게 올려주는 모습으로 보는 것이 옳다.

제의 원칙이 적용되는 체질조합

목양체질 + 토양체질	목음체질 + 토양체질	목음체질 + 토음체질
화양체질 + 금양체질	화음체질 + 금양체질	화음체질 + 금음체질
토양체질 + 수양체질	금양체질 + 목양체질	금음체질 + 목양체질
금음체질 + 목음체질	수양체질 + 화양체질	수음체질 + 화양체질
수음체질 + 화음체질		

토음체질과 수양체질

사실 상대방의 체질적 단점을 채우는 일은 쉽지 않다. 토음체질은 토양체질처럼 단단한 흙이거나 산이 아니라, 부드럽고 기름진 흙을 의미한다. 따라서 물의 흐름을 바꿀 능력이 모자란 상태다. 따라서 잘못 융화되면 황하강처럼 물은 흙탕물이 되고, 흙은 흙대로 계속 쓸려가기만 한다. 이런 재난을 막기 위해서는 수양체질이 넓은 마음을 갖고 서로 부딪치지 않게 하거나, 토음체질이 좀 더 강해져야 한다. 최소한 어느 정도에서 타협점을 찾을 필요가 있다. 서로 통제하기 힘든 점을 아는 것도 균형을 맞추는 방법일 것이다. 이를 통해서 무리하지 않고 서로를 이해하는 것이 중요하다.

좋은 관계를 유지하기 위해서는 두 사람 사이에 둑의 역할을 하는 흙이 필요하다. 그런 성향을 둘 중에 하나라도 갖고 있다면 저수지 옆에 밭이 있는 것처럼 든든한 일이다.

토음체질과 수음체질

기름진 밭에 적당히 단비가 내리는 것은 매우 반가운 일이다. 토음체질에게 수음체질은 단비처럼 환영할 만한 존재다. 하지만 비도 너무 많이 오면 농사를 망치는 법, 수음체질이 지나치면 원성을 듣게 되므로 관계를 '적당히' 맺어야 한다.

'적당히'라는 말처럼 어려운 말이 또 있을까? 서로의 장점을 잘 드러내며 상생하도록 맞추는 것이 이들 사이의 좋은 관계라고 보면 된다. 두 체질은 서로 큰 욕심이 없고 희생적이라는 점에서 동질성을 느끼기도 한다.

4. 비比의 원칙

인간은 경쟁을 통해서 발전한다. 경쟁의 과정에서 서로에게 배우고, 한 걸음씩 진화해가는 것이다. 능력의 차이가 그리 크지 않을 때 경쟁관계에 놓이는 경우가 많다. 때문에 상황에 따라서는 경쟁이 협력으로 전환되기도 한다. 학창시절에 같은 반 친구들끼리의 관계를 생각해보라. 시험을 앞두고는 경쟁했지만, 반 대항 체육대회를 할 때는 똘똘 뭉쳐 협력하지 않았던가. 이런 경쟁과 협력의 관계를 비의 원칙이라 한다.

금양체질과 금양체질

금양체질은 바위나 무쇠를 의미한다. 그래서 여럿이 함께 어울리기를 좋아하는 경향이 있다. 금양체질끼리는 서로 경쟁도 하고, 협력도 하면서 어울린다. 서로에 대한 견제는 오히려 적은 경우가 많다. 이 둘의 관계는 무쇠가 많아야 용광로도 효율성이 높다. 그러나 과한 것은 부족한 것만 못하다는 사실도 기억해두자.

금양체질과 금음체질

금양체질은 외형적으로는 경쟁심에 불타는 것처럼 보이지만, 대체로 속이 무른 경우가 많다. 따라서 만약 금음체질과 경쟁하게 된다면 질 가능성이 높다. 금음체질은 속으로 매우 다부진 면이 있고 치밀하기까지 하다. 따라서 금양체질이 오히려 중도에 포기하기도 한다.

금음체질과 금음체질

이 둘을 관계는 서로 거리를 두면서 경쟁하는 관계라고 볼 수 있다. 이 과정은 매우 치밀하게 전개된다. 그러나 밖으로는 전혀 내색하지 않는다. 내적인 자존심이 강하기 때문이다. 따라서 이 둘 사이에는 직접적인 협력을 기대하기 어렵다. 하지만 자존심을 걸고 경쟁을 하기 때문에 서로의 장점이 더욱 부각될 수 있다. 경쟁을 통한 협력이 이루어진다고 볼 수 있는 관계다.

비의 원칙이 적용되는 체질조합

목양체질 + 목양체질	목양체질 + 목음체질	목음체질 + 목음체질
화양체질 + 화양체질	화양체질 + 화음체질	화음체질 + 화음체질
토양체질 + 토양체질	토양체질 + 토음체질	토음체질 + 토음체질
수양체질 + 수양체질	수양체질 + 수음체질	수음체질 + 수음체질

체질에 따라 상대방에게
호감을 얻는 방법

사회생활을 하다 보면 사람들에게 호감을 얻는 것이 상당히 중요한 장점
이자 능력으로 작용한다. 그런데 그게 말처럼 쉬운 일이 아니다. 그렇다고 자
신과 잘 맞는 사람하고만 만날 수도 없고, 자신이 원하는 체질하고만 일할
수도 없다. 불편하거나 껄끄러운 사람에게 호감을 얻을 수는 없을까?

10체질에서 힌트를 찾아보자. 사람마다 차이는 있겠지만, 10가지 체질의
성격적 특성을 미리 파악해두면 상대에게 쉽게 다가가고 호감을 얻을 수 있
을 것이다.

목양체질은 최고라고 치켜세워준다

진취적인 기질을 지닌 목양체질은 자신의 주장이 받아들여지지 않았을 때
불쾌한 감정을 갖는다. 또한 뭔가 새로운 것을 시도하기를 좋아하고 의욕적

으로 추진하는 편이라서 자신의 견해에 긍정적으로 호응해주는 사람에게는 매우 강한 호감을 보이며 뭐든지 해주려고 한다. 그러나 부정적인 반응을 보인다면 관심조차 주지 않는 경우가 많다.

이처럼 에너지가 왕성한 목양체질에게는 일단 '당신이 최고'라는 식의 호응을 보여줄 필요가 있다. 특히 사람들이 많은 곳에서 그의 장점을 높이 평가해주면서 긍정적인 표현을 하면 크게 감동받는 편이다.

목양체질은 물질에 약한 면이 있어 선물 받기를 좋아한다. 선물이란 자신이 누군가에게 관심의 대상이 되었다는 것을 의미하기 때문이다. 그런 식으로 확인 받기를 즐긴다. 그러나 여기저기 돌아다니는 일은 피곤하게 생각하며, 특정한 관심거리가 생기면 지속적으로 거기에만 몰입하는 스타일이므로 그가 어떤 관심사를 가지고 있는지 알아두는 게 좋다.

목음체질은 자신감 있는 사람에게 끌린다

목음체질은 스스로를 유약하다고 여기는 편이므로 든든하고 자신감 넘치는 사람에게 끌리는 경우가 많다. 급진적인 관계보다 조화로운 관계를 추구하고, 웬만해선 자신의 감정을 드러내지 않는다. 겉으로는 잘 따르는 것처럼 보여도 완전히 신뢰하는 것은 아닐 수도 있다는 말이다.

이들은 기질적으로 돌아다니는 것을 좋아하여 여행을 즐긴다. 그가 어떤 스타일의 여행을 좋아하는지를 알아두었다가 나중에 자연스럽게 동행을 권한다면 쉽게 친해질 수 있을 것이다. 또한 분위기 있는 공간을 좋아하는 편이므로 사람이 많고 시끌벅적한 곳보다는 조용하고 운치 있는 곳을 선택하는 게 이로울 것이다. 목양체질보다는 덜하지만 물질에 약한 면도 있으니 선물공세도 통할 것이다.

화양체질에게는 애교가 효과적이다

화양체질은 겉모습을 보고 사람을 판단하는 경향이 있으므로 만날 때 외모에 신경을 쓰는 편이 좋다. 눈에 띄게 화려하고 요란스러운 것은 별로 좋아하지 않으며 고급스럽고 세련된 쪽을 선호한다. 또한 체면을 따지는 성향이기 때문에 말과 행동에 예의를 갖출 필요가 있다. 아기자기하고 예쁜 물건들을 좋아한다.

목양체질처럼 스스로를 우월하게 생각하는 면이 많으므로 상대할 때 너무 강하게 주장을 펼치지 않는 것이 좋다. 강한 사람보다는 자신이 감싸줄 수 있는 사람에게 더 너그럽게 마음을 열어주기 때문이다.

또한 화양체질은 자신이 솔직한 만큼 타인도 솔직하기를 원하기 때문에, 뭔가를 감추는 듯한 태도는 좋지 않은 영향을 끼칠 수도 있다. 사람들 앞에 나서는 것을 부끄러워하는 경우가 많아 애교와는 거리가 먼 체질이지만, 상대방에게 애교를 기대하는 편이다.

화음체질에게는 비밀을 고백해보라

화음체질은 어두운 곳을 밝혀주고자 하는 본능을 가지고 있기 때문에 인정이 많은 편이다. 어려운 처지에 놓인 사람을 보면 작은 도움이라도 주어야 마음이 편해진다. 따라서 사적인 친분을 쌓기가 용이하다. 개인적인 문제를 꺼내놓고 조언을 요청한다면 성의껏 협조할 것이다. 마음이 약하다는 것은 이들에게 단점이기도 하지만 큰 장점이기도 하다. 친절하고 예의 바르기 때문에 전투적으로 상대해서는 오히려 역효과를 낼 것이다.

이들은 화양체질과 마찬가지로 외모에 관심이 많으며 이성문제에서도 이런 점이 크게 작용한다. 따라서 화음체질을 만날 때는 깔끔하고 세련된 모습을 보일 필요가 있다. 또한 낭만적이고 로맨틱한 분위기를 좋아하므로 만나는 장소 역시 소란스럽지 않은 곳으로 선택하는 게 효과적이다. 연인 사이라면 촛불이나 은은한 조명으로 로맨틱한 분위기를 연출하는 것도 좋다.

토양체질은 '약속'과 '존중'을 중시한다

토양체질은 움직이지 않는 큰 산과 같아서 고집이 센 사람이라고 할 수 있다. 늘 한결같은 방식으로 살아가는 사람이라서 눈을 돌리면 언제나 그 자리에 있다. 웬만해서는 배신하지 않을 것이라는 믿음을 주기 때문에 특별한 일이 없는 한 관계가 깨지는 일은 없다. 그러나 믿음이 강한 만큼 배신의 분노 또한 크기 때문에 신용을 잃지 않도록 각별히 신경 써야 한다.

이들은 중립적인 입장을 취할 때가 많다. 이것은 체질상 중간자로서 섬과 섬을 연결하는 다리의 역할을 하기 때문이다. 이런 면이 개인주의적으로 보일 수도 있으나 원래 포용력이 큰 사람이므로 오해할 필요는 없다. 더욱이 자신이 가볍게 보이는 것을 싫어하므로 약속한 것은 꼭 지켜주는 게 좋다. 주로 자신이 존중받고 있다고 느낄 때 감동한다.

토음체질에게는 박력을 내비쳐라

토음체질은 마음이 여려서 쉽게 상처를 받으므로 말과 행동을 가려서 할 필요가 있다. 더욱이 서운하거나 화가 났을 때 그런 감정을 밖으로 표현하기보다는 혼자서 속으로 앓기 때문에 특히 조심해야 한다. 이런 사람에게는 칭찬을 많이 해주는 것이 효과적이다.

칭찬과 호감을 피력했는데 별 반응이 없다고 해서 포기해선 안 된다. 토음체질은 어지간한 일에는 속마음을 잘 드러내지 않기 때문이다. 꾸준히 애정과 관심을 보여줌으로써 믿음을 심어줬을 때 비로소 결실을 거둘 수 있을 것이다.

이들은 보호받고자 하는 심리가 강하다. 자신의 영역이 훼손되지 않게 든든한 담장을 둘러쳐줄 수 있는 상대에게 의지하고 싶어 한다. 따라서 업무적인 관계든 개인적인 관계든 믿음직스럽게 말하고 박력 있게 추진하는 모습을 보여주는 게 좋다.

금양체질에게는 카리스마와 분명한 태도로 접근하라

금양체질은 강한 것 같으면서도 연약한 마음을 가지고 있는 경우가 많아서, 자신을 확실히 컨트롤해주는 사람을 좋아한다. 여자인 경우는 남자가 다 알아서 컨트롤해주길 바라므로, 남자의 주관이 강해도 무리가 없을 것이다. 남자의 경우는 윗사람에게 카리스마를 기대하는 편이며, 어정쩡한 것을 싫어하므로 일처리를 분명하게 하는 게 좋다.

의리를 매우 중요하게 생각하는 체질이라서 가끔 인정에 얽매이거나 거절을 못하는 경우도 있다. 특히 친구의 부탁이라면 마다하지 않고 들어주는 편이다. 그러나 처음 만난 사람에게는 좀 차갑게 보이는 면이 있어 쉽게 사귀기 어려울 수도 있다. 하지만 시간을 두고 친분을 쌓으면 굳건한 신뢰를 쌓을 수 있다.

금음체질은 티 나지 않게 띄워주는 센스가 필요하다

금음체질은 귀족적인 본능을 가지고 있는 경우가 많으므로 타인으로부터 관심 받기를 은근히 좋아한다. 하지만 부담스럽게 칭송 받는 것보다는 주위 사람들이 은근히 띄워주길 바라는 스타일이다. 그러므로 처음부터 노골적으로 관심을 보이지 말고 부담스럽지 않을 정도로만 장점을 부각시키는 게 좋다.

일과 교제에 있어서는 분명한 입장을 취해야 하며, 입장이 정립된 후에는 어정쩡하게 행동하는 것을 용서하지 않는 편이다. 자신에게도 엄격하지만 상대의 실수에 대해서도 냉정하므로 친할수록 행동을 조심해야 한다.

겉으로 드러내지는 않지만 통제력이 강하고 명민하며 냉철한 사람이 금음체질이다. 이들은 일단 아니다 싶으면 단칼에 정리하는 경향이 있으므로, 이런 사람 앞에서 어설프게 근거 없는 말을 늘어놓았다가는 창피당하는 꼴을 면하기 어려울 것이다.

수양체질에게는 신중하게, 간섭하지 말자

수양체질은 취미생활이든 공부든 일이든 혼자 하기보다는 여럿이 모여서 하는 것을 좋아하는 편이다. 실개천이 모여서 강물이 되고 강물이 모여서 바다가 되듯이, 큰물의 성향을 지녔기 때문이다. 따라서 수양체질을 처음 만날 때는 모임을 통해서 얼굴을 익히고, 추후에 좀 더 친밀한 관계를 만들어가는 게 유리하다.

마음이 넓은 편이어서 대체로 다른 사람의 의견을 너그러이 수용해주는 경향이 있다. 자칫 이러한 성격을 잘못 해석하여 관심을 끌었다고 착각할 수 있으므로 신중하게 접근해야 한다. 수양체질은 대체로 활달하고 적극적이지만 일처리를 할 때는 스스로 알아서 해결하는 스타일이다. 그러므로 지나치게 간섭하면 역효과가 생길 수 있다. 수양체질인 연인의 마음을 얻고 싶다면 낭만적이고 로맨틱한 분위기를 연출해보는 것도 좋을 것이다.

수음체질에게는 호기심을 자극시켜라

수음체질은 흐르는 물의 속성을 지녀 활발히 움직이는 것을 좋아한다. 그래서 한 공간에 머물러 지내는 것보다는 여기저기 돌아다니며 여행하기를 즐긴다. 따라서 다양한 프로그램을 소개하여 계속 호기심을 자극한다면 좋은 관계를 형성할 수 있을 것이다. 더욱이 이들은 창의성이 뛰어나고 재치가 있기 때문에 참신한 아이디어를 얻을 수 있다.

수음체질은 조화력이 있어서 대인관계 면에서 크게 불화를 일으킬 염려는 없다. 그러나 신경이 예민할 때가 있고 행동이 생각을 따르기 않는 경우가 있으므로 계속 독려해줄 필요가 있다. 그러한 관계가 원만하게 이루어지면 타인을 위해 헌신하는 본연의 성향도 자연스럽게 표출될 것이다.

능력과 성과를 높이는
10체질 인사관리

인사관리의 기본원칙은 사내 모든 직원의 장점을 최대한 살려서 맡은 임무를 충실히 수행하도록 하는 것이다. 이를 파악하기 위해 회사마다 상당한 시간과 돈을 투자한다. 대기업도 한 사람의 인재를 잘못 채용하거나 관리해서 도산하는 경우가 발생하기 때문이다.

그래서 많은 기업들이 적성검사를 활용한다. 하지만 사람이란 처해진 환경에 따라서 자신에게 유리한 가면을 쓰는 경우가 많으므로 이러한 적성검사가 가끔은 무용지물이 되곤 한다.

만약 적성검사에 10체질을 추가한다면, 좀 더 적절하게 인재를 활용할 수 있지 않을까? 각 체질마다 개인의 성품과 장·단점, 적성 등을 예측할 수 있는 자료가 10체질이 아니겠는가.

다음은 체질에 따라 직원들의 능력과 성과를 최대한 발휘하도록 만드는 방법이다.

목양체질은 자부심으로 산다

목양체질의 경우는 자부심이 없으면 일을 하기 힘들다. 이들은 '자신이 최고다'라는 심리와 리더십을 겸비하였기에 훌륭한 인재가 될 소질이 충분하다. 더욱이 추진력이 왕성하므로 윗사람이 신뢰만 얹어준다면 모든 것을 이뤄낼 용기로 일을 한다.

하지만 목양체질이 허드렛일만 한다면 자신감은 금세 실종되고 의욕도 사라진다. 또한 자기와 비슷하다고 여기는 수준의 사람이 자신에게 지시를 내린다면 강력하게 반발하는 경우도 있다. 우두머리가 되고 싶은 기질 때문이다. 이들은 일을 열심히 하면 능력을 인정받을 수 있다는 희망을 원한다. 그 희망이 보이지 않는다면 곧바로 이직도 불사하는 성향을 가졌다.

목양체질은 야망이 크다. 최고의 지위에 오르거나 자신이 직접 오너가 되기를 희망한다. 안일하게 사는 것도 성미에 맞지 않는다. 또한 목木은 시작을 의미하기도 해 계획을 잘 세우고 기획력이 좋다고 볼 수 있다.

하지만 이들은 자신이 세워놓은 계획이 뜻대로 되지 않을 경우, 일만 잔뜩 벌이고 뒷수습을 못해 곤혹을 치루기도 한다. 누군가가 뒤처리를 해줘야 하는 경우도 생긴다. 따라서 이들을 관리하는 사람들은 평상시에 이들의 진행 과정을 꼼꼼하게 점검해야 한다.

목음체질은 유능한 참모, 재창조의 귀재다

목음체질의 직원은 체질에 상관없이 자신이 믿고 따르는 리더나 멘토에게 최선을 다한다. 리더가 추진하는 일에 대한 이해도도 높은 편이어서, 초기에는 조력자 역할에 머물지라도 상황 파악이 끝나면 그들보다 더 좋은 아이디어를 생각해내는 경우도 많다.

전형적인 참모 역할이 잘 어울려 프로젝트를 성공 반열에 올려놓는 데 큰 기여를 한다. 또한 여러 성공사례를 벤치마킹하는 능력도 매우 뛰어나다. '모방을 통한 재창조의 귀재'라 할 만하다. 다만 아무것도 없는 상태에서 시작하는 일에는 능력을 제대로 발휘하지 못하는 경우가 있다.

화양체질은 공명정대함을 장점으로 살려라

태양은 가장 높이 떠서 멀리 보는 존재다. 그래서 화양체질은 전반적으로 업무를 인식하는 능력이 발달했다. 또한 업무 스킬도 빠른 속도로 숙달된다. 하지만 맡겨진 업무는 불같이 하는 반면 일이 주어지지 않는다면 게으름을 피울 수도 있다. 간혹 조급함으로 인해 실수하기가 쉬운데, 그래서 이들에게 는 중심을 잡아주는 선배나 관리자가 필요하다.

목양체질과는 이런 점에서 차이가 발생한다. 목양체질은 우두머리가 되고 싶다는 야망이 에너지가 되어 일을 하지만, 화양체질에게는 대의명분이 중요하다. 개인적인 성취나 사리사욕보다 공명정대함을 더 중요하게 여기는 것이다. 그래서 감찰의 역할을 맡겨도 능력을 제대로 발휘한다. 군더더기 없이 일을 수행하는 능력이 있으며, 열정적인 추진력과 뛰어난 이해력을 바탕으로 능력을 인정받을 수 있다.

이들은 일대일로 사람을 만나는 것보다 한 번에 여러 사람을 상대하는 일이 더 어울린다. 중요한 일이라면 몰라도 사소한 일을 가지고 일대일로 대면하는 것에는 약한 편이다. 그래서 한 번에 대규모의 인원을 교육하거나, 책을 통해 독자와 교류를 하거나, 인터넷을 통해 많은 사람과 소통하는 부서도 좋다. 화양체질은 일단 체면이 서지 않으면 나서지 않는다는 점을 기억해두어야 할 것이다.

화음체질은 정교한 작업, 연구직, 수사직에 적합하다

화음체질은 세심하고 정밀한 편이라서 정교한 작업이 필요한 업무에 적합하다. 연구직이나 수사 관련 업무에서도 탁월한 능력을 발휘할 가능성이 높다.

화음체질은 등대의 역할을 하기도 한다. 길을 인도하는 역할이라서 봉사 정신이 우수하다. 부하에게 무슨 일이 생기면 가장 먼저 달려갈 사람이 이들이라 할 수 있다. 따라서 이들과의 관계를 잘 유지하고 싶다면 비위를 맞춰주는 것이 좋다. 좋은 관계가 되면 귀찮은 일도 먼저 나서서 스스로 처리해줄 것이다. 이런 점에서 화음체질은 봉사와 관련된 직무도 어울릴 것이다.

하지만 이들은 엉덩이가 가벼운 편이다. 적당한 교육을 통해 초기에 이런 버릇을 고쳐주는 것이 필요하다.

토양체질은 키워내고 양육하는 데 능하다

산은 경계이자 기준이다. 큰 산의 기운을 타고난 토양체질의 직원들은 쉽게 흥분하는 경우가 거의 없고, 섣불리 어느 한쪽 편에 서지도 않는다. 따라서 타인과 일할 때 중간자적인 입장을 취하는 경향이 강하고, 한번 정한 기준을 끝까지 지켜내는 모습도 보인다. 남들보다 객관적인 시각으로 상황을 견지하기 때문에 편파적이지 않고, 오판할 가능성도 낮다. 판사 같은 역할을 맡기면 좋다.

또한 큰 산이 나무와 땅, 동물과 인간까지 모든 것을 품어내듯이, 토양체질의 직원들은 타인을 감싸 안는 성향이 강하다. 입장이 다른 사람들의 의견도 잘 들어주니 카운슬러나 교육자도 적합하다. 그리고 이들은 생각의 폭과 시야가 넓어서 스케일이 큰 임무를 맡겨도 무리 없이 수행해낸다. 이들은 자기중심을 가장 잘 잡는 체질이며, 다만 이것이 지나치면 간혹 무뚝뚝하거나 매정해 보여 오해를 사는 경우도 있다. 분위기를 잘 읽어내는 법과 타인을 잘 이끄는 모습까지 교육시킨다면 크게 성장할 가능성이 높다.

토음체질은 칭찬이 약이다

농부는 욕심을 부리지 않는다. 콩을 심어놓고 팥이 나오길 기대하지 않는 다는 것이다. 토음체질에게는 자신이 노력한 만큼만 얻으려고 하는 정직함 이 엿보인다.

부드러운 흙은 상처도 쉽게 나는 법이다. 이들도 마음이 여린 편이다. 싫 은 소리를 듣지 않으려고 노력하는 모습도 보일 것이다. 토음체질의 부하직 원에게는 칭찬이 약이다. 두 가지 업무를 주었는데 하나만 수행했다 하더라 도, 우선 칭찬하자. 그러면 곧 이들은 두 가지 업무를 완벽하게 끝내서 가져 올 것이다.

이들은 상사와의 약속을 모두 기억하는 편이다. 또한 말만 많은 사람을 경 계한다. 따라서 토음체질과의 약속은 반드시 지키는 것이 좋다. 만약 약속이 이행되지 않는 관계가 계속된다면 이들은 먼저 의심부터 하게 될 것이다.

흙은 모든 것의 근본이지만, 혼자서는 아무것도 할 수 없다. 그래서 이들 은 다른 사람들에게 쉽게 의존하는 단점을 보이기도 한다.

금양체질은 앞뒤 재지 않고 달려든다

자신이 옳다고 생각하는 일에는 앞뒤 재지 않고 달려드는 경향이 있다. 드 라마나 영화에 나오는 열혈 검사나 형사를 연상하면 이해하기 쉬울 것이다. 학교에서 흡연의 위험성을 배운 아이가 집에 돌아와서 아빠가 문 담배를 뺏는 경우도 금양의 기운 때문이다. 이들은 상황을 최대한 순수하게 바라보는 편이다. 따라서 다소 현실성이 떨어지는 경우도 발생한다.

금양체질은 하고 싶은 말이 있으면 고민하지 않고 직설적으로 하는 편이다. 그래서 상사와 트러블이 생길 수도 있다. 이런 상황이 발생했을 경우, 상사들은 일단 참는 것이 좋다. 이들은 말은 그렇게 해도 마음은 여리기 때문에 금방 후회하곤 한다. 나중에 따로 불러서 단호하게 혼낸다면 이들의 마음을 얻을 수 있다. 금양체질은 큰 바위 같은 의리의 상징이기 때문이다.

세련되지 못한 표현 때문에 오해도 종종 받는다. 따라서 신입사원 시절부터 말을 잘 다듬고 부드럽게 표현하는 교육을 시킨다면 더 큰 인재로 키울 수 있을 것이다.

금음체질은 부드러우면서도 철저하다

금음체질의 직원들은 부드러우면서도 철저한 면모를 지녔다. 공적으로든 사적으로든 자기 관리를 잘하는 편이다. 한 치의 오차도 허락하지 않는 다이아몬드 세공사처럼 주어진 임무를 정해진 계획대로 수행하는 능력이 탁월해 사회적으로 성공할 가능성이 높다. 그래서 회계나 감찰의 역할을 맡기면 120%의 능력을 발휘할 수 있는 체질이다. 정해진 틀만 고집하지 않고 융통성을 잘 발휘한다면 주위 사람들에게 인정받을 것이다.

대신 이들은 사고를 낼 경우 완벽하게 뒤통수를 칠 수도 있다. 인간관계에서 타인과 충돌하는 일은 별로 없지만, 한 번 싸우면 크게 부딪칠 수 있으니 조심해야 한다. 금음체질의 사람들은 도가 넘는 행동에 대해서 확실하게 문제제기를 하는 성향이라, 이들 앞에서는 최대한 규칙을 준수하는 것이 좋겠다.

수양체질은 수용력이 탁월하고 노련하다

바다는 겸손하다. 산골짜기에서부터 흘러 내려왔기 때문에 인생의 모든 것이 녹아 있다. 또한 계속 아래로 내려가기 때문에 자신을 낮춘다. 그래서 수양체질의 직원들은 상사나 부하, 동료들의 사소한 제안도 함부로 무시하거나 거절하지 않고, 받아들이려고 노력한다. 그래서 지혜롭고 노련하다는 평까지 받는다. 이런 성향 때문에 규모가 큰 업무도 별 다른 잡음 없이 마무리해내곤 한다.

또한 물은 모여야 힘을 발휘하는 법이다. 마찬가지로 수양체질의 직원들도 여럿이 함께할 때 자신의 능력을 더 잘 발휘한다. 따라서 홀로 고민하면서 일을 추진하는 것보다는 팀 단위로 진행되는 업무에 참여하는 게 좋다.

바닷속은 쉽게 들여다보기 어렵다. 이들도 마찬가지다. 생각이 많아서 어떤 일을 결정할 때 자신의 마음과 의지를 드러내 보이지 않는다. 속마음을 알 수 없어 답답할 수도 있으나, 이런 성향 덕분에 마케팅이나 협상 책임자가 되면 진가가 드러난다.

수음체질은 다양한 사람을 만나는 일이 좋다

매일 똑같은 것을 반복하는 업무는 맞지 않는다. 물은 가두어두면 안 되는 법. 수음체질의 사람이 반복적인 일만 계속하게 되면, 우선 건강에 문제가 발생하고, 업무효율도 낮아진다. 이들에게는 오히려 외근을 자주 하거나 다양한 사람을 만나는 일이 좋다. 그런 일을 할 때 신바람 나게 일하면서 좋은 아이디어를 생각해낼 것이다.

대신 물이 얼면 효용성이 떨어진다는 점을 잊지 말아야 한다. 수음체질도 얼지 않도록 주의해야 한다. 그래서 끊임없이 자기계발을 할 수 있도록 지원하면 좋다.

물이 가장 필요할 때는 뙤약볕 아래에 있을 때다. 차가운 물 한 잔이 갈증을 해소시켜주듯이, 수음체질은 희생정신이 강하다.

체질에 맞는
건강한 다이어트

비만의 원인에 관련된 음양의 특성을 살펴보고
비만과 관련된 오행의 특성을 이해한다면
10제질 각각의 비만 요인과 특징을 찾아낼 수가 있다.

體質健康

10 체질의 특성으로 보는 비만의 원인

음체질은 응집력과 끌어모으는 힘이 강하다. 또한 물체를 생성해내는 에너지가 강한 특성을 지닌다. 그래서 양체질보다 비만이 될 확률이 크다. 반면 양체질은 응집력보다는 발산하고 분산시키는 기운이 강하여 물질을 형성하기가 어렵다.

정상적인 오행의 흐름에서는 음의 빈자리에 항상 양이 들어가주고 양의 빈자리는 음이 채워준다. 즉 음과 양은 독립적으로 움직이지 않고 서로 의존적인 작용을 한다. 따라서 음체질은 모두 살이 찐다거나 양체질은 모두 살찌지 않는다는 식으로 단언할 수는 없는 법이다.

음양의 원리상 공간을 만들어내는 것은 양이 담당하고, 그 공간을 채우는 것이 음이다. 양체질도 발산하고 흩어지고자 하는 기운이 원활하지 못한다면 비만이 될 수 있다. 음식물이 소화가 되지 않는 식적食積이나 마음의 병인 칠정상七情傷에 걸릴 경우 혹은 체액이 위에 머무르는 담음痰飮의 상태일 때양체질들은 살이 찐다. 즉 풍선 속에 공기를 불어넣으면 부풀어 오르듯 발산의 힘이 몸 밖으로 나가지 못하고 갇혀버리는 것이다. 그때는 음의 기운이 그 공간을 채운다. 양의 자리를 차지한 음의 기운은 살을 찌게 하는 물질을 계속 만들어냄으로써 몸을 비만하게 만드는 것이다. 이를 양체질이 음화되었다고 표현한다. 그러나 음화상태라도 체질은 여전히 양이라 할 수 있다. 다만 기를 펴지 못하고 한곳에 머물러 있는 울체鬱滯 상태로 해석하는 것이 바람직하다. 이때는 울체된 기를 풀어주면서 조습요법 치료를 하는 것이 몸을 본연의 체질로 회귀시키는 방법이 된다.

응집력이 강한 음의 기운을 지녔다고 해서 무조건 비만이 되는 것도 아니다. 비만이라는 것은 과도한 음의 영향력에 의해서 만들어진 것이다. 이때 과도하다는 것은 그 기능이 정상범위를 벗어났다는 의미다. 즉 음과 양의 기운은 서로 순환하면서 상호작용을 해야 하는데 한쪽에 이상이 생겨서 각자의 활동을 정상적으로 할 수 없을 때 음의 물질이 쌓이는 법이고, 그 막혀 있는 공간에 부종淳腫이 생기면서 살이 찌게 된다. 이를 한의학학에서는 기울氣鬱이라고 한다. 기가 울체가 되면 부종이 발생하기 쉽고 살이 찔 때는 가장 먼저 부종부터 발생한다. 부종이라고 해서 퉁퉁 붓는 것만을 의미하는 건 아니다. 피부가 푸석푸석하거나 손을 쥐었을 때 약간 뻑뻑한 느낌이 나면 모두 부종에 해당된다.

이런 음과 양의 원리를 통해 같은 체질인데도 비만의 정도가 크게 다를 수 있음을 알 수 있다.

10체질에 적용하는 다이어트의 원리

10체질 중 비만체질이 되기 쉬운 순서는 다음과 같다.

수음 〉금음 〉토음 〉수양 〉금양 〉목음 〉화음 〉토양 〉화양 〉목양

비만이 되기 쉬운 체질일수록 평소 올바른 식습관과 규칙적인 운동이 필수적이고 건강에 더 많은 관심을 가져야 한다. 30세가 넘어가면서 비만체질의 성향은 더욱 뚜렷하게 나타나지만, 그 성향도 노력에 의해서 충분히 바뀔수 있다.

1. 목양체질

목과 양이라는 두 가지 양의 기운이 조합된 체질이라 발산과 분산의 기운이 강하다. 따라서 10체질 중 가장 살이 찌지 않는 체질이라고 할 수 있다. 나무가 쭉쭉 뻗어 있는 형태를 이루듯이 몸이 날씬한 사람도 가장 많은 체질

이다. 그러나 양과 음의 조화가 깨졌을 때는 비만이 되기 쉬워지며, 습관성 비만보다는 스트레스성 비만이 더 많이 나타난다. 목양체질은 성질이 급한 편이라서 화가 나거나 짜증나는 일이 있으면 기가 체하는 증세가 생긴다. 이 것이 습관화되면 비만으로 바뀐다는 사실을 알아둬야 한다.

비만을 예방하는 최선의 길은 무엇보다 규칙적인 운동과 바른 식생활 습 관이다. 그리고 마음의 여유를 잃지 않도록 명상이나 요가 등을 통해서 감정 을 조절해주는 것이 좋다. 가끔 바다나 큰 강이 보이는 곳으로 가서 마음의 안정을 취하는 것도 좋은 방법이다.

2. 화양체질

화와 양이라는 두 가지 양의 기운이 조합된 체질로서 역시 발산과 분산의 기운이 강하다. 살이 잘 찌지 않는 체질로 목양체질 다음이라고 할 수 있다. 사실 화양체질은 양의 기운의 조합 중에 가장 강하기 때문에 이론상으로는 비만이 될 확률이 가장 낮을 것 같지만 예상과는 다르다. 즉 가장 강한 양의 기운끼리 모이다 보니 기가 막히게 되었을 때 급한 성질이 가장 빨리 나타나 므로 기가 뭉치는 현상도 아주 빠르게 일어난다. 그래서 목양체질보다 음의 작용이 더 쉽게 이루어지는 것이다. 화양체질의 비만 원인은 주로 스트레스 성이다.

3. 토양체질

마른 흙이라는 양의 기운으로 이루어진 체질로서 발산과 분산의 기운이 강 하고 10체질 중 살이 잘 찌지 않는 순위로는 세 번째다. 그러나 위의 두 체질처럼 분산력이 매우 강한 양의 조합은 아니다. 토의 습성 자체에 음과 양의 기운을 넘나드는 가변성이 있어서 목양, 화양체질보다는 분산해내는 힘이 덜하다. 살이 찌면 주원인은 역시 스트레스성일 것이다.

4. 화음체질

양과 음의 기운이 조합된 체질로서 한쪽으로 치우친 음양의 구조는 아니다. 비만에 대해서는 중간 정도의 성향을 나타내며 비만의 원인도 개인의 환경과 생활 방식에 따라 다양하게 나타나는 특징이 있다. 조급한 성향이 강한 사람이라면 스트레스성 비만에 가깝고, 심하면 기가 막히는 역작용이 나타나서 심한 비만을 초래할 수 있다.

그러나 발산과 응집의 기운을 모두 가지고 있으므로 한쪽으로 규정 지을 수는 없으며, 신경이 예민한 정도에 따라 기가 뭉쳐지는 현상을 경계해야 한다. 이것은 불의 기운이 발산력을 나타내기 때문인데, 혼자 고민하는 상황을 만들지 않는 습관이 필요하다.

5. 목음체질

양과 음의 기운이 조합된 체질로 한쪽으로 치우친 음양의 구조는 아니다. 비만에 대해서는 중간 정도의 성향을 나타내며, 비만의 원인도 개인의 환경과 생활방식에 따라 다양하게 나타나는 특징을 지닌다.

이처럼 발산과 응집의 기운을 모두 가지고 있는 경우는 비만의 원인을 한쪽으로 규정할 수 없다. 다만 목음체질의 특성상 예쁜 화초처럼 여성스러운 성향이 강하고 다른 체질보다 애교가 많은 편이므로 자기 자신을 가꾸려는 의지가 강한 편이라고 볼 수 있다. 따라서 여성의 경우는 남성에 비해 비만이 될 확률이 낮게 나타난다.

6. 금양체질

음과 양의 기운이 조합된 체질로서 한쪽으로 치우친 음양의 구조는 아니다. 비만에 대해서는 중간 정도의 성향을 나타내는 그룹에 속하며, 원인은 습관성 비만과 스트레스성 비만을 둘 다 생각해볼 수 있다. 음양의 배합된 성향이 어느 한쪽에 치우치지 않아 특성을 설명하기가 쉽지 않을 정도이긴 하지만 음의 기운으로 조금 기운 상태라고 할 수 있다. 오행의 음양의 구조가 더 크게 작용하는 음의 성향을 더 크게 본 것이므로 살이 잘 찌는 편이라고 할 수 있다.

7. 수양체질

음과 양의 기운이 조합된 체질로서 한쪽으로 많이 치우친 음양의 구조는 아니다. 비만에 대해서는 중간 정도의 성향을 나타내는 그룹에 속하며 비만의 원인은 다양하지만 습관성 비만의 성향이 더 많은 편이다. 또한 음양의 배합을 보면 음이 제일 강한 수를 포함하고 있어 발산과 응집 중 응집의 기운이 조금 더 강하게 나타난다. 여자보다는 남자에게서 이런 현상이 더 많이 보이며, 마음이 넓은 만큼이나 대인관계가 많아 다양한 음식을 접할 기회도 많을 것이다. 비만은 성격과도 관련이 있다.

8. 토음체질

젖은 흙이라는 음의 기운으로 이루어진 체질로, 응집과 물질의 기운의 조합을 이루고 있어 살이 잘 찌는 체질이다. 그러나 음의 조합으로 구성된 체질이라고 해서 아주 응집력이 강한 음의 조합은 아니다. 왜냐하면 흙의 습성 자체가 음과 양의 기운을 넘나드는 가변성이 있기 때문에 수음, 금음체질보다는 응집하는 힘이 떨어진다. 토음체질은 성격적으로 속마음을 표현하지 못하고 끙끙거리다가 병을 만드는 체질로, 이런 성향 때문에 비만해지기 쉽다. 스트레스를 먹는 것으로 푸는 경우도 많다.

9. 금음체질

음과 음의 기운이 조합된 체질로서 응집과 물질의 기운이 강하다. 수음체질 다음으로 살이 찌기 쉬운 체질이다. 음 기운의 조합이 강한 체질은 습관성 비만의 형태를 띠는 경우가 많은 편이다. 남성이나 여성 모두 자기 관리에 철저한 성향을 보이지만, 금음체질의 여자는 특히 자신의 외모에 신경을 많이 쓰는 기운을 타고났기 때문에 날씬한 미인도 자주 볼 수 있다.

10. 수음체질

오행 중에 음의 성향이 가장 강한 조합으로, 응집과 물질의 기운 또한 가장 강하다. 즉 살이 가장 잘 찌는 체질이라고 할 수 있다. 음의 기운이 가장 강한 조합을 이루어낸 체질이라서 비만인 사람 중에 가장 높은 비율을 차지하며 생활습관성 비만의 형태를 띠는 경우가 많은 편이다.

이런 체질은 식사습관에 주의해야 하며, 다른 체질들보다 더욱 운동에 신경 써야 한다. 남의 도움을 기대하기 어려운 체질적인 특성을 가지고 있으므로 자신의 의지를 확고히 다져야만 비만이 되지 않는다. 그리고 혼자서 가만히 있으면 병이 나기 쉬운 성향도 있으므로 자주 걷고 돌아다니는 것이 좋다.

비만 성향으로 분류한 10체질

가장 쉽게 살이 찌는 체질 : 수음, 금음, 토음체질

금과 수의 성질은 모여서 응집되는 수렴의 기운이 강하고 쌓아두는 성향이 큰 편이다. 물방울끼리 가까워지면서 서로 뭉치듯이 수체질은 응집력이 강한 반면 발산해내는 능력이 약하다. 이런 체질적 특성 때문에 비만이 되기 쉬운 체질이라는 것이다.

음의 속성 또한 정체성과 응집력이 강하다는 것인데, 수·금·토에 음의 속성이 추가로 결합되면 다른 체질보다 더욱 주의해야 한다. 이 체질의 사람들은 행동이 느긋한 경우가 많고 스트레스성보다는 습관성 비만의 빈도가 높게 나타난다. 간혹 환경에 따라 스트레스성과 습관성을 겸하기도 한다. 때문에 평소에 올바른 식습관과 규칙적인 운동에 신경 쓰는 것이 좋다. 단, 금음체질은 자신을 가꾸는 데 신경을 많이 쓰는 체질적인 성품을 타고났으므로 다른 체질에 비해서 비만이 덜 나타나는 경향을 보인다.

중간 정도의 비만 성향 : 목음, 화음, 수양, 금양체질

목·화의 발산기운과 응집성인 음의 기운이 서로 섞인 경우와 금·수의 수렴기운과 체내의 열량소모를 증가시키는 양의 기운이 혼합되어 나타나는 체질들이다. 중간 정도의 비만 성향을 띠고 있다.

이들은 스트레스와 식습관에 모두 조금씩 영향을 받고 있는 체질이다. 이 중에서 목음체질은 무엇이든 거부할 줄 모르는 경향이 강하기 때문에 비만이 될 확률이 다소 높다.

살이 잘 찌지 않는 체질 : 목양, 화양, 토양체질

목과 화의 성질은 장작불이 활활 타오르는 것처럼 발산을 많이 하는 경향이 있어 체내 열량의 소모가 많은 편이다. 여기에 그 성향들을 증폭시키는 양의 기운이 추가되어 비만의 빈도는 더욱 낮아지게 된다. 발산이 우세하지만 급한 성미로 인해 스트레스성 비만이 생기는 경우도 있다. 스트레스가 심해지다 보면 오히려 발산이 덜되고 뭉치는 현상이 생기기 때문이다.

비만 해결의 열쇠,
조습의 원리

비만은 쉽게 조燥, 습濕의 개념으로 생각하면 된다. 조란 건조함을 말하고 습이란 습기가 많은 것을 의미한다.

양·목·화·마른 토는 조에 속한다. 반면에 음·금·수·젖은 토는 습에 속한다. 습은 질병을 일으키는 주요 원인이 되기도 한다. 탁한 기운(탁기)을 형성하여 기가 통하지 못하게 하기 때문이다. 탁기란 몸의 적당한 에너지로 사용되지 못하고 찌꺼기처럼 몰려서 혈액을 묽게 만들거나 기름의 형태로 쌓이는 것을 말한다. 이것이 많아지면 기혈의 순환을 막게 되는데 이것이 곧 질병으로 표현된다.

지나친 습기는 물 먹은 솜처럼 몸을 아주 무겁게 하는 경향이 있다. 비만 오면 몸이 무겁게 느껴진다고 얘기하는 사람들이 많은 이유도 이와 같다. 사실 이것은 단지 느낌이 아니라 실제로 몸이 무거워지는 경우라 할 수 있다. 몸이 무거운 느낌을 자주 경험하는 사람일수록 습의 과잉상태다. 마른 사람이라도 이런 일을 자주 겪게 되면 점점 살이 쉽게 찌는 체질로 바뀌어간다.

목·화·양의 기운만으로 조합된 체질에서도 비만이 나타난다. 음·목·화의 기운들이라고 해도 양·금·수의 기운들을 가지고 있다. 양 중에도 음이 있고 음 중에도 양이 있는 법이다. 목도 화·토·금·수의 기운을 모두 보유하고 있다. 다만 대표하는 힘의 세력이 목이라는 것이다. 표현된 체질명에만 집착하면 10체질을 제대로 이해하는 것이 아니다.

양·목·화 체질의 비만은 음·금·수의 기운이 강해지면서 발생하는 것이다. 그러므로 음·금·수의 기운을 뺀다면 원래 상태의 몸으로 돌아갈 수 있다. 비만을 치료하는 약들이 대부분 양·목·화의 개념을 가지고 있는 것도 이러한 이유에서다. 그런 이유로 비만을 해결하는 기본은 음·금·수의 기운을 약화시키고 양·목·화의 기운을 상승시키는 데 있다.

음·금·수의 체질을 가지고 있는 사람들이 비만이 될 확률이 높은 것은 사실이지만 무조건 살이 찌는 것은 아니다. 음·금·수의 기운이 서로 균형을 맞춘다면 비만해지지 않는다.

체질이 다르더라도 조습의 원리는 동일하게 적용된다. 여기에 스트레스성이든 습관성이든 모든 비만의 원인은 위장과 체내의 조습과 관련되어 있다. 어떤 원인에 의해서든지 기혈이 막히는 현상이 생기면 위장이 늘어지고 습한 기운이 생겨, 뇌와 위장 사이의 신속한 전달 체계에 문제가 생긴다. 그러면 배가 부른 줄도 모르고 폭식을 한 뒤 뒤늦게 포만감을 느끼게 되는 것이다.

그렇다면 비만치료의 방법은 위장에 기운을 모아주고 습을 제거하여 기혈이 막히는 현상을 풀어주며 수분대사를 원활하게 해줘야 할 것이다. 이는 부종으로 인해 살이 찌는 것도 방지해줄 것이다.

체질에 맞는
음식선택법

"선생님, 제 체질에는 어떤 음식이 좋은가요? 뭘 먹어야 건강해지죠?"

환자들과 상담을 하다 보면 이런 질문을 자주 듣게 된다. 건강을 생각한다
면 음식보다 먼저 염두에 두어야 할 세 가지 중요한 사항이 있다.

첫째, 항상 평온한 마음을 유지하도록 노력해야 한다.

둘째, 규칙적인 식사와 규칙적인 생활, 그리고 운동이 전제되어야 한다.

셋째, 저녁은 반드시 소식하도록 한다.

음양오행이 추구하는 방향은 모두 중용과 중화에 있다. 이는 더하지도 덜
하지도 않은 균형 잡힌 상태를 유지하려는 것이 음양오행의 이상적인 순환
운동이라는 소리다. 아무리 더운 여름이라도 시간이 지나면 서늘한 공기를
맞이하게 되고, 아무리 추운 겨울이라도 따스한 봄은 오게 마련이다. 지나친

것은 항상 견제하고, 부족한 것은 끊임없이 채워가는 것이 자연의 이치다. 마찬가지로 10체질도 중용, 중화에 원리에 따라 음식에 대해 사고한다.

아무리 몸에 좋은 음식도 자기 전에 많이 먹으면 독이 된다. 자는 시간 동안 위장이 쉬지 못하고 계속 일을 해야 하기 때문이다. 우리 몸은 외부에서 들어온 것을 해독할 수 있는 기능이 있어서, 평상시에 먹는 음식으로는 크게 탈이 나는 일이 거의 없다. 하지만 몸이 해독작용에 에너지를 쓸 수 없게 만들고, 밤늦게까지 야식을 많이 먹으면서 몸을 혹사시키고 소화기관을 쉬지 못하게 한다면 해독과 자정작용에 이상이 생긴다.

평온한 마음과 균형 잡힌 식습관이 중요하다

'이로운 음식'으로 제시하는 것은 의식적으로 챙겨먹으면 좋다. 기본적으로 음식에 대해서 한쪽으로 치우치지 않고 골고루 먹길 권한다. 이제까지의 설명을 보면 알겠지만, 10체질에는 이로운 음식에 대한 내용은 있어도, 해로운 음식에 대한 언급은 없다. 왜일까? 누구나 몸에 안 맞는 음식은 먹어보면 스스로 안 맞는다는 것을 알고 피하게 된다. 이는 본능적인 것이다. 혹시 조금 해롭다 하더라도 자체적으로 체내에서 해독하는 능력을 가지고 있으므로 자연스럽게 해독된 후 배설되어 몸 밖으로 나가게 된다.

하지만 특정한 체질에 이롭다고 소개한 음식만 먹는다면, 그것 또한 바람직하지는 않다. 음식에 대해서 거부감이 생길 수도 있기 때문이다. 편중된 식사는 새로운 화를 초래하게 되므로 유의해야겠다.

체질이란, 특성에 따라서 그룹을 지어놓은 것이므로 대개는 체질에 따라서 비슷하다. 그러나 체질이 같다고 건강상태 또한 같은 것이 아니며, 같은 체질 속에서도 개인적인 특이성이 다양하게 존재한다. 극소수이지만, 예외적인 경우에 해당하는 사람도 있을 수 있다는 것이다.

또한 체질에 따라 이로운 음식은 구별하였지만, 모든 체질이 정해진 대로 섭취해야만 하는 것은 아니다. 구별을 해서 먹어야 하는 체질도 있고, 그렇지 않은 체질도 있다. 그리고 알레르기가 생기는 등의 특이성을 보이는 경우에는 음식에 대해 각별한 주의를 기울이지 않는다면 증상이 심해질 수도 있다. 물론 이런 경우들을 제외하고서는, 균형 잡힌 식습관이 가장 좋다.

대체로 어떤 음식이 몸에 안 좋다고 말하는 경우는 음식 자체보다는 잘못된 '섭취 습관' 때문인 경우가 많다. '육식'의 경우, 고기를 먹는 것 자체가 잘못되었다는 게 아니라 '고기를 한꺼번에 많이 먹는 습관'이 문제다. 적당히만 섭취한다면 아무 탈 없는 경우도 많다. 또한 기분이 안 좋을 때는 평소에 자주 먹어온 음식인데도 체하곤 한다. 음식을 대하는 '평온한 마음'이 필요한 것이지, 어떤 종류의 음식이냐가 중요한 것은 아니라는 것이다.

단순히 음식만 가지고 나의 체질에 맞는가를 구별하는 기본적인 방법은 간단하다. 그 음식을 먹고 나서 이상반응을 느낀다면 그 음식은 잘 안 맞는 것이다.

체질에 맞는 음식을 아무리 강조해도 평온한 마음과 규칙적인 식습관이 없다면 아무리 좋은 음식도 의미가 없다는 사실을 다시 한 번 더 명심해야 한다. 음식의 종류에 너무 집착하지 말고, 항상 우리 몸은 마음으로 살아간다는 사실을 기억하자.

마지막으로 한 번 더 강조하지만, 여기에 소개된 음식들은 골고루 섭취하는 것이 좋고 개인적인 특성상 설사를 하거나 속이 쓰린 음식, 신물이 올라오는 음식은 피해야 한다.

목양·목음체질

· 이로운 음식 – 밀, 팥, 보리, 포도, 사과, 자두, 매실, 부추, 깻잎, 닭고기, 개고기, 땅콩, 들깨, 잣, 식초, 참기름, 유자차, 미나리, 귤, 메밀, 계란, 파인애플.

· 체질 한약재 – 백작약, 시호, 복분자, 천궁, 인진, 향부자, 산수유, 오미자, 모과, 산사, 결명자.

화양·화음체질

· 이로운 음식 – 수수, 살구, 은행, 근대, 냉이, 상추, 쑥갓, 쑥, 영지, 참새, 초콜릿, 영지차, 쑥차, 팥, 보리, 우유, 당근, 연근, 홍차, 수박, 염소고기, 고들빼기, 작설차, 자몽.

· 체질 한약재 – 당귀, 산조인, 황련, 원지, 연자육, 백복령, 백복신, 치자, 연교, 현삼, 목통, 익모초, 백자인.

토양·토음체질

· 이로운 음식 – 기장, 찹쌀, 참외, 감, 시금치, 호박, 쇠고기, 토끼고기, 고구마, 연근, 꿀, 인삼차, 칡차, 식혜, 대추차, 콩, 깨, 설탕, 대추, 율무, 콩나물, 엿.

· 체질 한약재 – 백출, 감초, 사인, 익지인, 갈근, 홍삼, 산약, 신곡, 맥아, 천마, 진피.

금양·금음체질

· 이로운 음식 – 현미, 율무, 배, 복숭아, 배추, 말고기, 생선, 박하, 생강, 파, 양파, 마늘, 생강차, 율무차, 땅콩, 더덕, 도라지, 무, 미역, 밤, 겨자,

감, 닭고기, 조개, 고추.
- 체질 한약재 – 길경, 맥문동, 상백피, 황기, 인삼, 석창포, 반하, 오가피, 형개, 신이화, 박하.

수양·수음체질
- 이로운 음식 – 검은콩, 쥐눈이콩, 밤, 수박, 각종 해초류(미역, 다시마, 김, 파래 등), 소금, 된장, 두부, 두유, 차조, 호두, 잣, 돼지고기, 젓갈류, 해삼.
- 체질 한약재 – 숙지황, 구기자, 토사자, 복분자, 택사, 황백, 두충, 육종용, 산수유, 오미자.

김대원

부산 금정구 두실한의원 원장.

동국대학교 한의과대학을 졸업한 후, 소문난 명의였던 부친의 대를 이어 한의학에 입문한 지 25년. 그동안 환자들을 치료해오면서 체형이나 장부의 대소를 가지고 체질을 구분하는 기존의 사상체질과 팔상체질론에 한계를 느껴 스스로 체질에 관한 연구를 시작했다.

십수 년 간 역학과 의학을 넘나들며 체질연구에 매달린 끝에 마침내 "사람의 본성은 자신이 태어난 일시의 천지의 음양오행 기운에 의해 만들어지고, 그 본성이 자신의 성품과 체질의 기초가 된다. 즉 음양오행의 이치가 곧 체질의 시작이다."라는 진리를 터득, 그를 기반으로 10체질론을 완성했다. 답답하기만 했던 체질이론에 해답을 얻은 것이다.

하지만 이론만으로는 부족했다. 김 원장은 곧 수많은 환자들과 주변 지인들을 대상으로 그들의 생년월일시를 적용해 체질을 판별해보았고 그 결과는 놀라울 정도였다. 그들의 성품이나 육체적 특성, 취향 등이 10체질 유형과 정확히 일치한 것이었다. 개중에는 살아오면서 변질되어 자신도 몰랐던 본래의 성품을 발견하고 놀라움을 금치 못한 경우도 많았다. 현재까지도 김 원장은 내방하는 환자들에게 10체질 유형을 알려주고 스스로 그에 맞는 건강관리와 생활습관을 유지해나가도록 권유하고 있다.

10체질이 알려주는
자녀교육의 도道!

내 아이의 체질적 장단점을 어떻게 키워주고 코칭해주어야 할까?
아이에게 꼭 맞는 공부법, 적성과 진로, 행복한 인간관계와
학업성취의 비밀을 밝힌다!
10체질을 알면 아이의 미래가 달라진다!

10체질을 알면
교육이 보인다

김대원 지음 | 값 14,000원

우리 아이는 어떤 체질이고, 어떤 스타일의 학습방법이 효과적일까?

성적이 떨어질 때, 집중력이 부족할 때는 체질에 따라 어떻게 코칭해주어야 할까?

어떤 친구들과 사귀는 게 좋을까?

여럿이서 함께 공부하는 게 좋을까, 혼자 공부하는 게 좋을까?

어떤 취미활동이 이롭고, 진로는 어느 쪽으로 이끌어주어야 할까?

건강은 특히 어떤 점을 유의해야 할까?

책상은 어느 방향으로 놓고, 공부방은 어떤 컬러가 이로울까?